KB172777

한국어 종성 발음 습득 연구

정 미 지

지식과교양

발간사

  20세기 후반기를 거쳐 21세기에 접어들면서 우리 민족과 국가는 세계사에서 새로운 위치를 가지게 되었습니다. 세계에 존재하는 수백의 국가 혹은 수천의 민족 중에서 경제적인 측면이나 언어 사용의 인구수적인 측면에서 우리 민족과 국가는 전체적으로는 세계 10위 내외의 서열에 자리매김하는 도약을 이루고, 그것을 공고히 하는 토대를 구축하였습니다. 더 나아가 몇몇의 분야에서는 세계 최고라는 위치까지 자리매김하게 되었습니다. 그 결과, 인근에 있는 국가에 국적을 두고 있는 있는 많은 사람들의 머리 속에 〈새로운 인생의 구상은 한국의 노동자 생활에서부터〉 혹은 〈새로운 인생의 구상은 한국인과 결혼함으로써〉라는 구상이 자리잡게 되었습니다. 이로 인해 〈Korean Dream〉을 이루려는 많은 외국 여성들이 한국에 시집을 와서 한국의 가정을 이루거나, 외국 남성들이 한국의 노동자로 와서 하나의 집단 사회를 이루는 상황이 생성되어, 세계에 유례를 찾아 볼 수 없는 〈한국적 다문화 사회〉가 이루어졌습니다.

이러한 우리의 현재는 과거로부터 물려받은 유산이지만, 과거에 항상 이러한 모습을 가지고 있었던 것은 아니었던 것같습니다. 지구상의 많은 언어와 민족이 생멸을 하거나, 혹은 분열과 통일을 반복하면서 축소와 확장을 하게 되는데, 우리 민족 역시 예외가 아니었습니다. 한반도와 만주 일원에 살던 종족이 (고)조선의 등장으로 단일민족에 의한 언어공동체를 생성한 후 한 민족 둘 이상의 국가라는 분열된 양상과 한 민족 한 국가라는 통일된 양상을 되풀이해 왔습니다. 최초의 분열은 한사군의 설치로 인해 남북 언어의 분열이었을 것입니다. 이 분열은 통일신라에 의해 하나의 언어공동체로 재통일되었습니다. 하나의 언어공동체로 지내오다가 20세기 중반에 다시 남쪽과 북쪽으로 분열되는 양상에 처하게 되었습니다. 이러한 분열된 양상에도 불구하고, 한반도의 남쪽은 20세기 후반을 거치면서 비약적인 발전을 거듭하여 21세기 초반기에 이르러 세계사의 한 축으로 발돋음하기에 이르렀습니다. 그 결과 〈Korean Dream〉을 이루려는 많은 외국인들이 한국에 몰려 오는 상황이 생성된 것입니다.

이러한 새로운 사회의 생성에 능동적으로 대처하기 위해 이화여자대학교에서는 다문화연구소를 만들게 되었습니다.

이화여자대학교 다문화연구소는, 동화주의를 넘어서는 문화적 권리를 상호 인정하고, 학술연구와 현장실천을 잇는 연구 · 교육 · 정책의 순환적 모델을 구축하고자 합니다. 더 나아가 현재와 미래의 다문화 현상에 대한 연구 · 정책개발을 위해 다문화와 관련된 DB를 구축하고, 교내 연구 · 교육 자원의 네트워크를 통한 다문화 연구 · 교육역량을 극대화하면서 국내외 유관기관과의 교류를 통한 파트너십 구축하고자 합니다.

　그러하여 우리 연구소는 문화적 역량으로 사회통합을 이끄는 21세기 다문화전문 연구기관이면서, 다문화 시대의 한국 사회·문화 발전을 선도하는 학제간 종합 연구기관이 되고자 합니다. 동시에 다문화사회에서 소통과 공존을 선도하는 다문화 연구·교육 공동체가 될 것입니다.

　이러한 일을 효과적으로 수행하고자 이화여자대학교 다문화연구소에서는 〈〈다문화연구〉〉라는 학술지와 〈〈이화다문화총서〉〉를 간행하고자 합니다. 〈〈이화다문화총서〉〉는 우선 언어, 사회, 의학, 교육의 네 분야로 나누어 출간됩니다. 한국의 다문화사회를 진단하고, 공존과 조화의 길을 찾기 위해 〈언어〉에서는 언어와 문화의 상관관계, 언어의 보편성과 개별성의 관계, 언어간 비교 대조의 문제 등을 다루게 될 것입니다. 〈사회〉에서는 다문화 사회를 진단하고 사회통합프로그램을 구축할 수 있는 사회적 역량을 구축하고, 이를 제도화할 수 있는 방안을 연구하고 실천할 것입니다. 〈의학〉에서는 이주민의 건강과 관련된 문제 즉 이주민과 원주민의 면역체계, 다문화가정 자녀와 한국인의 면역체계, 다문화가정을 위한 임신출산 등 다문화 가정과 의료건강 분야에 관한 것이 다루어지게 될 것입니다. 〈교육〉에서는 이중언어사회에서의 언어교육에 관한 문제, 특히 국내의 경우 다문화가정과 그 자녀을 위한 한국어교육의 문제, 국외의 경우 동포들의 자녀에 대한 한국어 교육, 외국인을 대상으로 한 한국어교육 등의 문제가 주로 대상이 될 것입니다.

우리 연구소에서는 현재보다 더 나은 사회를 구축하는 데 약간의 도움이 되기 위해 이 책을 간행합니다. 현재보다 미래가 좀더 밝은 민족, 현재보다 좀더 강력한 국가가 되고, 그 속에 살고 있는 모든 사람이 다같이 더불어 살아가는 사회가 되기 위한 조금의 밑거름이 되기를 희망하면서 이 책을 간행합니다. 좀더 많은 사람이 이 분야에 애정 어린 관심을 기울여 주시기를 기원합니다.

2017년 2월

이화여자대학교 다문화연구소장 박 창 원

저자의 말

오랫동안 한국어를 가르치며 항상 궁금했던 것은 '왜 똑같이 가르쳐도 어떤 학생은 아주 잘하는데 어떤 학생들은 왜 그렇지 못할까'하는 것이었다. 발음도 마찬가지여서 국적에 따라 잘하는 발음이 있는가 하면 너무도 힘들어 하는 발음이 자주 발견되었다. 이러한 궁금증의 해답을 무려 50-60년 전에 '대조분석가설'을 주장한 학자들은 이미 어렴풋이 알아차리고 있었던 것이다. 이 논문은 이 '대조분석가설'의 이론이 제2언어로서 한국어를 습득할 때도 동일하게 적용될 수 있는지를 검증한 것이다. 비록 처음 주장이 나온 때로부터는 시간이 많이 흘렀지만 그 아이디어는 여전히 효용성이 있음을 확인하며 다시한번 그들에게 경의를 표하고 싶다.

돌이켜 보면 지금 필자가 하고 있는 연구나 가르치는 일의 시작은 대학 4학년 때로 거슬러 올라가는 것 같다. 존경하는 은사님이신 민광준 교수님의 '일본어 음운론·음성학', '일본어교육론'과 같은 수업을 들으며 모국어를 다른 나라 사람에게 가르치는 일이 '참 재미있겠구나' 라는 생각을 했고 '사람의 말소리에 저런 규칙들이 있구나, 저런 다른 소리들을 우리는 잘도 구분해서 듣고 있구나'라며 신기해했던 것 같다. 그랬던 것이 20년 가까운 세월이 흘러 이렇게 '한국어 학습자의 종성 습득 연구'라는 박사논문으로 결실을 맺게 되었다. 비록 시작은 막연한 것이었지만 이렇게 마침표를 찍고 마무리를 할 수 있게 되어 참 다행이라는 생각이 든다.

또한 2001년 이화여자대학교 언어교육원을 시작으로 현재 서울시립대학교 한국어학당에 이르기까지 한국어를 가르치는 동안 필자를 거쳐 갔던 수많은 학생들이 내가 이 논문을 쓰도록 수많은 영감을 주었을 것이다. 그리고 아무쪼록 이 결과물이 앞으로 내가 가르치게 될 또 다른 학생들의 발음이 개선되는 데 조금이나마 도움이 되었으면 하는 바람이다.

지금도 학자라는 말이 필자에게는 절대로 어울리지 않는다고 생각하지만 이 논문이 완성되기까지 감사해야 할 분들이 너무나도 많다. 석사 때부터 지금까지 그 긴 세월동안 항상 앞으로 나아 갈 수 있도록, 그리고 항상 문제를 크게 볼 수 있도록 통찰력을 가르쳐 주신 존경하는 박창원 선생님, 항상 '나도 저런 여성과 인간이 되고 싶다'라고 생각하게 해 주시는 전혜영 선생님, 엄격한 직장에서 박사 논문을 쓸 수 있도록 무려 6개월이라는 휴직 기간을 배려해 주신 목정수 교수님, 항상 가까이에서 학문 하는 자세를 배울 수 있도록 해 주시는 박기영 선생님, 직장의 선배이자 새로운 길을 개척하는 모습을 보여 주시는 이미혜 선생님, 석사 때 가장 큰 자극을 심어 주셨던 이해영 선생님, 이 분들이 계셔서 포기하지 않고 지금까지 올 수 있었을 것이다.

또한 선배로 한 인간으로 새로운 길을 개척하는 멋진 모습을 몸소 보여 주고 있는 권성미 선생님, 항상 옆에서 가장 좋은 친구이자 힘이 되어 주는 이향 선생, 무조건적인 지지와 응원을 보내 주시는 박성현 선생님, 하루하루 힘든 고비를 함께 넘기며 이제는 소울메이트가 된 김은주 선생님에게도 감사의 말을 전하고 싶다.

그러나 그 중에서도 바쁜 딸을 위해 몇 년이나 외손자를 키워준 친정 엄마, 고집 센 와이프 때문에 인생이 항상 고달픈 남편 장재준 씨, 항상 정신없는 엄마 때문에 이날까지 스스로 자란 아들 장민석군에게 가장 고맙다는 말을 전하고 싶다.

2017년 2월

차 / 례 /

〈표 목차〉

〈그림목차〉

I

서론

I
서론

A. 연구의 목적

본고는 모국어의 음운체계가 서로 다른 두 한국어 학습자 집단의 종성 습득 양상을 비교하여 모국어가 종성 습득에 어떠한 영향을 미치는지를 밝히고 제2언어 음운이 발달하는 데 모국어 이외에 영향을 미치는 요인이 무엇인지 밝히는 것을 목적으로 한다. 아울러 Stockwell, Bowen & Martin(1965)이 제시한 난이도 위계(Hierarchy of difficulty)를 바탕으로 한국어 종성과 학습자 모국어 종성간의 대응 관계에 따른 습득 난이도를 규명하는 것을 목적으로 한다.

지금까지 한국어교육 연구에서 발음과 관련한 연구들은 김선정·허용(2005), 김상수·송향근(2006)에서도 언급한 것처럼 연구방법론적으로 한국어와 다른 언어와의 대조적인 관점에서 접근하여 학습자의 오류를 분석한 연구가 가장 많았다. 이러한 연구들은 대조분석이론의 틀 안에서 학습자의 오류를 예측하고, 오류분석을 실시

하여 피험자 발음에 오류가 있는지 여부를 연구자 또는 소수의 한
국어 모국어화자가 판단하고, 학습자 오류의 원인을 모국어의 간섭
(interference)[1]에서 찾으려고 한 것들이 대부분이었다. 그러나 제2
언어를 학습하는 데 모국어의 정보가 선험적인 지식으로 꼭 방해로
만 작용하는가. 연구자들이 지나치게 제2언어 학습자의 부정적인 산
출에만 집중하고 있는 것은 아닌가 하는 의문을 가지게 된다. 이에 따
라 학습자의 모국어 지식이 제2언어 음운을 습득하는 데 어떠한 영향
을 미치는가에 대해 보다 객관적으로 바라볼 필요가 있겠다. 이를 위
해 모국어가 서로 다른 두 집단을 비교해 봄으로써 어떠한 경우에 모
국어의 긍정적인 전이가 나타나고 어떠한 경우에 모국어의 부정적
인 전이가 나타나는가에 대해 보다 면밀하고 다각적인 고찰이 필요하
겠다.

한편 제2언어 학습자가 목표어의 음운을 습득하는 데 성공하거나
실패하는 원인이 무엇인가에 대해 1950년대 Lado를 비롯한 대조분
석가설을 주장한 사람들은 모국어의 간섭이 가장 큰 원인이라고 주장
한 바 있다. 그 이후 지금까지도 여전히 모국어는 제2언어 음운 습득
에 그 어떤 요인보다 강력한 영향력을 행사하고 있다. 그러나 최근의
제2언어 습득 연구자들은 제2언어 학습자가 습득에 어려움을 겪는

---

1) 전이(transfer)라는 개념은 행동주의 심리학에서 먼저 쓰이던 용어로 선행 학습한
   것이 새로운 학습 상황에 영향을 미친다는 의미로 사용된 용어이다. 이러한 전이
   가운데 부정적인(negative) 전이에 해당하는 것을 간섭(interference)이라 칭하며
   긍정적인(positive) 전이에 해당하는 것을 촉진(facilitation)이라 하였다. 그러나 시
   간이 흐르며 제2언어 습득 연구는 모국어의 영향이 부정적으로 나타나느냐, 긍정
   적으로 나타나느냐보다 학습자가 언제 어떻게 모국어를 이용하느냐에 더 관심을
   가지게 되었다. 이에 Kellerman & Sharwood Smith(1986)는 언어간 영향(cross-
   linguistic influence)이란 용어를 제안하였다.(Gass & Selinker 1999)

원인에 대해 서서히 모국어 이외의 다른 요인들로 눈을 돌리고 있다. 대표적인 예로 Major(2001:6)는 학습자의 중간언어(interlanguage) 는 학습자의 모국어는 물론이고 목표어 체계, 언어 보편성(language universals)과 같은 다양한 요소들이 영향을 미친 결과물이라고 한 바 있다. 일례로 한국어 학습자의 가장 대표적인 발음 오류인 한국어 폐 쇄음(평음 · 격음 · 경음)에 대한 오류 분석 연구[2]가 여러 모국어집 단을 대상으로 이루어진 바 있는 해당 연구의 결론은 하나같이 모국 어가 한국어 폐쇄음 자음을 습득하는 데 간섭으로 작용하여 오류가 발생하였다고 하고 있다. 그러나 다양한 언어를 모국어로 하는 한국 어 학습자의 평음 · 격음 · 경음 오류가 전적으로 모국어의 간섭에 의 해 발생했다고 보는 것이 과연 타당한 것인가[3]. 즉, 하나의 모국어집 단만이 해당 오류를 보인다면 그것은 모국어의 영향이라고 결론 내 릴 수 있겠으나 모국어가 서로 다른 여러 집단에서 동일한 오류가 발

---

2) 이와 관련한 연구는 중국어, 일본어, 러시아어, 몽골어, 베트남어, 영어와 같은 거의 대부분의 한국어 학습자집단에 대해 이루어진 바 있다. 이들 연구의 공통적인 결론은 한국어 자음을 습득하는데 모국어가 부정적인 영향을 미쳐 오류가 발생한다고 보는 것이다. 관련 연구로는 김정희(2010), 김기훈(2010), 유재선(2009), 윤은미(2008), 이중진(2012), 장려(2011), 정미지(2000), 조민하(2005), 조혜란(2011) 등이 있다.
3) 이와 관련하여 김현(2001)에서는 이에 대한 해석을 모국어의 전이와 언어보편적인 현상으로 이해해야 한다고 하였다. 한편 허용(2010c)에서는 언어보편성을 기준으로 볼 때 폐쇄음의 조음방식면에서 한국어와 같이 3가지 방식을 가지고 있는 언어는 전세계 언어의 24%로 한국어 폐쇄음의 조음방식은 언어보편성에서 멀다고 한 바 있다. 그러나 이와는 반대로 조민하(2005)에서는 모국어 폐쇄음이 모두 유 · 무성 대립을 가지는 일본어와 영어를 모국어로 하는 한국어학습자의 발화에 대해 한국어 모국어화자를 대상으로 지각 실험을 실시한 결과 일본어 모국어화자와 영어 모국어화자의 결과가 달랐다고 하면서 음운 체계가 동일하다고 하여도 각 모국어 폐쇄음은 음성적으로 차이가 있어 그것이 한국어를 조음하는 데 어떻게든 영향을 미쳤다고 봐야 한다고 하였다.

생한다면 그것은 모국어 이외에 다른 원인을 찾아보아야 하는 것이다. 이러한 본고의 관점과 맥을 같이 하여 최근 김현(2001), 박기영(2001), 박창원(2007), 김선정(20009), 허용(2008, 2010a, 2010b, 2010c, 2011) 등에서는 한국어 학습자의 한국어 음운 습득 양상을 논하는 데 있어 모국어의 영향뿐 아니라 언어 보편성, 목표어인 한국어의 특수성 등을 함께 고려해야 한다고 한 바 있어 한국어 음운을 습득하는 데 모국어 이외에 영향을 미치는 요인이 무엇인가에 대한 연구의 필요성이 제기된다고 하겠다.

한편 제2언어 음운 습득 연구에서 습득난이도는 Lado(1957)가 언어별 대조분석을 통해 어려움에 대한 예측이 가능하다고 주장한 이후 줄곧 관심을 받아온 분야였다. 이후 습득난이도를 결정하는 요인은 시대에 따라 변화를 겪어 왔는데 초기의 대조분석가설(Contrastive Analysis Hypothesis)이 모국어(L1)와 목표어(L2)가 '차이(difference)'가 크면 클수록 '어려움(difficulty)'도 클 것이라고 하였다면 이후 Stockwell, Bowen & Martin(1965)은 L1의 음과 L2의 음이 어떻게 대응되느냐에 따라 어려움의 정도가 다르다고 하였다. 그이후 Eckman(1977)은 L1에서 무표적인(unmarked) 항목이 L2에서는 유표적(marked)일 때 습득이 어려울 것이라고 한 바 있다. 그리고 가장 최근에 Flege(1987, 1995)는 음성 학습 모델(Speech Learning Model, 이하 SLM)을 주장하며 음성적 유사성(similarity)이 낮은 음이 더 성공적으로 습득될 것이라고 주장하였다.

이러한 주장 가운데 Flege의 Speech Learning Model(음성 학습 모델)은 한국어 음운 습득 연구에서도 안나(2002), 권성미(2007), 정지은(2008), 윤은경(2010) 등에 의해 실증적으로 검증된 바가 있다[4]. 이들 연구는 모두 음성적 유사성 또는 인식적 유사성이 습득에 어떠한 영향을 미치는지 살폈는데 그 가운데 안나(2002)와 권성미(2007)는 영어를 L2로 연구한 SLM의 주장이 한국어 음운 습득에 부분적으로는 타당한 면이 있지만 완벽한 설명을 해 주는 것은 아니라고 한 바 있다.

이에 한국어 학습자의 한국어 음운 습득 양상을 보다 타당하게 설명해 줄 새로운 기준이 요구된다고 하겠다. 이에 본고는 아직도 그 효용성이 높은 평가를 받고 있는 대조분석가설의 주장 가운데 L1 음과 L2 음의 대응관계에 따라 습득 난이도가 다르다고 하며 습득 난이도를 더 풍부하게 설명하려고 시도한 Stockwell, Bowen & Martin(1965)의 난이도 위계(Hierarchy of difficulty)의 타당성을 검증해 보고자 한다.

이상에서 논한 모국어와 목표어의 대응관계를 고려하여 제2언어 음운의 습득 난이도를 가장 잘 관찰할 수 있는 언어환경은 어디인가. 이에 대해 본고는 일본어와 중국어를 모국어로 하는 한국어 학습자의 한국어 종성 습득에 대해 주목하게 되었다. 일본어와 중국어를 모국어로 하는 한국어학습자에게 한국어 종성은 발음하기 어려울 뿐만 아니라 숙달도가 향상되어도 오류가 지속된다고 알려져 있으며[5]

---

4) 이 연구들은 L1과 L2의 음성적 혹은 인식적 유사성이 L2 음운 습득의 성공 여부에 어떠한 영향을 미치는지에 대해 밝히고자 하였다.
5) 관련 연구로는 최은정(2001)과 요시나가(2002), 김현(2001), 박기영(2001)이, 중국어권 학습자에 대한 연구로는 이향(2002), 김지혜(2004), 양순임(2005), 양순임(2006), 란샤오샤(2007), 안연희(2007), 김길동(2008), 장우군(2009), 이원(2010) 등이 있다.

두 국적의 학습자는 한국어 학습자 가운데 가장 큰 비중을 차지하고 있기 때문에[6] 한국어 발음 교육의 효용성면에서도 연구가 필요하다고 하겠다. 또한 언어유형론적으로 한국어는 폐음절(closed syllable) 구조인 CVC구조가 가능한 반면에 중국어와 일본어는 개음절(open syllable)구조인 CV구조를 기본으로 하는 언어라는 공통점을 가진다. 또한 두 언어는 종성 위치에 올 수 있는 음운이 두 개라는 공통점도 가지고 있다. 그러나 각 언어의 종성 목록에 포함되어 있는 음운에는 차이가 있다. 중국어(표준어 및 북부관화방언)의 음절 말 위치(운미)에 올 수 있는 자음으로는 비음인 /n/과 /ŋ/이 있으며 일본어에는 후행 자음에 따라 다양한 폐쇄음 변이음으로 실현되는 폐쇄음 특수 음소인 촉음(促音) /ッ/와 후행 자음에 따라 다양한 비음 변이음으로 실현되는 비음 특수 음소인 발음(撥音) /ん/이 존재한다. 이에 비해 한국어는 종성 위치에 올 수 있는 자음으로 /ㅂ, ㄷ, ㄱ, ㅁ, ㄴ, ㅇ, ㄹ/의 7개가 있다. 이처럼 CV 음절 구조를 기본으로 하며 제한적인 종성 목록을 가지는 공통점이 있는 중국어와 일본어를 모국어로 하는 한국어 학습자가 CVC 음절 구조가 가능하며 보다 많은 수의 종성 목록을 가지는 목표어인 한국어 음운을 어떻게 습득해 가는지의 과정을 살펴 고자 한다.

이러한 연구 목적에 도달하기 위해 본고에서는 모국어와 한국어에 대한 경험 기간이 서로 다른 집단을 대상으로 한국어 종성에 대한 지

---

6) 교육과학 기술부 통계에 따르면 국내 체류 외국인은 해마다 꾸준히 늘고 있으 며 2010년 현재 83,842명이라고 한다. 그들을 국적별로 분류하면 중국국적자는 57,784명(68.9%)로 1위, 그 뒤가 일본이 3,876명(4.6%)로 2위를 차지하고 있다고 하 였다. 따라서 이들을 대상으로 한 연구는 현실적으로도 필요성이 크다고 하겠다.

각과 산출 실험을 실시하여 각 집단의 지각과 산출 양상이 유사한지 상이한지를 밝혀 한국어 음운 습득에 모국어가 어떠한 영향을 미치며 모국어 이외에 영향을 미치는 요인이 무엇인지에 대해 밝히고자 한다. 또한 각 집단의 지각 결과와 산출 결과를 한국어 모국어화자의 결과와 비교하여 각 집단의 능력이 습득에 도달하였는지를 판정하여 모국어 음과 한국어 음의 대응관계가 한국어 종성 습득에 어떠한 영향을 미치는지에 대해서도 밝히고자 한다.

B. 선행 연구 검토

선행연구를 검토하는 데 있어 먼저, 주로 영어를 목표어로 삼는 제2언어 습득 연구에서 습득 난이도와 관련한 연구를 살펴보고 그 다음으로는 한국어교육에서 발음과 관련된 연구들에 대해 논하고자 한다.

1. 제2언어 음운 습득에 관한 연구

Lado(1957)를 비롯한 대조분석 가설 이론가들은 음운 습득 난이도를 논함에 있어 '다른' 것은 습득이 어려울 것이고 '비슷한' 것은 습득이 쉬울 것이라고 한 바 있다. 그 후 Stockwell, Bowen& Martin(1965)은 음운 습득의 난이도에 대해 모국어에 대응하는 음이 있을 때 습득 난이도가 가장 낮으며 그 다음으로는 모국어에 대응하는 음이 없는 경우, 그리고 습득 난이도가 가장 높은 것은 모국어에 하나의 음운으로 존재하는 것이 목표어에서 두 개의 음운으로 분기 (split)할 때라고 하였다. 즉, 목표어 음에 대응하는 음이 모국어에 존재하지 않는 것보다 모국어에서 하나의 음운이던 것(변이음으로 보면 여러 개이지만)이 목표어에서 별개의 음운으로 존재할 때 습득이 가장 어렵다고 하였다. 그러나 그들은 자신들의 주장이 사실이라는 것을 증명하기 위해 실증적인 자료 대신에 일화적인 증거만을 제시한 반면에 실증적인 연구는 후대에 그들을 잇은 연구자들에 의해 이루어졌다. Hammerly(1982)에서는 스페인어, 불어, 독일어를 모국어로 하는 영어 학습자들을 대상으로 모국어에 변이음으로 존재하는 음을 그 음이 나타나지 않은 환경에서 정확하게 산출(production)하는 것은 새로운 음을 습득하는 것보다 더 어렵다고 하였고, Gierut(1986)에서는 조음 장애 아동이 모국어에서 변이음으로 존재하는 음을 목표어에서 각각의 음으로 분기(split)하는 데 어려움을 겪었다고 기술하였고, Hardy(1993)에서는 스페인어를 모국어로 하는 영어 학습자들을 대상으로 모국어에서 변이음으로 존재하는 음이 목표어에서 개별 음소로 존재할 때 가장 습득이 어렵다고 주장하였다.

그러나 이들 연구를 통해서도 왜 모국어에 없는 새로운 음을 습득하는 것보다 비록 변이음으로라도 모국어에 존재하는 음을 습득하는 것이 더 어려운가. 다시 말해 왜 더 차이가 큰 음보다 비슷한 음(차이가 적은)을 습득하는 것이 더 어려운가에 대한 명확한 답을 내리지는 못했다. 한편 습득 난이도와 관련하여 Oller and Ziahosseiny(1970)에서는 L1과 L2간에 의미나 형태에서 차이가 최소일수록 학습은 어려워진다고 하였고, Wode(1983)는 모국어와 목표어가 유사하면 목표어를 습득하는 데 모국어의 것으로 대체(substitution)가 이루어지기 때문에 어렵다고 하며 초기의 대조분석가설에서 주장한 차이가 클수록 어렵고 차이가 적을수록 쉽다고 한 주장을 반박하였다. 이후 L2와 L1 음의 유사성을 기준으로 가장 주목할 만한 습득난이도를 주장을 한 사람은 Flege(1987)로 모국어와 목표어의 관련성에서 '동일(equivalent)' 또는 '유사(similar)'하다고 여겨지는 음이 '다른(dissimilar)' 것으로 범주화되는 것보다 습득하기 어렵다고 하였다. 그는 이 연구에서 영어권 화자가 발음한 프랑스[ü] 발음에 대해 자신의 모국어에 있는 프랑스어 [u]음보다 더 정확하게 발음했다고 하며 그 원인으로는 영어권 화자들은 프랑스어 [u]를 듣고 그것을 영어의 [u]음으로 동일화시킨 반면에 [ü]는 습득해야 할 새로운 음으로 판단했기 때문이라고 하였다. 유사한 연구로 Bohn and Flege(1992)에서도 제2언어 음의 성공적인 습득과 실패를 결정짓는 것은 앞에서 언급한 Flege의 개념에 의해 이루어진다고 하였고 Major and Kim(1999)의 연구에서도 영어를 학습하고 있는 한국어모국어화자를 대상으로 영어 /ʃ/와 /z/음의 습득에 대해 연구한 결과 새로운 음인 /z/의 습득이 빠른 속도로 이루어진 반면 비슷한 음인 /ʃ/는 경험 기간에 상관없이 큰 변화를 보이지 않았다고 하며 서로 다른 음보다 비슷한 음을 습득하는 데 더 어려움이 크며 새로운 음은 아주 습득 속도가 빠르기 때문에 경험이 적은 피험자나 경험이 많은 피험자 사이에 차이가 있는 반면에 유사한 음을 습득하는 데는 경험이 영향을 미치지 못했다고 하였다.

이후 Eckman & Iverson(2000), Eckman, Elreyes & Iverson(2001), Eckman, Elreyes & Iverson(2003)에서는 드디어 변이음의 존재를 구체적으로 다루기 시작하였는데 가장 대표적인 연구는 영어의 /d/와 /

ð/가 모국어에서는 변이음으로 존재하는 스페인어 모국어화자와 /s/와 /ʃ/가 모국어에서 변이음으로 존재하는 한국어를 모국어로 하는 영어 학습자들을 조사한 결과 모국어에서 변이음으로 존재하는 두 음이 목표어에서 별개의 음소로 존재할 경우 새로운 음을 습득하는 것보다 훨씬 복잡하고 어려운 과정이라고 하였다[7].

한편 모국어에 하나의 음소로 존재하는 음이 목표어에는 두 개의 개별적인 음소로 존재하는 경우에 대한 연구가운데 가장 대표적인 연구는 일본어를 모국어로 하는 영어 학습자의 영어 /r/과 /l/ 습득에 관한 것인데, 그 가운데 대표적인 연구인 Aoyama et al.(2004)에서는 미국에 거주하고 있는 영어를 학습하는 일본인 유아와 성인의 /r/과 /l/에 대한 산출과 지각에 대해 연구하였다. 실험 결과 경험 기간이 증가함에 따라 /l/보다 /r/에서 눈에 띄는 향상이 나타났고 유사한 음보다 새로운 음이 산출과 지각에서 더 좋은 결과를 보였다고 하고 있다. 그러면서 그는 목표어의 두 음이 모국어에서도 두 개의 음과 연결이 된다면 지각이 어렵지 않겠지만 두 목표어 음이 하나의 모국어로 연결될 때 어려움이 발생할 것이라고 하였다[8].

---

7) 그러나 이에 대한 반대의 주장도 존재하는데 Werker et al(1981)에 의하면 모국어의 어떤 소리가 제2언어에서 변이음으로 존재하면 모국어에 존재하지 않는 소리보다 더 잘 지각하였는데, 그 이유는 청자가 이미 그 소리를 모국어에서 접한 적이 있기 때문이라고 하였다. (란샤오샤 2007 재인용)
8) 이러한 현상의 원인에 대해 Flege(1987, 1995)는 대응하는 L2음과 L1의 음간에 차이가 클수록 더 습득이 촉진 될 것이라고 하였다. 또한 L2학습자가 L2음을 얼마나 정확하게 산출할 수 있느냐 하는 것은 L2학습자가 해당음을 L1과 관련하여 어떻게 지각하느냐에 달려 있다고 하였다. L1의 음과 일치하지는 않지만 그것과 유사한 L2음은 학습 초기에 긍정적인 영향을 미치는데, 그 이유는 L2를 산출하는 데 있어 L1의 높은 명료성(intelligibility) 때문에 바로 L1의 소리로 대체하기 때문이다. 그러나 L1의 음과 차이가 큰 L2음은 학습 초기에는 부정적인 영향을 미치게 된다. 때

이러한 연구들을 살펴보면 제2언어 음운의 습득하는 데 있어 모국어의 영향은 떼려야 뗄 수 없다는 것에는 동의하고 있으나 습득난이도에 있어서 모국어의 음과 목표어의 음이 어떻게 대응되었을 때 가장 습득하기 어려운지에 대해서는 아직 결론이 명확하지 않으므로 추가적인 연구가 필요할 것으로 보인다. 또한 이러한 연구들이 대부분 영어를 목표어로 학습하는 경우에 대한 것이어서 다른 언어를 목표어로 학습하는 경우에도 주장이 일치할 수 있는지에 대한 검증이 필요하다고 하겠다.

한편 제2언어로 영어의 음절말 자음(codas) 습득에 관한 연구는 주로 모국어의 음절구조가 CV인 학습자를 대상으로 연구가 진행되었는데 그 가운데 대표적인 연구로 J. G. Hansen(2001, 2004)이 있다. 그는 두 연구에서 중국어와 베트남어를 모국어로 하는 영어 학습자를 대상으로 영어 음절말 자음과 자음군을 습득하는 데 영향을 미치는 요인으로 목표어 전이, 유표성, 발달적 과정 등이 복합적으로 영향을 미친다고 한 바 있다.

문에 새로운 L2 음을 산출하기 위해 몇 개나 되는 L1의 음이 대체되며 L2학습자는 그 음을 발음하기 위해 어려움을 겪는다. 그러나 이러한 새로운 음을 산출하기 위해 겪는 이러한 어려움은 경험 기간이 증가하면 궁극적으로 장점으로 발전하게 된다. 결과적으로 이러한 새로운 음은 산출과 지각에서 더 정확성을 보이게 되는데 그 이유는 새로운 음성 범주를 형성하는 것을 촉진하기 때문이라고 하였다. (권성미 2007, 윤은경 2010)

2. 한국어 음운 습득에 관한 연구

한국어 교육에서 발음 교육 연구는 특히 2000년 이후 활발한 연구
가 이루어졌는데 김선정 · 허용(2005), 김상수 · 송향근(2006)은 연
구 방법론적으로 봤을 때 한국어와 다른 언어와의 대조적인 관점에
서 접근한 연구가 가장 많았다고 보고하고 있다. 이러한 연구들은 대
조분석이론의 틀 안에서 학습자의 오류를 예측하고, 오류분석을 실시
하여 피험자의 발음에 오류가 있는지 여부를 연구자나 소수의 한국
어 모국어화자가 주관적으로 판단하고, 학습자 오류의 원인을 모국어
의 간섭에서 찾으려고 한 것들이 대부분이었다. 그러한 연구 가운데
본고의 관심사인 종성과 관련된 연구로는 일본어권 학습자에 대한 것
으로는 최은정(2001)과 요시나가(2002), 김현(2001), 박기영(2001)
이, 영어권 학습자에 대한 것으로는 권병로 · 박시균(1999[9])), 임미화

---

9) 영어권 한국어 학습자의 한국어 발음 교육과 관련한 연구 가운데 권병로 · 박시균
에서는 영어권 화자를 대상으로 한 유음 변동 규칙 '/l/→ [r]/V_V'의 습득과 관련
된 실험을 통해 대조분석 가설에서 주장하는 것처럼 모국어에 대응하는 음이 존재
하는 것이 반드시 해당음을 잘 습득하는 것으로 연결되는 것은 아니라고 하였다.
그 이유는 한국어에서 두 개의 변이음으로 존재하는 유음이 영어에는 두 개의 음
소로 각각 존재함에도 불구하고 영어를 모국어로 하는 한국어학습자는 한국어 유
음의 출현 위치에 맞는 발음을 구사하지 못했다고 하였다.
그는 그러면서 영어권 화자가 한국어 유음을 습득하는데 다음의 삼 단계를 거치
는 것 같다고 주장하였다. 첫 번째 단계는 한국어 유음의 두 이음을 영어의 두 음소
인 /l/과 /r/에 맞대응시켜 인지하는 발음 하는 단계로, 이 때는 한국어 [l]을 들으
면 영어의 /l/에, 한국어 [r]을 들으면 영어의 /r/에 대응시키는 단계이다. 두 번째
단계는 일대일 사상(mapping)의 단계로 이는 한국어의 철자법을 배우면서 그 영
향으로 일어나는 것 같다고 하였는데, 한국어의 'ㄹ'을 배우에 되면 이 음소를 바로
영어의 /l/에 대응시켜 'ㄹ'이 어느 위치에 나타나든지 나타날 때마다 이를 영어의
/l/에 대응시켜 발음하게 된다. 세 번째 단계는 형태소에 바탕한 발음을 하는 단계
와 한국어의 음운 현상을 익히면서 한국어화자의 발음과 가깝게 발음하는 단계이

(2002), 김정윤(2007)이 있으며 중국어권 학습자에 대한 연구로는 김지혜(2004), 양순임(2005), 양순임(2006), 란샤오샤(2007), 안연희(2007), 김길동(2008), 장우군(2009), 이원(2010) 등이 있다. 이 가운데 본고의 내용과 관련이 있는 일본어와 중국어를 모국어로 하는 한국어 학습자에 관한 연구 중심으로 각 연구의 연구 방법을 간략하게 살펴보면 다음의 〈표1〉와 같다.

〈표1〉 한국어 종성 습득에 대한 선행 연구 검토

논문	지각 실험 유무	음운 목록	피험 자수	피험자 거주기간 및 숙달도	오류 판정	음향 음성학 분석
최은정 (2001)	○	지각 - 무의미 단어, 산출- 유의미단어(교사의 질문에 대한 응답)	9명	6개월 미만	한국인 2인	×
김지혜 (2004)	○	지각-무의미단어, 산출- 유의미 단어	각 집단 5명	초급-3개월 이상, 중급-6개월 이상, 고급-1년 이상	한국인 (구체적 기술 없음)	×

다. 형태소에 바탕을 둔 발음은 예를 들어 '일요일'이라는 단어에서 첫음절 '일-'은 독립된 형태소를 이룰 수 있다. 학습자들은 한국어를 배우면서 이러한 형태소의 존재에 대해 알게 되고 그 형태소가 출연할 때마다 동일한 발음으로 그 형태소를 발음하려고 한다. 또 한국어 교사 중에는 이러한 발음을 가르칠 때 정확한 발음을 가르친다고 하면서 '일$요$일'처럼 또박또박 발음해 주는 경우가 있는데 이러한 경험이 습관을 강화시켜 각 형태소를 정확하게 발음하려는 의지는 더 강해지게 되어 자연스러운 발음을 못하게 되는 것이다.

양순임 (2006)	×	유의미어가 포함된 문장	5명	5개월	연구자를 포함한 음성학 전공자3인	○
란샤오샤 (2007)	×	유의미어가 포함된 문장	각 방언권 5명	중국 거주자, 한국 거주자 /중급(3-4급), 고급(5-6급)	한국인1인, 연구자1인(중국인)	×
안연희 (2007)	○	1, 2음절 유의미 단어, 문장	초급 -5명, 고급 -2명, 고급 -5명, 한국인 -4명	초급-3개월 미만 고급-2년 이상	4인(중국인의 발화를 한국인이 받아씀)	×
장우군 (2009)	×	단음절, 다음절 유의미어	20명	6개월 미만	한국어와 중국어에 대한 지식을 가진 한국어화자 (인원수 설명 없음)	×
이원 (2010)	×	1음절, 다음절의 유의미어, 문장	초급, 중급, 고급 각 8명, 한국인 2명	초급-6개월 미만, 중급-1년이상, 고급-2년 이상	오류평가자에 대한 설명 없음	×
손현미 (2011)	×	1음절, 다음절 유의미어가 포함된 문장	21명	중급(TOPIK 3급 수준)	오류평가자에 대한 설명 없음	×

이상에서 살펴본 한국어교육에서의 종성 오류분석 연구들은 다음
과 같은 점에서 한계를 가지고 있다고 하겠다.

첫째, 이들 연구들은 모두 하나의 모국어집단을 대상으로 학습자의
모국어와 한국어의 음운 체계를 1:1로 비교하여 오류를 예측한 후 간
단한 발화실험을 실시한 것들이 대부분이다. 발화실험의 결과로 오류
가 발견되면 그것이 학습자 모국어와 한국어의 특정 부분이 차이가
존재하기 때문에 오류가 발생했다고 하며 발음오류의 원인은 모두 모
국어의 간섭때문이라고 성급히 결론을 내리고 있다. 그러나 최근의
제2언어 음운 습득 연구들을 살펴보면 습득에 영향을 미치는 요인으
로 모국어의 간섭 이외에도 다양한 요인들이 영향을 미친다는 목소리
가 높아지고 있는[10] 만큼 한국어 음운 습득에 영향을 미치는 모국어
의 영향에 대한 보다 다각적이고 신중한 접근이 필요하다고 본다. 이
와 관련하여 김현(20001), 박기영(2001), 조남민(2007)에서는 모국
어의 간섭 이외에 언어보편성이 습득과 관련이 있음을 밝히기 위한
시도를 한 바 있다. 한편 모국어의 영향에 대해 분명하고 객관적인 증
거를 제시하기 위해서는 서로 다른 모국어 집단을 비교하여 각 집단
의 습득 양상이 유사한지 상이한지를 비교함으로써 비로소 모국어의
영향에 대한 명확한 증거를 제시할 수 있다고 하겠다. 이러한 연구목
적에 가장 부합한 선행연구로는 조남민(2007)과 윤은경(2010)이 있

---

10) Gass& Selinker(1999)에서는 제2언어 발달 과정에 영향을 미치는 요인은 모국어
하나가 아니며 모국어의 역할도 대조분석 가설이 주장하는 것처럼 그렇게 단순한
1:1의 대응관계가 아니라 훨씬 복잡한 것이라고 하였다. 한편 George(1972)는
그의 자료에 나타난 오류 중 1/3만이 모국어에서 기인한 것이라고 하였고 Dulay
& Burt(1975)에서는 그들의 자료 가운데 5% 미만만이 모국어에 기인한 것이라
고 주장하였다.

는데 조남민 (2007)에서는 모국어가 영어, 일본어, 중국어인 한국어 학습자를 대상으로 한국어 자음군의 폐쇄지속 시간을 측정하여 비교함으로써 모국어의 영향을 밝혀냈고 윤은경(2010)에서는 한국어 단모음 습득에 대해 일본어와 영어를 모국어로 하는 집단을 비교함으로써 모국어의 음운 목록에 포함된 음의 수와 습득이 밀접한 연관이 있다는 것을 밝혀냈다. 이러한 연구들은 앞에서 살펴본 하나의 모국어 집단 화자를 대상으로 한 연구들이 간과하였던 부분에 대해 다룬 한 발 앞선 연구들이라고 하겠다.

〈표1〉에서 살펴본 선행연구들의 아쉬운 점 두 번째는 기존 연구들이 경험 기간이 동일한 하나의 집단을 관찰하거나 혹은 경험기간이 짧은 피험자에 집중되어 있다는 것이다. 경험 기간이 짧은 제2언어 학습자는 제2언어 음에 대한 지식이 부족하고 목표어 음에 노출된 경험도 적기 때문에 제2언어 음을 산출하거나 지각하는 데 자신이 잘 알고 있는 모국어의 정보를 활용하게 된다. 따라서 한국어에 대한 경험기간이 짧은 피험자, 특히 학습초기인 피험자만을 대상으로 한 연구의 결과는 제2언어 음운을 습득하는 과정에서 발생하는 오류의 원인이 모두 모국어의 간섭때문인 것으로 결론 내리는 데 좋은 빌미를 제공하게 된다[11]. 따라서 목표어인 한국어에 대한 다양한 경험기간을 가진 피험자들을 관찰해야 학습자 언어의 발달 과정이 어떠한 양상[12]을 띠고 있는가에 대해 비로소 실마리를 얻을 수 있을 것으로 본다.

---

11) Hansen(2001)에서는 제2언어 음운 발달 과정에는 여러 요인들이 작용을 하는데 특히 모국어전이는 습득의 초기 단계(early stage)에 많이 나타나게 된다고 한 바 있다.

12) 김상수·송향근(2006)에서도 발음 습득 양상에 대한 연구는 전체 한국어 발음 교육 연구에서 불과 8%에 지나지 않는다고 한 바 있다.

물론 이러한 연구를 위한 가장 이상적인 중간언어 조사 방법은 장기
관찰(longitudinal) 연구[13]라고 할 수 있겠으나 장기 관찰 연구가 다수
의 학습자에 대한 관찰이 불가능하고 결과를 일반화하기 힘들다는 점
에서 단점이 있는 만큼 통시적(종적)인 연구와 공시적(횡적)인 연구
의 장점을 함께 취할 수 있는 연구방법[14]을 강구하여 다양한 경험 기
간을 가지는 각 집단이 한국어 모국어 화자의 능력에 어느 정도 근접
하였는지 알아볼 필요가 있겠다.

　선행 연구들의 한계점 세 번째는, 오류여부의 판정이나 정확성의
평가 기준이 모호하다는 것이다. 제2언어 학습자의 발음을 평가하
는 데 있어 그 기준을 무엇으로 할 것인가. 어떻게 평가할 것인가. 누
가 평가할 것인가. 하는 문제는 아주 중요한 부분이라고 할 수 있다.
하지만 선행 연구들을 살펴보면 오류의 기준이 모호하며, 오류 여부
도 연구자 1인 또는 소수의 사람이 판정을 내리고 있다. 또한 오류판
정은 오류인가 아닌가의 이분법적인 판정을 내리고 있다. 그러나 발
음 오류는 의사소통에 영향을 미치는 심각한 오류에서부터 소통에는
별 영향을 미치지는 않지만 분명 한국어의 해당 발음으로서 정확하거
나 자연스럽지 못한 발음에 이르기까지 다양한 오류가 존재한다. 이

---

13) 이러한 연구의 필요성에 대해서는 김상수 · 송향근(2006)에서도 지적한 바 있는
　　데, 동일한 학습자의 학습 진행에 따른 분석을 통해서 단계별 교수 방안을 마련할
　　수 있으며, 학습자 중간 언어의 변화체계를 관찰하고 밝힐 수 있다고 하였다.
14) Gass& Selinker(1999)에서는 이러한 연구방법을 유사-통시적 연구(pseudo-
　　longitudinal study)하고 하였다. 이 연구에서는 통시적 연구처럼 언어 변화(즉, 습
　　득)에 강조점을 두고 있는데, 자료는 다른 숙달단계에 있는 학습자들로부터 단일
　　시점에 수집된다. 그러나 이러한 방법도 학습자 개개인에 대한 것이 결과에 드러
　　나지 않는 것은 단점이라고 하였다.

에 발음의 '좋고 나쁨'을 판정[15]하는 데 있어 널리 통용되고 있는 개념
인 정확성(accuracy, native-like)과 이해 명료도(intelligibility)[16]가 학
습자가 도달하여야 할 목표로 연속선상에 있다고 보고 각각의 지점

15) 본고에서는 각 집단의 피험자가 발화한 한국어 종성이 이해명료도 면에서 어느
정도에 도달하였는지 알아보는 실험과 정확성 면에서 어느 정도에 도달하였는지
를 알아보기 위한 실험을 실시할 예정이다. 자세한 내용은 Ⅳ장에서 기술하기로
한다.

16) 1960년대 이전에는 정확성의 원리(nativeness principle)가 지배하던 시기로 원어
민과 일치하는 발음을 습득하는 것이 발음 교육의 중요한 목표였다. 이러한 흐름
에 영향을 받아 영어 발음에 섞인 외국인 말투(foreign accent)는 반드시 없애야
하는 것으로 여겨져 왔다. 그러나 이후 정확한 발음에 대한 연구는 결정적시기가
설에 관한 연구와 맞물려 진행되게 되었다. 결정적시기가설에 관한 많은 연구는
정확한 발음을 습득하기 위한 최적의 시기가 존재할 것이라는 결론과 함께 정확
한 발음을 추구하는 것은 비현실적인 목표라는 점을 시사해 주었다.
이에 그 후 발음 교육의 목표로 등장한 개념이 명료도(intelligibility)이다. 명료도
의 개념은 학자마다 차이가 있는데, Kachru와 Nelson(2006)은 명료도와 이해가
능도(comprehensibility), 그리고 해석 가능도(interpretability)를 구분해야 한다
고 주장하였다. 그들에 따르면 명료도란 단어와 문장 수준에서 발음 요소를 청
자가 인식(recognition)하는 정도이고 이해 가능한 정도는 의미(meaning)을 아
는 것이고, 해석가능정도는 발화 뒤에 숨어 있는 의도나 목적을 알아채는 것이
라는 것이다. 그리고 그들은 세 개의 개념이 어느 정도 교환되어 사용될 수 있다
고 보았다. Jenkins(2000)는 좀 더 엄격한 구분을 짓는다. 그는 명료도의 개념이
혼란스러운 것이 되지 않도록 세 개념을 서로 구분한 뒤 명료도를 발음의 인식
(recognition)으로만 보았고 의미(meaning)를 이해하는 것은 완전히 배제했다.
Derwing, Munro와 Wiebe(1998)도 앞의 견해들처럼 명료도를 발음을 인식하는
정도의 좁은 의미로 보았다. 그러나 Jenkins(2000)처럼 엄격한 구분은 하지 않았
다. 그들은 엑센트(accentness)와 명료도와 이해가능정도의 개념을 각각 구분하
여 용어를 사용하였으나 명료도와 이해가능정도는 여러 면에서 서로 관계가 있다
고 보았다. Field(2005)의 연구도 역시 명료도를 좁은 의미로 정의하였다. 명료도
와 이해가능정도를 구분하였고 명료도는 실제 발음의 음향적인 요소를 알아차리
는(recognition) 정도로 정의하고 명료도는 이해 가능정도의 한 부분을 구성하는
이해가능정도의 하위 범주로 정의하였다.(정애란 2008 재인용). 이처럼 명료도에
대해서는 다양한 정의가 존재하지만 중요한 것은 화자의 발음을 듣는 청자가 어
떻게 받아들이는가에 중점을 둔 개념이라는 점에서 공통점이 있다고 하겠다.

에 도달하기 위해 어느 정도의 경험 기간이 필요한지 등을 규명할 필요가 있다. 또한 발음평가의 주체로 한국어학습자가 교실을 벗어났을 때 의사소통 상대가 될 다수의 한국어 모국어화자를 활용해야 실험 결과를 발음교육에 즉각적으로 반영할 수 있을 뿐만 아니라 발음 교육에 있어서 도달 가능한 목표 설정도 가능해질 수 있을 것이다.

선행 연구의 아쉬운 점 네 번째는, 해당 연구들이 습득 양상을 밝힌다고 하고 있지만 음의 산출 실험(production test)을 통해 발화에 대한 오류 분석은 시행하면서 지각 실험(perception test)은 실시하지 않은 경우가 많다는 점이다. 그러나 최근 제2언어 습득 연구에서는 모국어의 영향으로 인한 부정확한 지각이 부정확한 발음의 산출로 이어진다는 연구가 속속 나오고 있으며(Flege & Hillenbrand 1984: Bohn, O.-S. &Flege 1992: Whalen 1997: Flege et al 1997b) 제2언어 학습자가 해당 언어를 학습하는 것은 의사소통의 도구로써 활용하기 위한 것인 만큼 (발)화자로서의 정확한 발음의 구사라는 면과 청자로서 모국어 화자의 발화를 정확히 이해하는 측면 모두에서 습득이 이루어져야 비로소 제대로 된 습득이라고 볼 수 있을 것이다. 따라서 제2언어 음운 습득 양상을 밝히는 데 있어 반드시 지각능력과 산출 능력이라는 두 측면을 모두 살필 필요가 있겠다. 최근의 이러한 흐름에 발맞춰 한국어 발음 교육 연구에서도 정지은(2008), 윤은경(2010), 박지연(2010) 등이 지각과 산출의 연관성에 대한 연구한 바 있다. 그러나 아직 종성에 대해서는 이러한 연구가 진행된 바 없어 연구가 필요한 분야라고 하겠다.

이상에서 살펴본 것처럼 방법론 면에서 오류분석이 주를 이루는 한국어 발음교육 연구 흐름 가운데 최근에는 한국어 학습자의 한국어 음운 습득 가능성에 대해 새로운 시각을 접목시키려는 시도가 이루어지고 있는데 그러한 연구는 모음에 대한 연구가 먼저 이루어졌다. 그 대표적인 연구로는 안나(2002), 권성미(2007), 윤은경(2010) 등의 연구가 있다. 이들 연구는 특히 Flege의 Speech Learning Model(SLM)이 주장하고 있는 '음성적 유사성'이 제2언어를 습득하는데 어떠한 영향을 미치는지에 대해 밝히기 위해 실증적인 실험을 실시하였다. 연구자들은 학습자의 모국어 모음과 한국어 모음의 유사성을 음향음성학적으로 대조·분석하여 제2언어 음성 습득과의 관련성을 밝히려 했다. 한편 위의 세 연구가 모음에 관한 연구였다면 정지은(2008)은 유사성이 한국어 자음 습득에 어떠한 영향을 미치는지를 살핀 최초의 연구이다. 또한 정지은(2008)은 앞의 세 연구와 달리 유사성을 설정하는 데 있어 음향음성학적 분석 대신에 인식적 유사성을 기준으로 삼아 중국어를 모국어로 하는 한국어학습자가 초성 위치에 오는 파열음을 지각하고 산출하는 데 있어 인식적 유사성이 어떠한 영향을 미치는지 밝히고자 하였다. 이 연구들의 내용을 대략적으로 살펴보면 다음과 같다.

〈표2〉 한국어 음운 습득과 유사성의 관련성에 대한 선행 연구

학습자 모국어	해당 분절음	자극음	피험자 거주(경험)기간	피험자 수	지각실험 유무
안나 (2002)	폴란드어	단모음 8개	CVC의 무의미 1음절어	3-9년	총7명	○

권성미 (2007)	일본어	단모음 7개	CV의 무의미 1음절어	초급학습자(6 개월 미만), 고 급학습자(1년 반-2년),경험자 (5년 이상)	각 집단 16명	×
정지은 (2008)	중국어	파열음 (평/격/ 경) 초성	CV의 무의미 1음절어	초급학습자 (2-3개월),중급 학습자(9-18개 월),고급학습자 (3-5년)	각 집단 10명	○
윤은경 (2010)	일본어, 영어	단모음 8개	CVCV의 무의미 2음절어	비경험자(6개 월미만),경험자 (재미, 재일교 포 또는 평균 5 년 거주자)[17]	각 집단 15명	○

이상의 연구는 한국어 학습자의 음성 습득 과정에 대해 규명되지 않았던 많은 사실을 밝혀 주었을 뿐만 아니라 최근에 새롭게 대두된 이론들이 이러한 습득 과정을 얼마나 타당하게 설명해 주고 있는지에 대해서도 다루었다는 점에서 한국어 발음 교육 연구에서 아주 값진 성과라고 할 수 있다. 그러나 위의 연구들 가운데 안나(2002)는 폴란드어를 모국어로 하는 한국어학습자들은 새로운 음보다는 유사한 음(모국어에 일치하는 음이 있는 경우)을 더 정확하게 지각하고 산출하였다고 하며 Flege의 음성 학습 모델(Speech Learning Model, SLM)이 한국어 음성 습득을 완벽히 설명해 주는 것은 아니라고 하였으며 권성미(2007)에서도 궁극적인 성공정도(ultimate competence)

---

17) 해당 연구는 다양한 실험이 포함되어 있으나 음성 산출 실험을 중심으로 기술하였음

는 유사성의 정도뿐만 아니라 유표성 및 난이도의 위계(hierarchy of difficulty)가 복합적으로 작용한다고 하였다. 이에 SLM의 음성적 유사성의 모호함을 뛰어넘어 보다 명확한 기준으로 한국어 음운 습득 난이도를 설명해 줄 이론의 도입이 필요해 보인다. 이에 습득난이도에 대해 단계를 설정하여 설명력을 높이려고 하였던 대조분석 가설의 이론들을 다시 한 번 검증해 볼 필요가 있겠다. 이와 관련하여 범류(2005)에서 중국어 음운과 한국어 음운의 대조를 통해 Prato(1967)의 가설을 기준으로 습득 난이도[18]를 설정한 바 있으나 예측에 그쳐, 실증적인 검증은 이루어지지 못하였다. 따라서 대조분석 가설의 난이도 위계(Hierarchy of difficulty)를 한국어 음운 습득에 적용하여 실증적으로 검증해 보는 작업이 필요하다고 하겠다.

---

18)

난이도 등급	해당 음운, 변이음 항목
0등급	파열 유성음 [b], [d], [g], [m], [n], [ŋ]
1등급	
2등급	권설음 [ɻ]을 피하는 것
3등급	유기음[pʰ], [tʰ], [kʰ][r̄r̄]과 [ɾ], [ɾ] [l]이 한국어와 중국어에서 다르게 해석하는 데서 생기는 어려움
4등급	불파음화, 탄설음화, 설측음과 비음의 구개음화 등
5등급	'긴장' 자질에 따른 평음과 경음 구별

C. 연구질문과 연구방법

본고에서는 모국어가 서로 다른 한국어 학습자의 한국어 종성 습득 양상을 밝히는 데 있어 다음과 같은 연구질문을 제기하고자 한다.

첫째, 모국어가 서로 다른 두 집단의 종성 발달 양상은 유사한가? 상이한가? 즉, 한국어 종성을 습득하는 데 있어서 학습자의 모국어는 어떠한 영향을 미치는가? 한국어 음운 발달에 모국어 이외에 영향을 미치는 요인은 무엇인가?

둘째, 모국어와의 대응관계는 한국어 음운 습득에 어떠한 영향을 미치는가? 즉, L1음과 L2음이 어떻게 대응되는 것이 습득에 가장 유리한가?

셋째, 각 집단은 어느 시기에 어느 음의 지각능력과 산출 능력이 한국어 모국어화자(NK) 정도에 도달하는가? 그리고 종성 가운데 상대적으로 먼저(이른 시기에) 습득되는 음이 있는가?

넷째, 한국어 종성 습득 양상의 결과를 통해 한국어 음운 습득 난이도는 어떻게 예측할 수 있는가? 즉, 학습자 모국어와 목표어인 한국어의 음이 어떻게 대응되는 것이 가장 습득 난이도가 높거나 낮은가?

이러한 연구 질문의 답을 구하기 위해 본고에서는 세 가지 실험을 실시하고자 한다.

첫 번째 실험은 한국어 학습자의 한국어 종성에 대한 지각 능력을 알아보기 위한 지각(perception)실험[19]이다. 지각실험은 한국어 모

---

19) 서정목(2002)에서 대조분석이론은 음성·음운 영역에서 그 예측성이 타당성이 높다고 하며 제2언어를 습득하는 데 모국어의 부정적 전이의 예로① 조음전이, ② 청취전이, ③자소 전이를 들고 있으며, 이 가운데 조음 전이는 모국어의 조음

국어화자가 발화한 7개의 종성 발음을 모국어와 경험 기간이 다른 각 피험자 집단에게 들려주고 7개 종성 중 어느 것으로 지각[20]하는지 알아보는 실험이다. 이 실험은 청자(listener)로서의 한국어 학습자가 한국어 모국어화자와의 의사소통 상황에서 어떠한 음의 지각에 어려움을 겪고 있는지를 살펴보고 그러한 어려움을 경험 기간의 증가에 따라 어떻게 극복하는지를 알아보기 위한 것이다. 아울러 이 실험을 통해 목표어의 음을 지각하는 데도 모국어의 정보가 여과기(filter)역할을 하여 잘못된 지각을 하게 하는지와 같은 종성 음을 지각하는 데 모국어가 어떠한 영향을 미치는지도 살필 수 있을 것이다. 실험에 참여할 피험자 집단은 다음 〈표3〉과 같다.

습관으로 인하여 목표어의 조음에 끊임없이 영향을 미쳐 부정적으로 전이되어서 오류음이 발생하게 되는 것이라고 하였으며 청취전이는 목표어의 음운 체계를 습득하는 데 모국어의 음운 체계를 적용하여 그 체계를 중심으로 청취하는 것이라고 하였다. 이러한 기술은 본고에서 조음 전이는 산출(production)과 관련이 있고, 청취 전이는 지각(perception)과 관련이 있는 부분이라 하겠다.

20) 제2언어 음성 습득 연구에서 널리 쓰이고 있는 'perception'과 'production'이라는 용어는 국내에서 다양한 용어로 번역되어 사용되고 있는데 권성미(2007)에서는 '청취', 김소야(2007) 윤은경(2010)에서는 '지각'이라는 용어를 정지은 (2008)에서는 '인식'이라는 용어를 사용한 바 있다. 또 관련 연구들에서는 '인지'라는 용어를 사용한 경우도 있다. 이러한 용어들은 주로 심리학에서 사용되던 것들로 이들의 사전적 의미는 '인지'나 '인식'은 '심리 자극을 받아들이고 저장하며 인출하는 일련의 정신 과정'이라고 하고 있고 '지각'에 대해서는 '감각 기관을 통하여 외부의 사물을 인식하는 일, 또는 그 작용에 의해 얻어지는 표상'이라고 풀이하고 있다. 본고에서는 'perception'에 대해서는 '외부에서 학습자 안으로 들어오는 지식'이라는 것을 강조하고 'production'은 '안에 있는 지식을 소리로 외부로 나타낸다'는 의미를 강조하고자 하여 'perception'을 '지각', 'production'을 '산출'이라는 용어로 사용하고자 한다.

〈표3〉 피험자 변인

경험기간	모국어(L1)		
	일본어(J)	중국어(C)	한국어(K)
단기 경험자 (low-experienced , L)	일본인 단기경험자 (JL)	중국인 단기경험자 (CL)	한국어 모국어화자 (native Korean, NK
중기 경험자 (mid-experienced, M)	일본인 중기경험자 (JM)	중국인 중기경험자 (CM)	
장기 경험자 (high-experienced, H)	일본인 장기경험자 (JH)	중국인 장기경험자 (CH)	

지각실험에 참여할 피험자는 한국어에 대한 경험 기간[21]이 서로 다른 일본어와 중국어를 모국어로 하는 한국어를 학습중이거나 학습을 마친 외국인들로 이들의 한국어 종성에 대한 지각능력이 습득에 도달하였는지를 판정하는 데 기준이 되어줄 한국어 모국어화자도 대조군으로 참여할 것이다.

지각실험의 결과는 지각적인 측면에서의 습득 여부[22]를 알아보기

---

21) 한편 Flege(1997a,b)에 따르면 모음의 지각과 산출에서는 최초로 모국어에 노출된 나이가 더 큰 영향을 미치는 반면, 자음의 지각과 산출에서는 L2 사용 국가에 거주한 기간이 영향을 미쳤다고 하였다. 그리고 특히 모국어에 없는 음의 지각과 산출은 목표어 국가에 거주한 기간이 길수록(경험 기간이 길수록) 좋아진다고 하고 있다.

22) 습득(acquisition)과 학습(learning)은 1980년대 Krashen이 입력 가설(input hypothesis)을 주장하면서 두 용어를 구분할 것을 주장하였다. 그에 따르면 습득이란 무의식적인 것으로 의식적인 학습에 대비되는 개념이라고 하였다. 즉, 습득이란 어린아이가 모국어를 학습할 때와 같이 공식적인 학교 교육을 통하지 않고 의식적으로 문법 규칙을 교수 받지 않고도 가능한 것인데 반해 학습은 외국어를 목표어로 하는 성인들처럼 공식적인 학교 교실에서 의식적인 문법 규칙을 배움으로써 가능한 것이라고 한 바 있다.(박경자1999). 한편 습득에 도달한다는 용어의 정의에 대해 Ellis(1994:14)는 어떤 연구자는 해당 자질이 처음으로 출현하는 것

위해 한국어 모국어화자(NK)의 결과와 통계적으로 비교할 것이다. 비교를 통해 NK와 유의미한 차이가 없는 것으로 나타난 집단은 지각 능력이 습득에 도달하였다고 판정할 수 있을 것이다. 또한 지각능력 이 어느 기간에 현저하게 발달했는지를 검증하기 위해 경험기간이 인 접한 두 집단의 결과를 통계적으로 비교할 것이다. 그 결과 두 집단간 에 유의미한 차이가 있을 경우 해당 경험 기간 동안 해당음의 지각 능 력이 집중적으로 향상되었다고 판단할 수 있을 것이다.

두 번째 실험은 산출(production) 실험으로 경험기간이 서로 다른 각 집단의 한국어 종성에 대한 조음 능력을 알아보기 위한 것이다. 산 출 실험은 두 가지 종류의 실험이 실시될 것이다. 첫 번째 실험은 이 해명료도(intelligibility)를 알아보기 위한 실험으로 각 경험자 집단이 발화한 종성을 청자인 한국어 모국어화자에게 들려주고 어느 종성으 로 들리는지 선택하도록 하는 실험이다. 이 실험은 한국어 학습자의 발화가 한국어 모국어화자에게 얼마나 의도대로 전달될 수 있는지를 알아보기 위한 것이다. 결과를 통해 한국어 모국어화자의 정반응률이 높은 음은 각 집단의 피험자가 더 잘 조음하고 있다고 판단할 수 있을 것이며 그렇지 않은 음은 조음에 어려움을 겪고 있다고 볼 수 있을 것 이다. 산출실험 가운데 두 번째 실험은 각 집단의 피험자가 발화한 자

을 습득이라고 하였으며 어떤 연구자는 일정의 정확성(90% 정도, Hansen 2001 등에서는 80%로 봄)에 도달한 것을 습득으로 정의하였다고 하며 습득의 의미가 'emergence(출현)', 'onset(개시)', 'accurate use(정확한 사용)'과 같은 다양한 의 미로 사용되고 있다고 하였다. 본고는 여러 정의 가운데 Dulay & Burt(1980)의 정의인 'accurate use(정확한 사용)'를 받아들여 한국어 학습자가 한국어 음운을 발음하는 데 있어 도달하여야 할 최종 목표(goal)로써, 모국어화자와 차이가 없는 정도의 발음 능력에 도달한 것이라는 의미로 사용하고자 한다.

극음을 한국어 모국어화자가 듣고 한국어의 해당 발음으로 얼마나 정확한지에 대해 1(이해가 불가능하다)-5(해당 한국어 종성으로 아주 정확한 발음이다)의 척도로 평가하도록 하는 정확성(accuracy) 평가 실험이다[23]. 이렇게 두 가지의 산출 실험을 실시하는 것은 첫번째 실험에서 한국어 학습자의 발화음이 의도대로 모국어화자에게 전달되었다고 하더라도 반드시 그 발음이 한국어 종성 발음으로 정확한 발음이라고는 말할 수 없으므로 두 번째 실험을 통해 전달된 발화음이 해당음의 발음으로 어느 정도의 정확성(accuracy)을 가지는지에 대해 다시 검증해 보기 위한 것이다. 즉, 해당 발화음이 모국어화자만큼의 정확성을 가지는 발음인지 아니면 외국인말투(foreign accent)[24]가 섞여 있지만 청자인 모국어화자가 이해하는 데에는 문제가 없는지와 같은 구체적인 정확도와 이해명료도를 밝히기 위한 것이다. 이 결과를 통해 한국어에 대한 경험기간이 늘어나면 그 발음은 한국어 모국어화자에게 더 잘 이해가 되는지, 모국어화자에게 더 좋은 한국어 발음으로 평가 받는지를 알 수 있을 것이다. 또한 두 가지 실험을 통

---

23) 이러한 실험은 현재까지 한국어교육 음운 습득 연구에서 실시된 바 없다. 유사한 실험으로 조남민(2007)에서는 언어 능숙도 실험이라고 명명하며 해당음을 발음한 사람이 한국인지 외국인인지를 고르도록 하는 실험을 실시한 바 있으며 정지은(2008)에서는 외국인말투(foreign accent) 정도를 '아주 강한 외국인 악센트가 있다'에서부터 '모국어화자와 같다'를 1-5까지의 척도로 판정하도록 한 실험이 실시된 바 있다. 그러나 본고는 해당 발음을 한 화자가 외국인인지 아닌지를 알아보기 위한 것이 아니라 해당 발음이 한국어의 종성 발음으로 어느 정도의 정확성을 가지는지에 대해 알아보기 위한 것이다.

24) 외국인말투(foreign accent)는 Major(2001:19)에 따르면 어떤 청자든지 자신의 모국어로 말하는 어떤 사람을 보면 의식적이든 무의식적이든 그 사람이 모국어화자인지 아닌지 평가를 하게 되는데 해당음이 모국어화자의 발음인지 아닌지의 전반적인 인상을 외국인말투(foreign accent)라고 하고 그 정도를 평가할 수 있다고 하였다.

해 한국어 학습자의 해당 종성에 대한 산출능력을 살펴봄으로써 산출하기 쉬운 음과 어려운 음이 무엇인지, 산출하기 쉽고 어려운 음을 결정하는 요인이 무엇인지에 대해서도 알 수 있을 것으로 기대한다. 산출실험 결과 또한 한국어 모국어화자(NK)의 결과와 통계적으로 비교할 것이다. 비교를 통해 NK와 유의미한 차이가 없는 것으로 나타난 집단은 산출능력이 습득에 도달하였다고 판정할 수 있을 것이다. 또한 산출 능력이 어느 기간에 두드러지게 발달했는지를 검증하기 위해 경험기간이 인접한 두 집단의 결과를 통계적으로 비교할 것이다. 그 결과 두 집단간에 유의미한 차이가 있을 경우 해당 경험 기간 동안 해당음의 산출 능력이 두드러지게 향상되었다고 판단할 수 있을 것이다.

본 연구는 이상의 지각 실험과 산출 실험의 결과를 종합하여 해당 언어를 모국어로 하는 학습자가 한국어에 대한 경험 기간(체류기간)이 증가함에 따라 얼마나 한국어 모국어화자에 근접하게 되는지에 대해 밝히고자 한다.

요컨대 본 연구는 한국어 학습자의 한국어 종성의 습득 양상과 습득 난이도를 살피면서 습득에 모국어 등의 요인이 어떠한 영향을 미치는가를 밝히기 위한 것이다. 언어교수의 순서는 자연스러운 습득 순서와 동일할 때 가장 이상적이라고 할 수 있다.[25] 따라서 학습자의 언어 발달 과정을 관찰한 연구의 결과를 통해 더 체계적인 발음 교육이 가능하리라고 본다. 이에 본고의 연구 결과는 한국어 교육의 교재

---

25) 허용(2008)에서도 제2언어 습득을 가장 효과적으로 하는 방법은 언어 습득의 자연적 순서를 따르는 것이고 그에 따른 교수법을 개발하는 것이라고 하였다.

개발과 교육과정 설계, 그리고 말하기 평가 항목을 개발하고 평가 기준을 설정하는 데 있어서도 반드시 선행되어야 하는 기초 작업이라는 점에서 필요한 연구라고 하겠다.

II

제2언어 음운 습득에
영향을 미치는 요인

Ⅱ
제2언어 음운 습득에
영향을 미치는 요인

본 장에서는 제2언어 음운 습득 과정에 영향을 미치는 언어적인 요인과 비언어적 요인에 대해 살펴보고자 한다. 언어적 요인은 크게 모국어와 제2언어 음운 습득의 연관성에 대해 다룬 이론과 언어 보편성(language universal)과 제2언어 음운 습득의 관련성에 대해 다룬 논의들을 중심으로 살펴보고자 한다. 그리고 비언어적 요인으로는 다양한 요인 가운데 학습자의 나이와 제2언어 경험, 제1언어 사용량에 대해 살펴보고자 한다.

A. 제2언어 음운 습득에 영향을 미치는 언어 적인 요인

1. 모국어

제2언어 음운 습득과 관련하여 모국어는 현재까지도 가장 큰 영향을 미치는 요인으로 그 자리를 굳건히 지키고 있다. 특히 성인 학습자의 경우 그 영향은 더 크다고 할 수 있다. 때문에 이러한 모국어가 목표어의 음운 습득에 어떻게 관련되는지에 대한 초기의 주장과 최근에 새롭게 논의되고 있는 몇몇 주장들이 다양하게 공존한다. 본 장에서는 이 두 흐름에 대해 정리하며 다양한 시각에 대해 살펴보고자 한다.

가. 초기의 대조분석 가설(contrastive analysis hypothesis)과 모국어

초기의 대조분석 연구자들은 제2언어 학습 상황에서 학습자들이 자신의 모국어에 전적으로 의존하고 있다고 생각하였다. Lado(1957)는 그의 책 『Linguistics Across Culture』에서 아래와 같이 언급하였다.

"개개인은 형식과 의미를 전이하는 경향이 있어서, 외국의 언어 및 문화를 자신의 모국어와 문화의 형식과 의미의 분포에 전이하는 경향이 있다. 언어를 발화하는 문화 속에서 행동하려고 할 때에는 생성적으로, 그리고 모국어화자가 수행하는 것처럼 언어와 문화를 이해하려고 할 때에는 수용적으로..." (Gass& Selinker 1999: 69)

이에 그는 외국어와 모국어의 비교는 외국어 습득연구의 기본이 되며 모국어와 비슷한(similar) 소리는 전이되고 모국어와 다른 소리, 다른 구조를 가지는 소리, 다르게 분포되는 소리는 학습하기 어렵다고 하였다.

이처럼 대조분석의 효용성을 주장하는 이들은 두 언어의 유사점과 차이점을 결정하기 위해 먼저 모국어와 목표어를 대조·분석해야만 했는데, 이러한 작업의 궁극적인 목적은 학습자를 위해 쉽거나 어려운 분야를 예측하는 것이었다. 이에 등장한 것이 대조분석 가설(contrastive analysis hypothesis)로 다음과 같은 것을 전제로 삼는다.(Gass& Selinker 1999: 78)

ㄱ. 대조분석은 언어는 습관이고 언어학습은 새로운 일련의 습관을 확립하는 것이라고 주장하는 언어 이론에 근거를 두고 있다.

ㄴ. 제2언어의 생성 또는 수용에서의 오류의 주요 원인은 모국어이다.

ㄷ. L1과 L2의 차이점을 고려함으로써 오류를 설명할 수 있다.

ㄹ. 위의 '다'에 대한 추론은 차이점이 크면 클수록 발생하는 오류가 더 많아진다.

ㅁ. 제2언어를 학습하기 위해 해야 할 것은 차이점을 학습하는 것이다. 유사점은 새로운 학습과 관련이 없기 때문에 간과될 수 있다.

ㅂ. 학습에서의 어려움과 용이함은 대조분석하는 두 언어간의 차이점과 유사점에 의해 각각 결정된다.

이와 같이 20세기 중반에 등장하여 모국어와 목표언어를 비교하고

대조함으로써 학습의 어려움(difficulty)을 예측할 수 있다고 주장한
것이 바로 대조분석 가설이다. 이 개념은 주로 행동주의의 영향을 받
았는데 대조분석가설 이론가들의 주장 중 가장 핵심이 되는 목표어와
모국어간의 비교·대조를 통해 얻어진 결과인 '다른 것＝어려운 것'
이라는 이 개념은 여전히 특히 음성·음운 습득분야에서는 강하게 남
아 있다[1]. 모국어가 제2언어 습득에 얼마나 큰 영향을 미치는지에 대
해 Trubetzkoy(1958)는 'L2 지각(perception)은 L1이라는 체(sieve)
를 통해 걸러지며 그 결과로 산출(production)에서 그 사람의 모국어
를 쉽게 알아챌 수 있는 것이다'라고 하며 모국어 영향에 대해 지적
한 바 있다(Major 2001:31). 또한 Weinreich(1953)는 음간섭(phonic
interference)이란 용어를 사용하며 음간섭이란 화자가 목표어의 음
을 인지하고 재생산하는 방식과 관련되며 학습자가 목표어의 음소를
모국어의 음소와 동일시하여 그것을 발음할 때 모국어의 음성학적 규
칙을 따르게 되어 발생하는 것이라고 하였다. 그러면서 모국어의 영
향에 대해 다음과 같은 분류를 하였다.

〈표4〉 목표어를 습득하는 데 있어 발생하는 모국어의 영향

	전이의 유형	설명 혹은 기술
1	소리대체 (sound substitution)	제2 언어의 소리를 가장 유사한 모국어의 소리로 대체하는 현상

---

1) Brown(1994)은 조음이란 정신 운동적 기능으로서 그 성공은 근육운동의 조정에
있기 때문에 모국에서 비롯된 간섭은 발음 면에서는 대조분석에 따른 예측이 가능
한 반면 통사적, 의미적, 어휘적 간섭은 그 예측력이 떨어지는데 그 이유는 사고,
처리, 저장, 회상과 같은 인지적 조정(cognitive coordination)은 근육운동의 조정
보다 복잡한 요인이기 때문이라고 하고 있다. (서정목, 2002 재인용)

2	음운적 과정 (phonological process)	변이음이 전이되는 현상
3	과소 차별화 (underdifferentiation)	목표어에서는 구별이 있지만 모국어에서 구별이 없을 때 전이되는 현상
4	과잉 차별화 (overdifferentiation)	모국어에서는 구별이 있지만 목표어에서는 구별이 없을 때 전이되는 현상
5	구별에 대한 재해석 (reinterpretation)	모국어와 목표어에서 더 우선시 되는 자질과 덜 우선시 되는 자질의 차이가 존재할 때 나타나는 현상
6	음소배열론적 전이 (phonotactic interference)	음절과 단어 구조에서 목표어와 모국어 사이에 차이가 존재할 때 나타나는 현상
7	운율적 전이 (prosodic interference)	목표어와 모국어의 운율적 차이가 존재할 때 전이되는 현상

(Major 2001 :31-32를 바탕으로 한 것임)

이처럼 초기의 대조분석이론은 학습자의 모국어와 목표어를 체계적으로 비교함으로써 학습상의 어려움을 예측하고 기술할 수 있다고 하면서 '외국어를 배우는 학습자들은 어떤 성분은 배우기가 더 쉽고 어떤 것은 그렇지 않다는 것을 느낄 것이다. 쉽다고 느끼는 것은 학습자의 모국어와 유사한 것이고 다른 것은 어렵다고 느낄 것이다'라고 하였다.[2]

이러한 대조분석이론은 점차 예측적 견해라고도 불리는 강(strong)견해와 설명적 견해라고도 불리는 약(weak) 견해로 분리되기 시작하였는데 강견해에서는 앞에서 기술한 것처럼 학습에 대해서 그리고 두 언어간의 비교에 근거를 둔 언어-교수 자료의 성공 여부에

---

2) Ellis(1994:306)에서 인용함

대해 예측할 수 있다고 하였다. 한편 약 견해는 모국어-목표어의 차이점에 근거를 두고 학습자의 오류를 설명하기 위해 대조분석을 사용하는 것이 바람직하다고 하였다. 후에 오류분석(error analysis)에 영향을 미치는 약견해는 강견해에서 말한 예측이 실패한 것으로 드러나면서 더욱 신뢰를 얻게 되며 최근까지도 발음 습득을 설명하는 데 여전히 영향력을 미치고 있다.

나. 난이도 위계(Hierarchy of Difficulty)

위에서 살펴본 것처럼 초기의 대조분석 이론은 가장 중심적인 생각인 '차이가 나는 것은 어려운 것, 유사한 것은 쉬운 것'이라는 이분법적인 인식에 사로잡혀 있었다고 해도 과언이 아니다. 이러한 이분법적인 사고에서 벗어나 예측을 더 정교화하기 위해 Stockwell, Bowen& Martin (1965)은 구조주의에 기초하여 어려움의 정도를 난이도의 위계(Hierarchy of Difficulty)로 다음과 같이 설정하였다. 그들은 이것을 이용하여 제2언어의 특정한 측면의 상대적인 어려움을 예측할 수 있으며 영어와 스페인어의 난이도 순서를 위하여 고안해 낸 것이지만 어느 언어에서도 보편적으로 사용할 수 있다고 하였다.

〈표5〉 난이도의 위계(Hierarchy of Difficulty)

	어려움의 종류	L1	L2	L1:영어, L2:스페인어 예
1	분열(split)	x	x / y	for / por / para

2	새로운 것 (new)	∅ ⋯⋯⋯⋯⋯ x	grammatical gender
3	부재범주 (absent)	x ⋯⋯⋯⋯⋯ ∅	'do' as a tense carrier
4	융합 (coalesced)	x 　 y ⟩ x	'his/her'is realized as a single form su
5	대응 (corespondence)	x ⋯⋯⋯⋯⋯ x	-ing, -ndo as complement with verbs of perception

(Ellis, 1994 :307을 바탕으로 함, 숫자가 작을수록 더 난이도가 높다고 봄)[3]

이 난이도 위계를 초기의 대조분석가설의 주장과 비교해 보면, 초기의 대조분석 가설에서는 차이가 클수록 어렵고 차이가 작을수록 쉽다고 단순히 이분법적으로 주장하였다면 이 시도는 두 언어의 특성을 난이도의 순서에 따라 체계적으로 분석함으로써 연구자들은 제2언어 학습자가 겪게 될 음운적 난점에 관한 비교적 정확한 목록표를 작성할 수 있게 된 것이다. 게다가 이 목록표로 언어간의 난이도뿐만 아니라 특정항목을 그 목록표 내의 다른 항목과 비교하여 예측할 수 있게

---

3) 이것은 실제 다른 언어에도 적용시키면 아래와 같다. (Gass & Selinker 1999:86)

범주	실제 예
차별화	영어 L1, 이태리어 L2: to know vs sapere/conoscere
새 범주	일본어 L1, 영어 L2 : 관사체계
부재 범주	영어 L1, 일본어 L2 : 관사체계
융합	이태리어 L1, 영어 L2 : 동사 to know
대응	영어 L1, 이태리어 L2 : 복수형

된 것이다[4].

위의 〈표5〉에서 5단계는 양 언어간에 차이점이나 대조점이 전혀 없는 것을 의미하며 4단계는 모국어의 두 항목이 목표어에서는 하나로 합쳐지는 것이다. 예를 들면 모국어인 영어에 /r/과 /l/이 있는 일본어 학습자가 일본어의 /r/의 발음을 해야 하는 경우이다. 3단계는 모국어의 한 항목이 목표어에는 없는 경우이다. 예를 들면 영어를 모국어로 하는 학습자가 스페인어를 배울 때 스페인어에 /i, æ /나 /th, ŋ /가 부재한 것이 여기에 해당된다(Brown 1994:272). 2단계는 학습자가 모국어에 없거나 있다고 하여도 거의 공통점이 없는 항목을 목표어에서 배워야 하는 경우이다. 마지막 1단계는 모국어에서 한 항목이던 것이 목표어에서는 둘 또는 그 이상인 경우이다. 이 때 학습자는 새로운 구별법을 배워야 하는 것이다.

난이도 위계의 이러한 세분화는 인간학습의 원리에 바탕을 두고 있으며 5단계는 두 언어간의 완전한 1대1 대응과 정(正)전이를 보여주고 있으며 1단계는 간섭의 정점에 해당한다고 볼 수 있다. 또한 그들은 이 난이도 위계를 어떠한 두 언어의 대조에도 사실상 적용할 수 있으며 이러한 노력은 대조분석 절차의 예측단계를 더 객관적으로 만드는 데 도움이 된다고 주장하였다(Brown 1994:272).

이후 Stockwell, Bowen& Martin은 문법적 난이도에 대해서도 16단계의 위계를 설정하였는데 그 중 중심이 되는 것을 간추린 것이 바로 다음의 Prator(1967)가 설정한 난이도 6단계이다. 이것은 문법 분야뿐만 아니라 음운론 분야에도 충분히 적용할 수 있는 것이라고 여

---

4) Brown (1994: 271)에서 인용함

겨지고 있다.

⟨표6⟩ Prator의 난이도 6단계[5]

난이도	유형	해석
Level 0	전이(transfer)	대조되는 두 개별 언어간에 차이점이나 대조점이 없음
Level 1	융합(Coalescence)	모국어의 두 항목이 목표어에서 한 항목으로 합쳐짐
Level 2	과소 차별화 (Underdifferentiation)	모국어의 항목이 목표어에 없는 경우
Level 3	재해석(Reinterpretation)	모국어에 있는 항목이 목표어에서는 새로운 형이나 분포를 부과받는 것
Level 4	과잉 차별화 (Overdifferentiation)	모국어에 없거나 있다하더라도 공통점이 거의 없는 새로운 항목을 목표어에서 학습하는 경우
Level 5	분기(Split)	모국어의 한 항목이 목표어에선 둘이나 그 이상인 경우

　이상에서 기술한 두 난이도 위계를 전체적으로 살펴보면 공통적으로 모국어와 목표어에서 비슷한 항목은 학습하기 쉽고 차이가 큰 항목은 학습하기 어렵다는 큰 틀을 따르고 있음은 분명하다. 그러나 초기의 대조분석 가설의 가장 큰 한계하고 할 수 있는 '비슷한 것은 쉽고 다른 것은 어렵다'와 같은 다소 추상적이고 이분법적인 분류에서 벗어나 보다 체계적이고 세분화된 분류를 하고자 하여 언어간 대조 작업을 더 타당한 과정으로 한 단계 격상시켰다는 데 의의가 있겠다.

---

5) Brown (1994:271)에서 인용함.

또한 분류가 명확하여 어느 언어간에도 비교가 가능하다는 효용성 면에서도 뛰어나 지금도 충분히 제2언어 학습자 언어 연구에 적용해 볼 만한 것이라고 하겠다.

그러나 이러한 대조분석 가설은 1970년대에 실증적인 오류분석이 등장하면서 대부분의 오류가 모국어의 영향만으로 발생하는 것이 아니라는 것이 알려졌고, 대조분석을 통해 예측되었던 오류가 실제로는 발생하지 않은 경우도 있었기 때문에 모국어의 영향을 극복하면 수월하게 목표어를 습득할 수 있을 것이라던 강한 믿음은 도전을 받게 되었다. 그럼에도 제2언어 음운 습득 연구에서 여전히 대조분석가설은 중요한 자리를 차지하고 있는데 그 이유는 다음의 두 가지 때문이다 (Ellis 1994:308)

ㄱ. 학습자의 어려움 정도는 학습자의 모국어와 목표어의 차이 정도에 따라 설명된다.
ㄴ. 어려움은 실제로 오류 그 자체에서 드러난다. 즉, 어려움이 클수록 오류는 더 빈번하게 나타난다.

이후 대조분석 가설은 끊임없이 도전을 받아 왔는데 그 이유는 가장 큰 장점이면서 가장 큰 약점이라고 할 수 있는 '모국어에 대응하는 음이 존재할 경우 긍정적인 전이가 발생하여 습득이 용이할 것이고 대응하는 음이 존재하지 않을 경우 습득이 어려울 것'이라고 보았던 바로 그 점 때문이다. 이후 대조분석가설의 이러한 평면적이고 이분법적인 기준은 스스로에게 약점으로 작용하여 자연스럽게 다음에 나올 새로운 주장들의 출현을 가져왔다.

다. 학습자의 모국어에 대한 최근의 시각

대조분석 가설의 정신적 지주였던 Skinner의 행동주의가 강력한 비판에 부딪히고 대조분석 가설이 예측한 오류들이 실제로는 나타나지 않는다는 주장이 늘면서 제2언어 습득에서 학습자 모국어의 역할은 새로운 국면을 맞이하게 된다. 이 때 가장 촉매제가 된 것은 Dulay & Burt(1974)의 형태소 습득 순서 연구[6]이다. 그들의 연구는 학습 아동의 모국어에 상관없이 형태소를 습득하는 일정한 순서 즉, 자연적 순서(natural order)가 존재하며 그것은 보편적 생득적 장치(universal innate mechanism)에 의한 것이라는 주장이었다. 요컨대 여러 모국어집단에서 나타난 현상이 차이가 있다면 그것은 모국어의 영향이라고 할 수 있겠으나 모국어에 상관없이 비슷한 발달 양상을 보인다면 그것은 모국어 이외에 영향을 미치는 것이 있음을 증명하는 것이라고 본 것이다.

이러한 흐름과 함께 1970년대 이후 모국어의 역할에 대한 관심은 이분법적 견해에서 벗어나 전이가 어떤 조건하에서 일어나는가로 옮겨졌다. 이와 관련해 대표적인 것이 Eckman(1977)의 유표성차이 가설(Markedness Differential Hypothesis)이다. Dinnsen & Eckman(1977)은 유·무성음의 대조는 한 단어의 모든 위치에서 일정하지 않다고 하였다. 즉, 초성에서의 대조가 가장 덜 유표적이며 종성에서의 대조가 가장 유표적이라고 하였다. 또한 더 유표적인 대조를 가지고 있는 언어는 덜 유표적인 대조도 포함하고 있다고 하였다.

---

6) Gass & Selinker (1999:110)에서 인용함.

이러한 분석을 제2언어 습득에 적용하면 목표어보다 더 유표적인 형태를 모국어에서 가지고 있는 학습자는 목표어보다 덜 유표적인 형태를 모국어에 가지고 있는 학습자보다 목표어의 항목을 습득하는 것이 더 용이할 것이라고 예측하였다. 이러한 예측은 초기 대조분석 가설에서 풀지 못했던 문제인 어떤 것은 전이되고 어떤 것은 왜 전이되지 않는가에 대한 해답의 일부를 제공하는 주장이라고 하겠다. 이에 유표성 차이 가설(Markedness Differential Hypothesis)의 자세한 내용에 대해 바로 이어서 정리해 보고자 한다.

(1) 유표성 차이 가설(Markedness Differential Hypothesis)

Eckman(1977)은 모국어 전이(혹은 간섭)와 관련하여 모국어와 목표어가 차이가 있다고 해서 반드시 전이가 일어나는 것은 아니라고 주장하였다. 그는 영어와 독일어의 위치별 유 · 무성 대립을 예로 들었다. 즉, 독일어와 영어는 모두 어두와 어중에서는 유, 무성의 대립이 존재하지만 영어에서는 어말에서 유, 무성 대립이 존재하는 반면 독일어에서는 이러한 대립이 존재하지 않는다. 이러한 차이로 두 나라 모국어 화자는 상대 언어를 배울 때 어려움을 겪을 것으로 예상할 수 있으나 실제 결과는 더 무표적[7]인 독일어만이 영어로 전이되는 것이 발견되었다. 이에 그는 전이에 영향을 미치는 중요한 개념으로 유표성(markedness)을 주장하였다. 그의 주장은 무표적인 성분이 더

---

7) 유표성은 두 음을 비교하는 데 있어서 추가적인 자질이 추가되는 경우, 그렇지 않은 경우에 비해 더 유표적이라고 보는데 무성음과 유성음을 비교하면 유성음은 [+유성]자질이 추가되기 때문에 더 유표적이며 무성음은 이러한 자질이 추가되지 않기 때문에 무표적이라고 본다.

잘 전이된다는 것이다. 이는 유표성 분류에서 상위에 위치한 언어를
모국어로 하는 학습자가 하위에 위치한 언어를 학습할 경우에는 어려
움의 정도가 크지 않지만 아래쪽에 있는 언어를 모국어로 하는 학습
자가 위쪽에 있는 목표어를 학습할 경우에는 어려움의 정도가 크다고
보는 것이다.

〈표7〉 유표성 판별 단계

유형	특징	대표적인 언어
A	어두, 어중, 어말에서 모두 구별하는 언어	영어, 아랍어, 스웨덴어
B	어두, 어중에서만 구별하는 언어	독어, 폴란드어, 그리스어, 일본어
C	어두에서만 구별하는 언어	코르시카어, 사르디니아어
D	어느 위치에서도 구별하지 않는 언어	한국어

(Gass & Selinker 1999:126)

위의 예를 살펴보면 어말에서 유성·무성 구별이 있는 언어는 어
중이나, 어두에서도 구별이 있다는 것을 알 수 있다. 따라서 어말에서
구별이 있는 것이 가장 유표적이라고 할 수 있는 것이다. 따라서 그렇
지 않는 언어가 모국어인 학습자들이 영어나 아랍어나 스웨덴어를 배
울 때 가장 어려움을 겪을 것이라는 것을 예측할 수 있다.

이러한 예를 근거로 Eckman(1977)이 주장한 유표성 차이 가설
(Markedness Differential Hypothesis, MDH) 의 내용을 간단하게 정
리하면 다음과 같다[8].

---

8) Ellis (1994: 323)에서 인용함

ㄱ. 목표어의 특정영역이 그와 상응하는 모국어의 영역과 비교하여 더 유표적 일 때 더 어렵다

ㄴ. 어려움의 정도는 목표어가 모국어와 얼마나 차이가 나는지 그리고 얼마나 더 유표적인지에 따라 결정된다.

ㄷ. 목표어의 특정영역이 모국어와 다르다고 해도 그 목표어가 모국어에 비해 덜 유표적이라면 습득이 어렵지 않을 것이다.

이처럼 비록 모국어와 목표어가 서로 다르더라도 목표어 구조가 더 유표적인지 무표적인지에 따라 제2언어 습득의 어려움이 달라지는 것이다.

이러한 유표성 개념이 대조분석 가설과 다른 점에 대해 Eckman은 다음의 세 가지를 들고 있다. 유표성 개념은 대조분석 가설에 비해 1) 어디에서 어려움이 발생할지 뿐만 아니라 어느 정도 어려울 것인지 예측할 수 있으며 2) 목표어와 모국어의 차이가 반드시 어려움으로 연결되지 않으며 3) 어떤 구조가 다른 것보다 왜 더 먼저 습득되는지를 설명하는 데 유용하다는 점을 들었다[9].

결론적으로 모국어와 목표어가 유표성에 따라 어떻게 관련되는지에 대해서는 두 가지 가설을 들 수 있다. 첫째, 학습자들은 목표어의 형태가 유표적일 때 모국어의 무표적인 것을 전이시킨다. 둘째, 목표어가 무표적일 때 유표적인 모국어가 전이되는 것을 막는다. 이러한 이야기는 다시 말해 모국어에서 덜 유표적인 것이 더 쉽게 전이된다는 것이다.

---

9) Ellis(1994: 323)에서 인용함

이처럼 Eckman(1977)이 언어간(interlingual)의 유표성 차이를 주
장하였다면 이후에 이 유표성 개념을 이용해 Carlisle(1988)은 언어내
적 유표성 가설(Intralingual markedness Hypothesis)을 주장하였는
데 이것은 Eckman이 주장했던 L1과 L2 사이의 유표성이 아니라 목표
어 내부에서의 유표성을 의미하는 것이다(Major & Kim 1996). 이러
한 주장을 뒷받침하는 연구로는 한국인의 영어 유성 자음 습득에 대
한 연구가 대표적이다. 즉, 한국어에는 영어처럼 유·무성 대립이 없
음에도 불구하고 제2언어로 영어를 습득하는 데 있어 어두와 어중에
서의 유성음 습득은 정확성이 100%에 가깝게 나온 반면에 어말에서
는 정확성이 어두와 어중에 미치지 못하는 것은 목표언어인 영어 내
부에 유표성이 차이가 있기 때문이라는 것이다. 즉 어두나 어중에서
나타나는 유성음보다 어말에 나타나는 유성음이 더 유표적이기 때문
이라는 것이다. 이와 관련하여 Eckman(1991)은 그 후 구조 적합 가
설(Structural Conformity Hypothesis)을 주장하였는데 그것은 학습
자의 중간언어는 언어 보편적(universals)인 현상을 따른다는 주장으
로 모국어에 어두·어중·어말이라는 세 위치의 구분이 없어도, 어말
에서 유·무성 구별이 없어도 어두·어중에서의 유·무성의 구별은
가능하다고 주장하였다. 그렇기 때문에 모국어인 일본어와 한국어에
자음군이 없음에도 불구하고 일본인과 한국인 영어 학습자는 영어 자
음군을 습득하는 데 있어서 더 유표적인 것보다 더 무표적인 것을 먼
저 습득한다고 하였다(Major& Kim 1996).

이처럼 제2언어 습득에서 모국어의 영향은 단순히 모국어와 목표
어 사이에 어떠한 차이가 있는가에서 이제는 어떠한 차이는 전이가
발생하고 어떠한 차이는 전이가 발생하지 않는가를 밝히는 것으로 관

심을 넓히게 된 것이다.

　한편 초기 대조분석가설에 대한 도전은 방향을 달리 하는 것에서 더 나아가 대조분석가설과 정반대로 '차이'가 가장 큰 '새로운' 것을 더 잘 배운다고 하는 주장들이 대두하게 되었는데 처음 주장한 이는 Kleinmann(1977)으로, L2의 어떤 점이 L1과 매우 다를 경우 '새로운 효과(novelty effect)'가 발생하여 학습자들의 눈에 쉽게 포착되어 습득이 빨라질 수도 있다는 것이 그의 주장이다(황종배 2006). 그의 연구는 아랍어에는 없는 진행형에 관한 것으로 아랍어를 모국어로 하는 학습자들이 진행형을 더 빨리 습득하였다고 하였다. 그러면서 그는 이것은 아마도 학습자로 하여금 인지적 특출성(saliency)을 제공하였고 또 그 형태가 빈번히 사용되는 경험을 반복하면서 더 쉽게 습득하게 된 것 같다고 하였다. 이와 같은 맥락으로 Ringbom(1987)도 유사성이 오히려 학습자로 하여금 배울 게 있다는 사실을 모호하게 할 수도 있다고 지적하였다(Gass & selinker 1999:129).

　이러한 습득의 난이도에 있어서 모국어의 영향에 대한 초기 대조분석가설과 상반되는 주장들은 이후 음향음성학적 기술의 발전과 맞물려 Flege의 혁신적인 음성 학습 모델(Speech Learning Model, SLM)과 같은 이론의 탄생을 가져오게 하였다. 이에 다음으로는 Flege의 음성 학습 모델(Speech Learning Model)에 대해 살펴보고자 한다.

(2) 음성 학습 모델(Speech Learning Model)

　Flege(1995)의 음성 학습 모델(Speech Learning Model, SLM)에 따르면 성인들의 음성 습득에 있어서 L2음에 대한 음성 범주의 성립 여부는 L2와 L1의 음성적 유사성에 의해 결정된다고 하였다. 이 이론에서 가장 핵심이 되는 부분은 음성적으로 유사한 음보다는 L1에 존재하지 않는 새로운 음성 범주 성립이 용이하다는 것이다. 즉, 궁극적인 성공 여부에서 새로운 음보다는 유사한 음의 습득이 더 어렵다고 보는 것이다. 즉, L1에 동일한 소리가 있으면 그 소리는 물론 잘 인지하고 조음할 수 있으나 L1에 유사한 소리가 있을 경우 이를 지각하거나 산출하기가 어렵다는 것이다. 특히 경험이 풍부한 청자(experienced listeners)들은 잘 조음하고 잘 구별할 수 있으나 경험이 부족한 청자(unexperienced listeners)는 잘 구별하거나 산출할 수 없다고 하였다. 그 원인으로는 학습자들이 L2 음소에 대해 새로운 음성 범주를 형성하지 않는 경우, L1의 범주 내에서 익숙하지 않은 L2의 음소를 L1의 것과 동일시하려고 하기 때문이라고 하였다(Bohn & Munro 2007).

이에 Flege(1995)는 이 이론을 주장하면서 L2의 소리를 크게 세 가지로 분류하였는데 그것은 새로운(new), 유사한(similar), 동일한(identical) 소리 등이다. 그 가운데 새로운 소리는 모국어에 대응하는 음소(counterpart)가 없고 음향적으로 L1 소리와 다른 소리이며 유사한 소리는 L1의 대응하는 음소가 있으나 음향적으로는 다른 소리를 의미한다.

이 이론은 7가지 가설로 구성되어 있는데 본고와 관련 있는 내용을 정리하면 다음과 같다.[10]

가설1: L1과 L2의 음들은 추상적인 음소적 차원이 아니라 이음적 차원에서 서로 지각적으로 연결되어 있다.

---

10) 권성미(2007), 윤은경(2010)을 참고하였음.

가설2: 만약 이중언어 구사자들이 L1과 L2음 사이의 최소한의 음성
　　　 적 차이점을 구별할 수 있다면 가장 가까운 L1과 음성적으로
　　　 다른 L2의 음성을 위한 새로운 음성 범주가 형성될 수 있다.
가설3: L2와 가장 가까운 L1 사이에 음성적 상이점을 더 크게 지각
　　　 할수록 두 음 사이의 음성적 차이점은 잘 구별될 것이다.
가설4: 지각이 산출 오류의 원인이 되며 산출은 지각이 먼저 발달
　　　 한 후에 지각과 같은 양상으로 발달한다.

이러한 가설의 핵심 내용을 간단히 정리해 보면 다음과 같다.

ㄱ. L1의 경험이 L2에 영향을 미친다.
ㄴ. 이 때 학습자가 더 유사하다고 판단하는 음은 변별할 수 있는
　　 능력이 발달하지 못하기 때문에 더 습득이 지연되는 반면 새로
　　 운 음은 변별이 용이하기 때문에 더 습득이 잘 이루어진다.
ㄷ. L2의 지각과 L2의 산출은 밀접하게 연관되어 있다.

이처럼 이 이론은 '유사한' 그리고 '새로운'이라는 개념이 L2경험과
도 관련성을 가지는데 바로 그 경험 기간은 새로운 음에는 영향을 미
치지만 유사한 음에는 영향을 미치지 않는다고 보는 것이다.
　이상의 Flege(1995)의 음성 학습 모델(SLM)은 초기 대조분석 가설
의 창시자들이 주장하기 시작한 후 몇 십년동안 깨지지 않았던 '부재'
하거나 '차이가 나는' 것은 '어렵다'는 공식을 과감히 깨뜨린 시도로
오히려 '유사한' 것이 더 습득이 '어렵다'는 새로운 시각을 제시해 주
었다.

이후 이상에서 기술한 Eckman(1977)의 MDH와 Flege(1987, 1995)의 SLM의 장점을 수용하여 제2언어 음운 습득 난이도를 더 타당하게 설명하고자 Major& Kim(1996)은 유사성 차이 정도 가설(Similarity Differential rate Hypothesis)을 주장하게 되는데 바로 이어서 이에 대해 논하고자 한다.

(3) 유사성 차이 정도 가설(Similarity Differential rate Hypothesis)

Major& Kim(1996)은 L2 음성 습득에 있어 작용할 수 있는 변수로 유사성과 유표성을 함께 고려함과 동시에 여기에 속도(rate)라는 개념을 합하여 유사성 차이 정도 가설(Similarity Differential rate Hypothesis, SDRH)을 주장하였다. 대조분석이론은 습득 순서나 속도에 대해 어떤 설명도 제공해 주지 않았고 SLM이나 MDH같은 기존의 이론들도 습득 속도(rate)나 궁극적인 능력(ultimate competence, ultimate outcome) 중 하나만을 가지고 습득 난이도를 논했던 것과 달리 SDRH는 습득 여부를 논하는 데 있어 습득 속도, 궁극적인 능력 두 가지를 모두 고려해야 한다고 주장하였다. 즉, 유사하지 않은 것이 유사한 것보다 더 빨리 습득되지만 유표성이 중재 요인이 되어 일정 수준의 유사성을 가졌을 때 더 유표적일 때 습득 속도가 감소된다고 보는 것이다.

이러한 주장을 펴게 된 데에는 Flege(1995)가 주장한 유사성이라는 개념과 Eckman(1977)이 주장한 유표성이라는 개념이 서로 상충될 경우가 있기 때문이라고 하였다. 예를 들면 영어권 화자가 아랍어의 /x/와 /ʃ/를 습득할 때 영어 /k/는 /ʃ/보다 /x/와 더 유사하다. 이 때 유사성 개념을 따르면 /x/는 더 습득하기 어려운 것이어야 한다.

그러나 유표성이라는 개념을 우선시하면 /ʃ/가 더 습득하기 어려운
것이 된다. 따라서 이 상충하는 두 개념을 함께 고려하면 더 유표적이
면서 L1과 유사한 L2음은 그렇지 않은 것보다 습득 속도가 느릴 것이
라고 결론 내릴 수 있다고 하였다. 그러면서 그들은 자신들이 주장하
는 속도(rate)라는 개념은 같은 기간동안 얼마나 더 향상을 보이는가
를 의미하는 것이라고 하였다.

한편 Major& Kim(1996)은 자신들의 SDRH가 Eckman의 MDH를
의도적으로 모방하였지만 MDH와 다음과 같은 면에서 차이가 있다
고 하였다. 1) MDH가 유표성의 정도에 관심을 가진다면 SDRH는 유
사성의 정도에 관심을 가지며 유표성도 함께 고려를 하며 2)가장 큰
차이점은 MDH가 어려움이 발생하는 영역이나 궁극적인 능력에 가장
큰 관심을 두고 있는 것과 달리 SDRH는 어려움이 발생하는 영역이나
궁극적인 습득 정도가 아닌 습득 속도에 가장 중점을 두고 있는 것이
라고 하였다.

그들은 이 같은 주장을 증명하기 위해 한국어를 모국어로 하는 영
어 학습자를 대상으로 영어 /j/와 /z/에 대한 습득 양상을 조사하였
는데 한국어 /ㅈ/과 관련하여 /j/는 더 유사한 소리이며 /z/는 새로
운 소리이다. 그런데 유표성을 기준으로 하면 /j/이 더 유표적인 음이
된다. 이것을 바탕으로 조사한 결과 /j/는 경험 기간이 증가하여도 향
상되지 않았지만 /z/는 큰 폭으로 향상되었다고 하면서 새로운 음인
/z/의 습득 속도가 /j/에 비해 훨씬 빨랐다고 하며 자신들의 주장이
타당하다고 주장하였다.

이상에서 언급한 새로운 세 가지 이론들은 기존의 대조분석 가설의
연구들이 학습자의 언어를 분석하는 데 있어 오류의 원인을 전적으로

모국어의 간섭에서 찾으려 했던 것에서 목표어와의 상호 관련성, L1 음과 L2음이 언어보편적인 유표성과 어떤 관련성이 있는지 등으로 눈을 돌리게 하였다는 점에서 의의가 있다고 하겠다.

2. 언어 보편성

앞에서 기술한 대조분석가설이 힘을 잃게 된 것은 대조분석을 통해 오류가 발생할 것으로 예측 되었던 언어 항목들이 실제로는 오류가 발생하지 않는 것이 관찰되었기 때문이다. 이것을 가능하게 한 것이 바로 앞에서도 언급한 중간언어(interlanguage) 연구인데 중간언어 연구자들의 관심사는 왜 학습자들은 어떤 경우에는 모국어의 음운 규칙을 적용시키고 어떤 경우에는 적용시키지 않는 것인가와 같은 것이다. 그러면서 중간언어 연구자들은 제2언어 학습자가 습득환경의 차이와 모국어의 차이에도 불구하고 보편적인 발달 단계(universal developmental pattern)를 나타내고 있으며 그러한 점이 학습자의 중간언어가 언어보편성(language universal)에 의해 지배를 받는다는 증거하고 주장하였다. 이와 같은 논의에 불을 붙인 것은 앞에서도 언급한 바와 같이 70년대의 영어 형태소 습득에 자연적 순서(natural order)가 있다는 연구로, Dulay & Burt(1975)는 아동의 제2언어 습득이 제1언어 습득과 아주 유사하다고 하였다(Gass & Selinker 1999). 또한 음운에 대한 연구로 Jacobson(1969)도 음성의 전 세계적 분포 상태와 이들의 습득 순서 사이에 밀접한 관계가 존재한다고 주장하였다. 그는 어느 국적을 가진 아이이든 상관없이 그들을 주의 깊게 관찰해 보면 음운론적 습득에서 어디에서나 같은 시기에 같은 형태의 발달 과정(developmental process)을 보인다는 사실을 발견할 수 있다고 하고 있다. 그는 유아의 음운 습득 과정에 범세계적인 경향성(universal tendencies)이 있어 더 보편적인 음을 먼저 습득하고 그렇지 않은 음을 나중에 습득하는 경향[11]이 있다고 하였다(Hansen 2006:10).

그 후 Comri(1984)는 만약 학습자의 모국어가 목표어 자질과 일치하지 않을지라도 보편적 경향과 일치하는 목표어 자질은 그렇지 않은 자질보다 더 쉽게 습득될 것이며 보편성에 대한 연구가 제2언어 습득 분야에서 설명력이 커졌다고 주장하였다(김태경, 2010).

이에 이 절에서는 유아의 제1언어 습득과 제2언어 습득에 공통적으로 관여하는 것으로 알려진 언어보편성[12]과 관련한 큰 틀인 보편 분법(universal grammar)과 언어 유형론(language typology), 그리고 보편 문법과 언어 유형론에서 중요한 개념으로 다루고 있는 유표성(markedness)에 대해 살펴보고자 한다.

---

11) 그 예로는 '무성음은 유성음보다 먼저 습득되고, 폐쇄음은 비음보다 먼저 습득되고, 비음은 마찰음보다 먼저 습득된다. 또한 자음에 있어서 구개성 자음의 습득은 양순음이나 치경음과 같은 자음의 습득을 전제로 할 때만 가능하다. 그리고 자음의 습득에 있어 경구개나 연구개음과 같은 구강의 뒤쪽에서 발음이 되는 음보다 양순음이나 치조음 같은 구강의 앞쪽에서 발음되는 음이 먼저 습득된다'고 한 것이 그것이다

12) 허용(2008)에서도 발음교육을 위해 대조분석연구뿐 아니라 언어 보편성에 대한 연구가 요구됨을 강조하면서 '언어간 대조가 두 언어집단의 공통점과 차이점을 알기 위한 것이라면 특정 기준 없이 두 집단을 단순 비교하면 되겠지만 어떤 목표를 위해 두 집단의 차이를 기술하는 것이라면 한 집단은 특정 기준으로부터 얼마나 떨어져 있는지, 또 다른 집단도 얼마나 떨어져 있는지를 아는 것이 필요하다'고 하였다.

가. 보편문법(universal grammar)과 보편성

언어보편성에 대한 연구는 대조분석이론이 설명하지 못하는 부분에 대한 보충적인 성격으로 시작되어 점점 설득력을 가지게 되었다. 이러한 언어 보편성에 관심을 둔 연구는 크게 두 가지 유형으로 나뉘는데 그 하나는 Greenberg(1963)를 중심으로 한 언어유형론(language typology)적 관점의 보편성이고 또 하나는 Chomsky를 중심으로 한 보편문법(universal grammar, UG)의 보편성이었다.

그 가운데 Chomsky가 주장한 보편문법(universal grammar, UG)의 보편성을 먼저 살펴보면 이 이론에서는 유아들의 모국어 습득을 설명하기 위해 모든 인간이 천부적으로 언어를 습득할 수 있는 언어 습득 장치(Language Acquisition Device, LAD)를 지닌 채 태어난다고 설명한다. 그러면서 만일 사람들이 보편문법과 같은 선천적인 언어 습득 능력을 갖고 태어나지 않는다면 주위에서 보고 듣는 입력만으로 어떻게 인간의 언어처럼 복잡한 능력을 습득할 수 있겠냐고 주장한다. 초기에 그들이 주로 관심을 가진 것은 아동의 모국어 습득이었다. 그러나 그들은 이러한 보편문법의 필요성은 외국어 습득에도 잘 설명될 수 있다고 하였다.

보편문법은 인간의 언어는 핵심 문법(core grammar)과 주변 문법(peripheral grammar)으로 구성되는데 핵심 문법은 모든 언어에 공통적으로 적용되는 추상적인 원리(principle)와 특정한 원리가 작용하는 방식이 언어마다 다르다는 것을 나타내는 매개변항(parameter)으로 구성되어 있다고 말한다(이희찬 2000). 한편 주변 문법은 어떤 언어가 독특하게 갖는 그 언어만의 특징으로 다른 언어에서는 찾아 볼 수 없는 자질로서 언어 습득이나 언어학 연구의 대상이 되지 못하는 것이라고 하였다(황종배 2006).

이러한 개념을 제2언어 음운론에 적용해 보면 자연 언어가 수 천 개가 있다 하더라도 그 언어가 갖는 분절음의 수나 음운 변동은 제한되어 있고 또 상당 부분 공통점을 가지며 경우에 따라 예측이 가능하다는 것이다. 예를 들어 인간 언어에 나타날 수 있는 변동은 모두 합해도 많아야 100-200개이며 그 중 한 언어는 보통 20-30개 정도를 선택하여 사용한다. 어떤 언어 L_1은 매개변항 '1, 3, 12, 20, 37 . . .'을 선택하여 사용하고, 어떤 언어 L_2는 '3, 9, 12, 15, 23, 42 . . .'를 선택하여 사용한다면 두 언어에 공통되는 매개 변항은 ' 3, 12' 등이며 나머지는 서로 다른 현상이다. 이런 경우 '3, 12'는 특별히 습득하는 데 어려움이 적을 것이라고 보는 것이다(김선정 2009).

그러나 문제는 이러한 보편문법(원리, 매개변항)이 모국어가 아닌 목표어를 습득하는 데도 접근이 가능한가 하는 것이다. 이에 대해서는 제2언어 습득에서도 모국어 습득과 동일한 방식으로 보편 문법에 접근 가능하다고 보는 직접 접근 가설(Full access hypothesis)과 제2언어 습득에서는 단지 모국어 문법을 통해서만 보편 문법에 접근 가능하다고 보는 간접 접근 가설(Indirect access hypothesis)이 있으며, 제2언어 습득에서는 모국어 습득과 달리 보편 문법에 접근 불가능하다는 접근 불가능 가설(No access hypothesis) 등이 있다(이희찬 2000). 그러나 이 가운데 어느 의견이 가장 타당한지에 대해서는 의견이 분분하여 분명한 결론을 내리지 못하고 있다.

이처럼 아직 제2언어 습득 과정에 보편문법의 역할이 분명하지 않음에도 불구하고 제2언어 학습자의 모국어가 다양함에도 불구하고

어떤 목표어를 습득하는 데 공통되는 오류가 발생하거나 그 언어를
모국어로 배우는 아동들에게도 유사한 발달 과정이 나타난다는 예는
다음 〈표8〉과 같이 계속해서 발견되고 있다.

〈표8〉 언어 보편성으로 인해 발생하는 오류

모국어	목표어	현상	설명
일본어 이탈리아어 포르투갈어	영어	road를[rot]로 발음함	대부분의 언어에서 성인이든 아동이든 음절말에서 [t]로 발음하는 것이[d]보 다 쉬움

(Major 2001:4에서 발췌함)

　이처럼 제2언어를 습득하는 데 보편문법의 역할은 아직 분명히 밝
혀지지 않았으나 언어 및 언어 습득의 본질적인 문제에 접근할 수 있
는 바탕을 마련해 주었다는 데 의의가 있겠다.

나. 언어 유형론(language typology)과 보편성

언어유형론(language typology)은 언뜻 보면 언어보편성에 대한 연구와 다른 것처럼 보이는데 그것은 보편성 연구는 모든 인간 언어에 공통되는 자질을 발견하기 위한 연구인데 반해 유형론은 언어간의 차이점을 발견하여 그것을 기초로 언어들의 종류를 분류하는 작업이기 때문이다. 예를 들어 '주어와 목적어가 명사인 평서문의 기본 어순은 거의 언제나 주어가 목적어 앞에 온다'와 같은 언어보편성은 세계의 언어를 기본 어순에 따라 유형화하려는 시도를 통해 얻어진 결과물이다(이희찬 2000:27).[13] 이와 관련하여 Greenberg(1963)는 언어 유형에 따른 구조의존성에 따라 45개의 보편 원리를 주장하였다. 그것을 4가지 유형으로 분류하면 다음과 같다(허용 2008 재인용).

〈표9〉 유형적 보편성에 따른 유형의 분류

	함의적 보편성	비함의적 보편성
절대적 보편성	VSO -〉 전치사	자음과 모음
보편적 경향	SOV -〉 후치사	비자음(nasal consonants)

이러한 함의적 보편성은 다시 집합적 보편성과 계층적 보편성으로 나뉘는데 전자는 'If p, then q' 와 같은 것이고 후자는 'If p, then anything preceding c (a〉b〉c〉d〉e)'처럼 나타낼 수 있다는 것이다.

---

13) 문장의 주요 구성성분인 주어(S), 목적어(O), 동사(V)만을 고려할 때 가능한 어순의 종류는 SOV, SVO, VSO, VOS, OSV, OVS 등이다. 그러나 실제로 대부분의 언어들은 앞의 SOV, SVO, VSO 중 하나에 속한다.

이러한 설명은 음운의 경우에도 마찬가지여서 어떤 언어에 모음이 두 개만 있다면 그것은 예외 없이 하나는 고모음이고 하나는 저모음이며 이러한 사실은 모음 중에 언어에 따라 /i/나 /u/는 둘 다 존재하지 않을 수 있지만 /a/ 또는 그와 비슷한 소리는 반드시 존재한다는 것을 의미한다고 하였다. 또한 이러한 언어 보편성을 여러 언어의 모음을 관찰하여 Greenberg(1963)에서 제시한 것을 보면 다음과 같다(허용 2008 재인용).

ㄱ. 3모음 체계: / i, a, u / (11%)

ㄴ. 4모음 체계: / i, a, u, e(ɛ)/ (10%)

ㄷ. 5모음 체계: / i, a, u, e(ɛ), o(ɔ)/ (29%)

ㄹ. 6모음 체계: / i, a, u, e, ɛ, o(ɔ)/ (15%)

ㅁ. 7모음 체계: (14%)

　ⅰ) / i, a, u, e, o, ɨ, ə /

　ⅱ) / i, a, u, e, ɛ, o, ɔ/

ㅂ. 8모음체계: (10%)

반면에 자음[14]은 모음처럼 그 체계가 일사분란하지 않기 때문에 분절음의 수에 대한 예측이 쉬운 편은 아니지만 그럼에도 불구하고 언어유형론적으로 더 빈번하게 관찰되는 음과 그렇지 않은 음은 다음과 같다(허용 2008 재인용).

---

14) 허용(2008)에서는 한국어의 자음은 다른 언어보다 조음위치면에서 단순한 모습을 보이지만 그 변동은 다양한 모습을 보인다고 하면서 그 대표적인 현상으로 불규칙 활용, 음절말 중화 현상, 자음 동화 등이 있다고 하였다.

ㄱ. 비음 체계: /n/ 〉/m/ 〉/ ŋ /[15]

ㄴ. 유음체계 : 설측음인 /l/ or 전동음 또는 탄설음인 /r/

ㄷ. 폐쇄음: /p/ 〉/t/ 〉/k/[16]

이 같은 언어유형론의 연구 결과를 통해 더 보편적인 언어 형태와 덜 보편적인 형태의 실체가 속속 밝혀지면서 자연스럽게 그 결과를 제2언어 습득 연구에 접목시키려는 시도들이 행해졌다. 그 가운데 대표적인 연구로는 영어와 같은 CVC언어의 종성(coda)을 발음하는 데 있어 학습자들이 장애음탈락이나 모음 삽입과 같은 전략을 사용하곤 하는데 이것은 언어 보편적으로 CV음절 구조를 더 선호하기 때문이라는 것이 밝혀졌다. 즉 학습자들은 모국어에 상관없이 CV음절 구조를 유지하고자 한다는 것이다(Hansen 2001).[17]

---

15) 이 음은 앞의 두 음이 거의 모든 언어에서 나타나는 것과 달리 불과 50%의 언어에서만 나타나며, 나타난다고 하여도 어두에 분포하는 언어가 146개인 반면 한국어처럼 어두에 나타나지 못하는 경우는 불과 88개 언어에 그친다고 한다(허용, 2011).

16) 파열음과 비음은 상관성이 높아 한 언어에서 비음의 존재는 동일한 조음 위치에서의 파열음의 존재를 함의한다. 그러나 Maddieson(1984, 허용 2011 재인용)은 장애음의 경우 비음과 달리 /t/ 〉/p/ 〉/k/가 아니라 /p/ 〉/t/ 〉/k/의 순이라고 하였다.

17) 이에 따라 모든 언어에 보편적으로 존재하는 음은 그렇지 않은 음에 비해 먼저 습득된다는 것이다. 예를 들어 파열음은 마찰음보다 훨씬 더 보편적으로 발견되며 따라서 더 일찍 습득된다. 모음 [a]는 거의 모든 언어에서 발견되는 것으로 언어 습득의 가장 초기에 나타난다. 음절 구조 습득에 있어서도 가장 보편적인 유형인 '자음+모음'(CV)구조가 가장 먼저 습득된다고 하였다. (Goodluck, 1991, 이희찬, 2000:32) 그러나 학자들 중에는 한국어를 모국어로 하는 화자들이 영어에서와 같은 어두 자음군을 발음할 때 자음들 사이에 모음을 넣어 두 자음을 분리하여 발음하는 현상을 언어간 차이에 의한 것이라고 보기도 하고 또 언어보편적으로 개음절 구조인 CV를 선호하기 때문인 것으로 보기도 한다. 그러나 또 다른 실험연

이처럼 이전의 대조분석 가설이 모국어와 목표어가 얼마나 유사한
가 또는 얼마나 다른가에 따라 습득의 어려움을 예측했다면 언어 유형
론에서는 목표어의 구조가 범언어적으로 얼마나 보편적인가에 따라
습득의 순서와 어려움을 예측할 수 있다는 차이점을 갖는다고 하겠다.

다. 유표성(markedness)과 보편성

유표성(markedness)개념은 프라그학파의 언어이론에서 처음 사
용된 것으로 Trubetzkoy(1939)와 Jakobson(1941)에 의해 제안되었
으며 처음에는 음성학에 한정되어 사용되었다. 그는 한 언어의 음소
체계 내에 변별적인 대립관계가 존재한다고 주장하였다. 변별적인 대
립 관계의 대표적인 예로 무성파열음 /p/와 유성파열음 /b/를 들 수
있다. 두 음소는 조음방식과 조음 위치에서는 동일하지만 /b/가 유성
자질을 가지는 반면 /p/는 유성자질을 안 가지고 있다. 따라서 유성
자질을 가지고 있는 /b/가 더 유표적인 것이며 그 자질을 가지고 있
지 않은 /p/는 무표적인 음소라고 한 것이다. 이처럼 음운론 분야에
서 시작된 연구는 이후 형태, 통사론 영역으로까지 확대되었다(이희
찬, 2000:36).

이러한 유표성의 개념에 대해서는 두 가지로 구분할 수 있는데 하
나는 언어 유형론(language-typology-based definition)적 정의이고
다른 하나는 보편문법(UG-based definition)에 기반을 둔 정의이다.

구에서는 오히려 폐음절을 더 선호한다고 주장하기도 하는 등 의견이 분분하다.(
허용, 2004)

전자는 대부분의 언어에 보편적으로 존재하는 것은 무표적이고 적은 수의 언어에서 특별하거나 적게 발견되는 특수한(specific) 것은 유표적이라고 보는 것이다. 유형론적 유표성에 대해 Zobl(1984)은 유표적이라고 할 수 있는 세 가지 조건을 제시하였다. 그것은 1) 유형론적 특수성(typological specialization) 2) 유형론적 비지속성(typological inconsistency) 3) 유형론적 불확정성(typological indeterminacy)이 그것이다[18]. 한편 보편 문법(universal grammar)에서 말하는 유표성은 Chomsky가 말한 대로 언어규칙은 핵심 문법(core grammar)과 주변 문법(peripheral grammar)으로 구성되어 있고 핵심문법은 일반적인 적용을 통해 도출해 낼 수 있는 선천적이고 무표적인 규칙을 말하고 주변문법은 인간이 특정언어에 노출됨으로써 습득되는 유표적인 것으로 구분하였다. 그것을 그림으로 나타내면 다음과 같은 것이다.

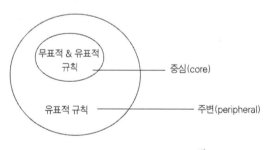

〈그림1〉 보편문법과 유표성[19]

이러한 보편문법에서 정의한 유표성과 언어유형론적으로 정의한

유표성의 개념이 일견 달라 보일지라도 이 개념을 제2언어 음운 습득
에 적용할 경우 지향하는 바는 동일하다고 할 수 있다. 즉, '유표적인
것은 더 습득하기 어렵고 나중에 습득이 되며 무표적인 것은 더 습득
하기 쉽고 먼저 습득된다'는 것이다.

한편 Rice(허용 2007, 2010 재인용)는 여러 학자들이 사용한 용어
를 음성적 유표성(a)과 음운적 유표성(b)으로 나누어 다음과 같이 제
시하고 있다.

〈표10〉 유표성의 다양한 정의

a. 음성적 유표성	b. 음운적 유표성
• 덜 자연스러움 • 더 복잡함 • 더 특별함 • 덜 흔함 • 예측하기 어려움 • 기본적이 아님 • 덜 안정적임 • 몇몇 언어에만 나타남 • 습득이 늦음 • 조기 상실 • 무표를 함축함 • 조음하기 어려움 • 지각에서 두드러짐 • 음성 공간이 좁음	• 중화의 대상 • 삽입에 나타나지 않음 • 동화 유도 • 축약시 남음 • 탈락시 남음

음운론적 유표성이 음운 현상 속에서 특정 분절음의 유표성과 무표
성을 판단하는 것에 반해 음성적 유표성은 분절음 그 자체를 자연성,

빈도성, 복잡성, 습득의 용이성 등의 관점에서 판단하는 개념이다.[20]

한편, Croft(1990)는 유표성을 판단하는 데 다음의 세 가지 기준을 제시하였다(이희찬, 2000:37).

ㄱ. 구조: 유표를 나타내는 데 사용되는 형태소의 수는 무표를 나타내는 데 사용되는 형태소의 수보다 많거나 같다.

ㄴ. 행동: 무표가 지니고 있는 변이형의 수와 분포 환경의 수는 유표가 지니고 있는 변이형의 수와 분포 환경의 수보다 많거나 같다.

ㄷ. 빈도: 무표가 나타내는 언어의 수는 유표가 나타내는 언어의 수보다 많거나 같다.

이러한 유표성의 개념을 제2언어 음운 습득에 접목시킨 예로 대표적인 것은 다음과 같은 것이 있다. 앞에서 언급한 바 있는 유성 장애음은 어말 위치에서 가장 유표적이기 때문에 제2언어 학습자는 어두나 어중보다는 어말 위치에 있는 유성 장애음을 습득하는 것을 가장 어려워한다. 이것은 학습자들의 모국어에 유·무성 구별이 있는지 없는지에 상관없이 일어나는 일이다. 또한 학습자들은 어말 종성 장애음의 경우 무성음으로 발음하는 것이 더 무표적이기 때문에 이 위치에서의 장애음을 발음할 때 무성음으로 발음하려고 하는 경향이 있다

---

20) 이와 같은 맥락으로 송완용(1998, 허용, 2010 재인용) 또한 무표성의 개념을① 구조면에서 단순하고 많은 언어에서 사용되는 보편적인 언어현상 ② 언어 사용면에서 볼 때 높은 빈도로 사용되며 ③ 언어 능력의 근간을 이루는 핵문법이고 ④ 언어 습득 초기 단계의 특징을 이루고 있는 현상 이라고 하고 있다.

(Hansen 2006:15).

또한 유표성과 관련하여 제2언어 습득 연구에서 가장 대표적인 것으로 영어의 자음군과 관련한 연구가 다수 있는데 이들 연구들은 학습자들은 더 길고 더 유표적인 자음군을 발음할 때 더 자주 조정 (modify)[21]을 하며 학습자의 산출 결과도 더 무표적인 항목의 정확성이 높으며 유표적인 구조보다 무표적인 구조가 먼저 습득된다고 한다 (Hansen 2001).

이 같은 예가 바로 제2언어 음운 습득에 대해 초기의 대조분석가설만으로는 설명할 수 없었던 문제에 대한 해답을 규명하기 위해 언어 보편성이라는 개념이 통합적으로 필요한 이유라고 하겠다.

B. 비언어적인 요인

이상에서는 제2언어 음운 습득에 영향을 미치는 요인으로 모국어와 언어보편성에 대해 살펴봤다면 지금부터는 제2언어 음운 습득에 영향을 미치는 비언어적 요인 가운데 학습자의 나이, L2 경험, L1 사용량에 대해 살펴보고자 한다.

---

21) 조정 현상으로는 생략(delete)이나 모음 삽입(epenthesis)과 같은 것이 대표적이다. 이러한 현상도 모국어의 음절 구조를 따르거나 언어 보편적인 음절 구조인 CV구조를 따르려고 하기 때문에 발생한다고 알려져 있다.

1. 나이

제2언어 습득 연구에서 학습자의 나이에 대한 연구는 어릴수록 더 습득이 수월하다(Earlier is better)는 결론이 대부분이다. 그러나 그 정확한 시기(나이)에 대한 견해는 학자마다 제각각이다. 한편 지금까지 유아의 음성 지각에 대한 연구가 다수 이루어졌는데 그 연구의 대부분은 유아가 모국어에 없는 음성을 구별할 수 있는가, 만일 그렇다면 그러한 능력은 언제, 왜 사라지는가, 그리고 모국어에 존재하지 않음에도 불구하고 구별할 수 있는 대립은 언어 보편적인가? 등에 관한 것이었다. 이와 관련해 Patkowski(1990)는 외국인말투(foreign accent)는 외국어를 학습하기 시작한 나이가 15세를 넘으면 급격하게 증가한다고 하였고 Long(1990)은 외국인말투가 없는 외국어를 구사하려면 6세 정도에는 학습을 시작해야 하며 12세가 넘으면 성공적인 습득이 어려워진다고도 하였다. Flege(1988)는 영어 모국어 화자는 평균 8세에 미국에 이민 온 중국어를 모국어로 하는 피험자들이 발음한 문장에 대해 외국인말투가 있다고 평가하였고 Flege& Fletcher(1992)에서는 평균 6세에 미국에 이민 온 스페인어를 모국어로 하는 피험자들이 발음한 문장에 대해서는 외국인말투를 발견하지 못했다고 하였다. 또한 Flege et al.(1995)에서는 평균 10세에 미국으로 이민 온 이탈리아어를 모국어로 하는 피험자들이 발음한 문장에 대해 외국인말투를 찾아낼 수 있었다고 하였다(Anna 2002: 권성미 2007 재인용). 이처럼 학자마다 연구마다 다소간의 차이는 있지만 모국어에 없는 음성 대립을 구별할 수 있는 능력은 유아 또는 아동 시절에 사라진다는 견해가 대부분이다. 그리고 이러한 견해가 성인 학습자의 습득의 어려움을 뒷받침하는 증거가 되기도 한다. 그 대표적인 주장이 바로 결정적 시기 가설(Critical Period Hypothesis, CPH)이다. 이에 대해 Lenneberg(1967)는 뇌의 각부위가 특정 기능을 담당한다는 좌뇌의 편기화(lateralization)를 주장하며 언어습득의 최적시기는 뇌의 편기화 현상이 일어나기 전이며, 뇌의 편기화현상이 일어나게 되면 인간의 뇌가 언어 습득 능력을 상실하게 된다고 하였다. 또한 Krashen(1973)은 사춘기 이후에는 뇌의 유연성(plasticity)도 사라지기 때문에 제2언어 습득에서 원어민과 같은 유창한 발음 습득이 어렵다고 하였다(한종임 2007 재인용). 이처럼 결정적 시기 가설을 주장하는 이들은 생물학적으로 작은 노출만으로도 언어를 자동으로 습득할 수 있었던 능력은 일정한 시기가 지나면 사라지기 때문에 외국인 말투(foreign accent)를 쉽게 극복할 수 없다고 주장하였다. 이를 뒷받침하는 연구로 Mack(2003, 윤은경 2010 재인용)은 한국어와 영어 이중언어 구사자들을 대상으로 영어 모음 대조에 대한 지각 실험을 실시하였다는데, 피험자들은 미국에 도착한 나이에 따라 네 그룹(0-4, 5-9, 10-14, 15세 이상)으로 나뉘어져 모음 /i-ɪ/ 지각 실험에 참여하였다. 그 결과 5세 이전에 미국에 도착한 그룹만이 모국어 화자 정도의 지각 능력을 보였다고 하며 모국어에 존재하지 않는 음의 차이를 지각하기 위해서는 상당히 어린 나이에 그 언어에 노출되어야 한다고 하고 있다.

그러나 L2 발음의 정확성이 반드시 생물학적 나이와 직접적으로 관련이 있는 것이 아니라는 연구도 존재한다. 어린 나이에 제2언어 학습을 시작했음에도 불구하고 외국인 말투를 갖는 학습자들도 있으며(Flege, Munro & Mackay, 1995), 심지어 태어날 때부터 이중언어를 구사하는 어린이들조차 외국인 말투를 갖는 경우도 있다고 하고 있다(Mack, Bott& Boronat, 1995). 반면에 결정적 시기 이후에 학습을 시작한 성인 학습자의 경우에도 모국어 화자처럼 발음할 수 있다는 주장도 있는데 Birdsong(1992)에서는 불어를 배우는 미국 국적의 학습자들로 그들은 평균 나이 28.5세에 프랑스로 이주한 사람들인데 모국어화자 정도의 수행 결과를 보였다고 하였다. White & Genesee(1996) 또한 불어를 모국어로 하는 영어 학습자들이 모국어 화자 정도의 수행 결과를 보여 주었는데, 피험자들이 영어 학습을 처음 시작한 나이는 12세 이후였다고 하였다. 또한 Best & Strange(1992)는 성인이 된 후에도 지각 능력이 사라지지 않고 어느 정도 살아 있는 경우도 있다고 주장하였다(Anna 2002 재인용).

이 밖에도 Flege는 유사한 음은 L2를 사용하는 경험기간이 길어져도 큰 변화를 보이지 않는 반면에 새로운 음은 경험 기간이 길어질수록 발전의 여지를 보이며 궁극적으로는 모국어화자와 같은 발음 능력을 획득할 수 있다고 주장하고 있다. 그는 성인이 된 후 제2언어를 배우게 되는 경우 모국어화자처럼 발음하게 될 가능성이 전혀 없는 것이 아니라 단지 결정적 시기 이전에 배우기 시작한 학습자들에 비해 정확한 발음 능력을 획득하는 데 장기간이 걸릴지라도 좁게나마 습득을 위한 통로는 계속 열려 있어 습득이 계속해서 진행된다고 주장하였다(권성미 2007 재인용).

이같이 결정적 시기 가설에 대해 반박하는 견해들이 등장하고 있음에도 여전히 성인학습자들이 습득에 어려움을 겪고 있다는 수많은 증거들이 '어릴수록 더 잘 습득한다'는 주장에 힘을 실어주고 있는 듯하다.

2. 제2언어 경험과 제1언어 사용량

모국어의 영향을 제2언어 음성 습득에서 무시할 수 없다면 모국어와 목표어가 차이가 클 경우 습득은 불가능한 것인가? 그러나 모국어가 같은 학습자들간에도 습득 정도에는 차이가 나타난다. 이에 가장 영향을 미치는 요인으로 제2언어 노출 경험을 들 수 있다. 제2언어 학습자들은 그 목표어를 접한 정도에 따라 목표어에 더 가깝게 또는 덜 가깝게 발음하게 되는 것이다. 대부분의 학자들은 목표어로 모국어 화자와 이야기하는 양, 제2언어를 듣는 양, 제2언어 사용 국가에 거주하는 기간(length of residence, LOR) 등에 따라 발음 능력에 차이를 보인다고 한다.

한편 Flege(1997a,b)에 따르면 모음의 지각과 산출에서는 최초로 모국어에 노출된 나이가 더 큰 영향을 미치는 반면, 자음의 지각과 산출에서는 L2 사용 국가에 거주한 기간이 영향을 미쳤다고 하였다. 그리고 특히 모국어에 없는 음의 지각과 산출은 목표어 국가에 거주한 기간이 길수록(경험 기간이 길수록) 좋아진다고 하고 있다. 그 예로 Bohn & Flege(1992)에서는 독일어를 모국어로 하는 학습자들이 미국에서 거주한 기간이 길수록 독일어에 대응하는 음이 없는 모음의 경우 더 조음 능력이 향상되었지만 독일어에 유사한 음이 있는 모음은 변화가 없었다고 하고 있다. 이 밖에도 제2언어 음성 습득 연구에서 가장 각광을 받았던 일본인 학습자의 영어 /r, l/발음에 대한 Flege, Takagi & Mann(1996), Best & Strange(1992)의 연구에 따르면 모국어에 /r/과 /l/의 대립이 없음에도 불구하고 영어권 국가에서의 거주 기간이 긴 경우 /r/과 /l/의 발음 능력이 향상되었다고 하고 있다. 또한 Flege, Bohn & Jang(1997b)에서는 독일, 스페인, 중국어, 한국어를 모국어로 하는 제2 언어 경험이 다른 영어학습자를 대상으로 영어 모음 정확성에 대해 조사한 결과 경험자 집단이 비경험자 집단에 비해 성공적이었는데 영어 노출 경험이 많은 화자의 영어 발음은 경험이 적은 화자에 비해 지각 능력이나 음향 분석의 결과에서도 뛰어난 것으로 나타났다고 하였다. 그러나 그 정도를 모국어 화자와 비교를 해 보면 차이가 나타났다고 하면서 제2언어 음을 습득하는 데 노출 경험이 중요하다는 것은 부인할 수 없으나 경험자 집단의 평균 체류 기간이 7년인 것을 보면 모국어 화자 정도의 수준에 이르기 위해서는 7년 이상이 필요할지도 모른다고 하였다.

위에서 논한 것처럼 L2 환경에 거주한 기간(length of residence, LOR)을 의미하는 L2 경험이 L2 음운 습득에 영향을 미친다는 연구가 큰 흐름을 이루고 있다.

그러나 Flege, Bohn & Jang(1997b)은 독일어, 스페인어, 중국어와 한국어를 모국어로 하는 영어 학습자들을 L2 경험에 따라 그룹으로 나누어 /i- ɪ/, /ɛ-æ/의 모음쌍의 산출을 비교해 본 결과 L2 경험의 차이라는 변수만으로는 학습자들의 수행 결과를 예측할 수 없었다고 하였다. 그 밖에도 L1 모음 목록에 따라 정확도가 다르게 나타났다고 하였다.

이에 L2음의 성공적인 습득여부에 관여하는 요인으로 L1과 L2 사용량의 비율, 지속적인 L1의 사용이 L2습득에 끼치는 영향 등에 대한 연구가 다수 있다. Flege, Frieda & Nozawa(1997a)는 이탈리아에서 6세 정도에 캐나다로 이민 온 평소의 L1 사용량이 다른 피험자들의 외국인말투 존재 여부를 조사한 결과 L1사용량이 많은 그룹과 적은 그룹 모두 외국인 말투가 있는 것으로 판정을 받았는데, L1의 사용량이 많을수록 외국인말투도 강한 것으로 나타났다고 하면서 L1 사용 정도가 L2 발음의 정확성과 관련이 있는 것 같다고 하였다. 이 밖에 L1과 L2의 사용량은 사회언어학적인 영향과도 관련이 있는데, 어린 학습자들은 자신이 속한 공동체에 속하려는 의지가 강한 반면에 성인 학습자들은 같은 언어 배경을 가진 구성원과의 교류가 더 잦기 때문에 L2보다는 L1을 더 많이 사용하게 된다고 하였다(Hansen Edwards, 2008: 윤은경, 2010 재인용). 또한 Flege, Mackay & Piske(2002)는 주도적으로 사용하는 언어들 사이의 관계에 대해 실험한 결과 L1을 L2보다 더 잘하는 학습자는 주도적으로 모국어를 사용하고 있었고 L2를 더 잘하는 학습자들은 L2를 주도적으로 사용하고 있었다고 하였다. 한편 나이가 어린 학습자의 경우에도 L1을 더 많이 사용하는 경우에는 외국인 말투가 남게 되는데, Flege, Mackay & Nozawa(1997a)와 Flege, Mackay & Piske(2002)에서 어린 시절에 이민 온 학습자들도 모국어를 더 많이 사용할 경우에는 여전히 외국인 말투가 나타나는 것을 포착하였다고 하였다. Flege, Mackay (2004)에서는 L1의 사용량이 적은 어린학습자뿐만 아니라 L1을 자주 사용하는 어린 학습자들에게도 영어 모어 화자와 비슷한 결과를 보인 경우가 있다고 하였다.

이처럼 L2에의 노출 또는 L1의 사용에 대해 질을 고려하지 않은 양만을 고려한 것이 절대적인 척도라고는 할 수 없지만 여전히 L2 음에 대한 노출이 적은 것보다는 노출이 많은 쪽이, L1을 많이 사용하는 것보다는 적게 사용하는 쪽이 습득에 긍정적인 영향을 미칠 수 있음을 보여 주는 결과들이라고 하겠다.

Ⅲ
한국어·일본어·중국어의
음절구조와 종성 대조

한국어 · 일본어 · 중국어의 음절구조와 종성 대조

본장에서는 한국어 종성과 그 조음방식에 대해 성명하기 위해 먼저 음절이라는 단위를 설정해야 하기 때문에 먼저 음절의 개념과 특성에 대해 살펴 본 후 한국어, 일본어, 중국어의 음절 구조에 대해 살펴볼 것이다. 다음으로는 한국어와 일본어, 중국어의 종성에 해당하는 음에 대해 구체적으로 살펴보고 세 언어의 종성 대조를 통해 습득 난이도를 예측해 보고자 한다.

A. 음절구조의 대조

1. 음절의 개념과 특성

전 세계의 모든 언어는 자음(consonants)과 모음(vowels)이라는 분절음(segmants)을 가지고 있다. 그러나 이들 자음과 모음은 혼자

보다는 서로 어울려 더 큰 단위를 이루는데 그것을 음절(syllable)이
라고 할 수 있다. 특히 자음은 단독으로 발음하는 것이 어렵기 때문
에 반드시 모음과 음절을 이루어야 인간이 인식할 수 있는 소리의 단
위를 구성할 수 있는 것이다. 이에 이러한 음절의 개념에 대해 살펴보
면 다음과 같이 다양한 정의가 존재한다. 먼저 배주채(1996)는 자음
이나 모음과 같은 분절음이 이어지면 분절음보다 큰 음운론적 단위가
생겨나며 그 중에서 순수한 음성학적·음운론적 단위로서는 가장 크
고 분절음에 버금가는 중요성을 가진 것이 음절이라고 하였다. 그러
면서 음절의 특징으로는 다음과 같은 것이 있다고 하였다.

첫째, 음절은 하나 이상의 분절음으로 구성된다.
둘째, 음절은 더 이상 쪼갤 수 없는 최소의 발음 가능한 단위이다.
셋째, 음절은 (초성, onset)+중성(nuclius)+(종성, coda)의 구조를
가지는데 중성은 필수적인 성분이고 중성에는 반드시 성절음이 하나
가 들어 있다.
넷째, 음절은 음성학적으로 공명도가 큰 분절음을 중심으로 그 앞
에서는 공명도가 점점 커지고 그 뒤에서는 점점 작아지는 모습을 하
고 있다.
다섯째, 음절은 운율적 요소가 걸리는 가장 일반적인 단위이다.

또한 박창원 외(2004)에서는 음절의 개념에 대해 인간이 구체적으
로 발화할 수 있는 자립적인 최소의 단위이며 음절은 음절보다 작은
단위인 음소(phoneme)를 구성요소로 하고 음절보다 큰 단위인 단어
의 구성요소가 된다고 하였다. 신지영(2006)에서는 음절에 대해 최

소의 운율 단위로서, 화자의 머리 속에 존재하는 심리적인 단위이며, 음절핵(peak)과 주변음(syllable margin)으로 구성된 것이라고 하였다. 또한 이호영(2007)에서는 음소보다 크고 낱말보다 작은 발화의 단위를 음절이라고 한다고 하고 음절은 발화의 단위일 뿐만 아니라 인지의 단위이기도 하다고 하였다. 그리고 음절의 기능에 대해 다음과 같이 설명하였다.

첫째, 국어를 비롯한 모든 언어에는 음소연결 제약(phonotactic constrains)이 존재하는데 음절이라는 단위를 설정해야 음소 연결 제약을 제대로 밝혀 낼 수 있다.

둘째, 음절은 음운 규칙의 적용 범위로서 작용한다.

셋째, 음절은 성조와 강세가 부과되는 단위이다.

또한 신지영(2007)에서는 음절에 대해 분절음의 결합으로 만들어지는 음운론적 단위 즉, 운율 단위 중에서 가장 작은 것이 음절이라고 정의하였다. 한편 음절은 순수하게 음운론적인 단위로서 물리적으로 실재하는 것이 아니라 심리적으로 실재하는 인식의 단위, 즉 화자의 머릿속에 존재하는 것이라고 하였다.

이상에서 논한 정의를 종합해 보면 음절이라는 단위는 자음과 모음이라는 분절음이 결합하여 만들어지는 화자의 머릿속에만 존재하는 발음이 가능한 최소단위라고 할 수 있겠다. 이처럼 음절이라는 단위는 해당 언어의 화자의 머릿속에 존재하는 단위이기 때문에 화자들은 자신이 사용하는 언어가 무엇이냐에 따라 음절 수를 인식하며 이러한 인식은 외국어를 받아들일 때도 영향을 미치게 되는 것이다. 이와 관련하여 신지영 (2007)에서는 세상에 존재하는 무수한 수의 언어를 크게 두 가지로 나눌 수 있는데 장애음 등이 종성으로 올 수 있는 CVC언어와 그렇지 못한 CV언어로 나눌 수 있다고 하고 한국어, 영어, 독어, 불어 등은 CVC 언어에 속하고 일본어, 이태리어, 스페인어 등은 CV언어에 속한다고 하였다. 그러나 음절이라는 단위는 이렇게 외적인 차이만 있는 것이 아니라 내부의 구조에서도 언어에 따라 차이를 보이는데 손쉬운 비교를 위해 영어로 예를 들어 설명하고자 한다. 일반적으로 영어의 음절 구조는 다음과 같다고 알려져 있다.

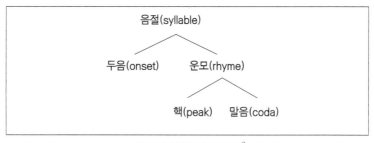

〈그림2〉 영어의 음절 구조[1]

위의 음절 구조 가운데 음절핵은 필수 성분으로 주로 모음이 맡게 되나 영어의 경우 유음이나 비음이 맡는 경우도 있다. 두음 즉, 초성과 말음인 종성은 선택적인 성분으로 자음이 맡게 되는데 영어의 경우 자음군을 허용한다. 이러한 영어의 음절 구조와 달리 한국어는 초성(C) + 중성(V)+ 종성(C)으로 구성되어 있으며 중성은 반드시 모음이, 그리고 초성, 종성은 자음이 맡는데 자음군은 허용하지 않는다. 따라서 영어 모국어화자가 영어의 'spring'을 일음절의 단어라고 인

---

1) 박창원 외(2004:120)에서 발췌함.

식한다면 한국어 화자는 자음군 사이에 모음을 삽입하며 [su. pu. riŋ]
과 같이 발음하고 삼음절이라고 인식하게 되는 것이다. 또한 일본어
는 초성(C)+중성(V)을 기본으로 하는 언어로, 특수음소인 /N, R, Q/
의 등시성(等時性)으로 인해 음절이라는 단위와 함께 박(拍, mora)이
라는 단위를 설정하고 있는 언어이다. 박(mora)이라는 단위를 설정
할 경우[2] 일본인 화자는 영어의 'spring'을 다섯 개의 단위로 나눌 수
있다고 인식할 것이며 자음군 사이에 모음을 삽입하여 [su. pu. ri. ŋ.
gu]과 같이 발음할 것이다. 이처럼 제2언어 학습자들은 자신의 모국
어에서 허용하는 음절 구조에 맞게 음절 수를 인식하며 외국어를 발
음할 때도 모국어의 음절 구조에 맞게 조정하여 발음하려는 경향을
보인다. 이처럼 음절이라는 단위를 어떻게 인식하느냐 하는 문제는
제2언어 학습자가 목표어를 학습할 때도 실제로 부자연스러운 목표
어 발음을 산출하게 되는 원인을 제공하기도 하기 때문에 중요하다.

이처럼 음절은 분절음들이 모여 구성되는 단위이지만 음절은 분절
음들의 단순한 연속체가 아니라 독자적인 가치를 가지는 단위라는 것
이다. 즉, 본고에서 다루는 종성에 대해 이야기하기 위해서도 음절이
라는 단위 설정이 필수적인데, 한국어 초성과 종성은 동일한 자음을

---

2) 이러한 일본어의 음절과 모라 단위에 대한 논란을 살펴보면 크게 두 가지 견해로
나눌 수 있다. 일본어의 /niQpoN/(日本)이라는 단어로 예를 들면 이것을 CVC-
CVC의 2음절로 보는 설은 服部四朗(1951)의 의견으로 그는 음절보다 작은 단위
로 모라를 인정하는 의견을 내 놓았으며 그의 주장에 따르면 이 단어는 2음절, 4모
라라는 것이다. 한편 金田一春(1967)에서는 CV-Q-CV-N의 4음절로 보는데 일본
의 전통적인 해석 방법을 따르는 것이다. 그는 음절과 모라의 혼동을 피하기 위해
서 음운론의 단위로는 服部의 모라를 박(拍)이라 부르고 음절은 순수한 음성학의
용어로만 사용하자고 제안하였다. 따라서 그의 주장대로라면 이 단어는 4박(拍)인
단어가 되는 것이다. (이한섭1994:20 재인용)

공유함에도 불구하고 종성 위치에 올 수 있는 자음의 수는 7개로 한정
이 되며 조음 방식도 불파(혹은 미파)라는 변화를 겪어 자음의 음가가
초성에서와 달라지는 것이다. 즉, 각 분절음의 음가의 실현은 음절 구
조내의 위치와 밀접한 관계가 있는데 앞에서 설명한 것처럼 각 언어
의 초성과 종성에는 자음이 온다고는 하였으나 각 자음이 음절 구조
상의 모든 위치에서 허용되는 것은 아니다. 한국어에 존재하는 19개
의 자음 중에서 초성 자리에 올 수 없는 소리는 /ㅇ/[ŋ]이며, 나머지
18개의 자음들은 초성 위치에 올 수 있고 또 모두 제 음가대로 실현된
다. 그러나 종성 위치에서 실현될 수 있는 자음은 19개 중에서 단 7개
뿐이다. 그러나 또 이 자음들이 초성 위치에 놓이게 되면 제 음가대로
실현된다. 또한 이 7개의 소리는 반드시 종성위치에서 불파(혹은 미
파)로 실현되어야 하는데 만약 불파로 실현되지 않는다면 그 소리는
종성이 아닌 초성으로 해석될 수 있다. 이 때문에 종성(음절말 자음)
이라는 것은 음운으로써는 초성과 같은 음소로 다루어져야 하지만 음
성적으로는 초성과 다른 소리라고도 할 수 있는 특수한 음절 구성 성
분이라고 하겠다. 이러한 점 때문에 배주채(1996)에서는 종성을 해당
자음의 변이음으로 봐야 한다고 하면서 다음과 같이 표시하였다[3].

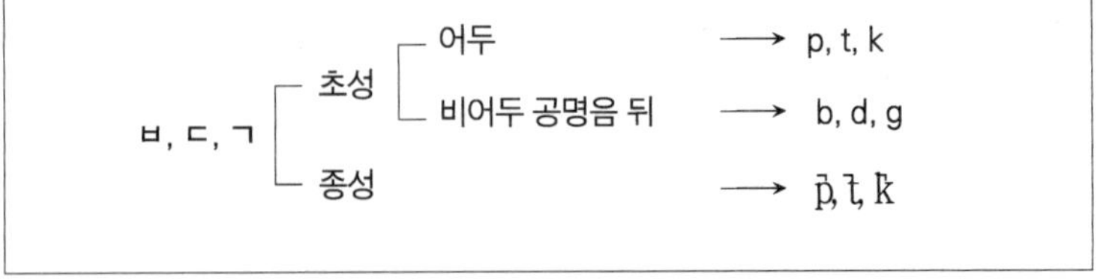

ㅂ, ㄷ, ㄱ ┬ 초성 ┬ 어두 ⟶ p, t, k
         │   └ 비어두 공명음 뒤 ⟶ b, d, g
         └ 종성 ⟶ p̚, t̚, k̚

〈그림3〉 한국어 /ㅂ, ㄷ, ㄱ/의 위치에 따른 변이음

---

3) 배주채(1996:42)에서 인용하였음.

한편 비음이나 유음도 폐쇄음처럼 종성에서 불파음으로 실현되므로 이를 /m̚, n̚, ŋ̚, l/과 같이 정밀 표기할 수 있으나 대개 /m, n, ŋ, l/과 같이 적는다고 하였다. 그러나 여기에서 중요한 것은 이러한 변이음 정보는 모국어화자가 그 차이를 인식할 수 있는 것이 아니라는 점이다. 따라서 본고에서는 7개의 종성을 초성과는 구별되는 별개의 종성이라는 음운 항목으로 보고자 한다.

이상으로 동일한 자음이 초성과 종성 위치에 나타남에도 불구하고 종성에 나타날 때 불파를 적용하여 발음해야 하는지에 대해 설명하기 위해 음절이란 단위의 필요성에 대해 간략하게 살펴보았다. 지금부터는 본고에서 다룰 학습자의 모국어인 일본어와 중국어의 음절 구조에 대해 구체적으로 살펴보고자 한다.

2. 음절 구조

앞에서도 언급한 것처럼 지구상의 언어는 CV구조를 기본으로 여기에 더 복잡한 음절 구조를 취하느냐 취하지 않느냐에 따라 분류된다고 할 수 있다. 즉, CV구조만을 주로 사용하는 언어와 종성이 추가된 CVC를 폭 넓게 사용하는 언어로 분류된다고 할 수 있다. 이와 관련해 김선정(2003)에서는 각 언어의 음절 구조 차이를 아는 것이 한국어 교육에 큰 도움이 될 수 있다고 하면서 언어별 음절 위계에 대해 흥미로운 주장을 한 바가 있다[4]. 그것은 바로 음절 위계의 위쪽에 위치하

---

4)

| 초성과 종성 위치에 자음군이 인정되며 |
| 이 때 앞 자음이 뒤 자음보다 강한 언어 (예, 프랑스어) |

는 언어는 아래에 위치하는 음절 구조를 함의하며 제2언어 습득에도 간섭을 일으키는데, 그러한 간섭은 상위 언어를 모국어로 하는 학습자가 하위 언어를 학습할 때보다 하위 언어를 모국어로 하는 학습자가 상위 언어를 학습할 때 더 빈번히 발생한다고 한 바 있다. 이처럼 언어마다 상이한 음절구조를 취하고 있으므로 제2언어 습득을 연구하는 데 있어 분절음의 집합체라고 할 수 있는 음절구조에 대해 파악할 필요가 있겠다. 이에 본고의 피험자 집단의 모국어인 중국어와 일본어의 음절 구조를 한국어의 음절구조와 비교하고자 한다.

가. 한국어의 음절구조

한국어 종성을 바르게 이해하기 위해서는 먼저 한국어의 음절 구조를 알 필요가 있는데 한국어의 음절은 초성(onset), 중성(nucleus), 종성(coda)으로 이루어져 있다. 한편 한국어에서 음절 단위가 다른 언어에 비해 더 중요한 이유는 철자에서 음절 단위로 모아쓰는 형식을 취하고 있을 뿐 아니라 줄임말을 만들 때도 영어와 같은 인구어의 경우 하나의 분절음을 취하는 데 반해 한국어는 하나의 음절 전체를

⇑

초성과 종성 위치에 자음군이 인정되며 이 때 뒤 자음이 앞 자음보다 강한 언어 (예, 영어)

⇑

초성과 종성 위치에 자음이 하나만 허용되는 언어 (예, 한국어)

⇑

모음으로 끝나는 언어 (예, 브라질인의 포르투갈어, 일본어)

취하는 것 등에서 알 수 있다. 그렇다면 한국어에서 가능한 음절구조
는 어떤 것이 있는가. 다음〈표11〉과 같다.

〈표11〉 한국어의 음절 유형

	음절구조	예		음절 구조	예
1	V	오	6	CVC	감
2	CV	가	7	GVC	열
3	GV	여	8	CGVC	겹
4	CGV	껴	9	VV [5]	의
5	VC	입	10	CVV	[늬] [6]

　　이러한 여러 종류의 음절 구조를 크게 두 가지로 나누면 바로 종성
이 있는 음절과 종성이 없는 음절로 나눌 수 있다. 이 때 전자를 폐음절
(closed syllable), 후자는 개음절(open syllable)이라고 한다. 여기에서
중요한 것은 한국어는 이와 같이 폐음절이 충분히 가능한 언어인데 반
해 본고의 피험자인 한국어 학습자의 모국어인 일본어와 중국어는 개
음절이 일반적인 언어라는 것이다. 그리고 폐음절이 가능하다고 하여
도 종성에 나타날 수 있는 음운의 목록이 아주 제한적이라는 것이다.

　　한국어의 음절 구조를 논함에 있어 또 하나 참고해야 할 것은 한
국어의 초성과 종성에 자음군이 올 수 없다는 것이다. 예를 들어 종
성 위치에 겹받침인 C_1C_2와 같은 형태 나타난다고 하여도 발음하

---

5) 여기에서는 단모음 'ㅡ'와 'ㅣ'가 각각 대등하게 결합하였다고 보기 위해 GV가 아
　닌 VV로 표기함

6) 박창원 외(2004)에 따르면 '논의'와 같은 어휘에서 두 번째 음절 발음에 해당된다
　고 하였다 .

는 데 있어서는 두 자음 중 하나만 발음되는 것이다. 또한 성절자음 (syllabic consonants)이 존재하지 않는다는 것도 특징이라 할 수 있다. 따라서 하나의 음절 안에는 반드시 음절의 핵인 모음이 있어야 하는 것이다. 그것을 그림으로 나타내면 다음 〈그림4〉와 같다(박창원 외 2004:112).

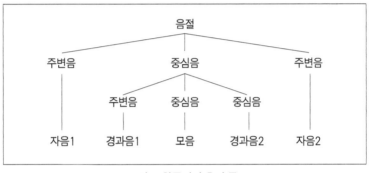

〈그림4〉 한국어의 음절 구조

이와 같이 한국어의 하나의 음절에는 반드시 모음이 존재하고, 경과음이나 자음은 있을 수도 있고 없을 수도 있다. 또한 음절 초이든 음절 말이든 하나의 자음만이 올 수 있다는 특징을 가진다.

위의 그림에서 각 위치에 올 수 있는 음소의 분포는 차이를 보이는데 어두 음절초인 자음1의 위치에는 'ㄹ'과 'ㅇ'을 제외한 자음이 나타난다. 그러나 자음2와 같은 종성에서의 한국어 발음은 어두와는 다른 별도의 발음 체계를 가진다는 특징을 가진다. 이에 한국어교육에서도 종성만을 위한 별도의 발음 교육의 필요하다는 의견들이 나오고 있으며 본고에서 다루고자 하는 연구 범위도 자음2의 발음에 대한 것이 되겠다. 먼저 이 위치에는 'ㅂ, ㄷ, ㄱ, ㅁ, ㄴ, ㅇ, ㄹ'과 같은 7개의 자음만이 허용된다. 그리고 이 7개의 종성이 다음 음절과 연쇄를 이룰 때는 후행 자음이 무엇이냐에 다양한 음운 변동 규칙의 적용을 받아 음가의 변화를 겪게 된다. 그러나 그 자세한 내용은 본고의 내용과 무관하므로 생략하도록 한다. 한편 한국어의 종성에 대한 구체적인 내용은 다음 절에서 하도록 한다.

나. 일본어의 음절 구조

일본어는 특수음소인 발음(撥音)인 /ん/과 촉음(促音)인 /つ/, 장음(長音)인 /R/로 인하여 음운론적 음절과 음성학적 음절의 경계가 모호한 경우가 있는데[7], 일차적으로 음운론적 음절 구조를 따를 경우 일본어의 음절 구조는 일본어의 음소의 개수가 적은 만큼 음절 구조도 CV구조를 기본으로 비교적 단조로운 형태를 띠고 있다.

〈표12〉 일본어의 음절 유형

	음절구조	예		음절 구조	예
1	V	あ	4	CGV	きゃ
2	CV	か	5	(C)VN	かん
3	GV	や	6	(C)VQ	さっ

---

7) 예를 들어 선생님이라는 뜻의 '先生'을 발음한다고 했을 때 다음과 같은 2, 3, 4 음절의 다양한 발음이 가능하다. 2음절- [sen · se], 3음절[sen · se · i], 4음절 [se · n · se · i]와 같은 경우의 수가 가능하다. 이것은 모두 특수 음소인 /N/, /Q/, /R/을 하나의 음절로 볼 것인지와 관련된 문제로 논란의 여지가 있다고 하겠다.

일본어의 음절 구조를 살펴보면 종성의 C가 나타나지 않는 열린 음절(Open Syllable)구조를 대부분 취하고 있다는 것이 특징적이다. 따라서 폐음절 외국어를 외래어로 받아들일 경우 cup(컵)을 [ka.p.pu], text(교과서)를 [te.ki.su.to]와 같이 자음 뒤에 모음을 첨가하여 CV구조를 유지하려는 경향을 띤다고 알려져 있다.

한편, 5번과 6번의 음절 구조는 종성자리에 특수 음소인 /N/과 /Q/를 취하고 있지만 각각 분포에서 차이를 보인다. /N/이 어중이나 어말 종성 모두에 나타나는 데 반해 /Q/는 어중에만 제한적으로 나타난다. 이들 특수 음소는 음소로서의 독립성이 약하기 때문에 주변 환경에 영향을 받아 다양한 변이음으로 발음된다. 각각의 변이음에 대해서는 다음 절에서 설명하도록 한다.

또 하나의 특수음소는 모음에 장음(長音)성을 부여하는 /R/ 음소가 있는데 이것은 앞의 모음을 한 박자 길이만큼 길게 발음하는 것으로 박(拍)은 유지가 되지만 독립적인 음소는 아니다. 이처럼 일본어에 존재하는 특수 음소는 이것들이 단어 안에 포함될 경우 음절이라는 단위를 설정할 때 혼란을 가져 오는데 이 특수 음소들이 음소로서의 독립성은 가지지 못하는 반면 일정한 시간적 길이를 가지는 단위이기 때문이다. 이에 대해 다음 단어들을 예[8]로 들어 설명하고자 한다.

ㄱ. コセキ[koseki] (戸籍)

ㄴ. コーキ[ko:ki] (後期)

---

8) 박창원 외 2004: 144에서 발췌하였음

ㄷ. コンキ[koŋki] (婚期)

ㄹ. コッキ[kokki] (國旗)

이상의 단어 가운데 ㄱ.은 3음절 ㄴ, ㄷ, ㄹ은 2음절인데 시간의 길이는 모두 비슷하다. 즉 특수음소가 포함된 「コー」, 「コン」, 「コッ」부분은 음절로는 하나의 음절이지만 음의 길이에 있어서는 두 개의 단위에 해당하는 것이다. 이처럼 일본어에서 음의 시간적 단위로 모라(mora) 또는 박(拍)이라는 단위를 설정하는 것은 이것이 일본어의 초분절적 요소 중 대표적인 것인 악센트가 얹히는 단위이기 때문이다. 이 각각의 박은 원칙적으로 같은 길이로 발음되는데 이것을 박의 등시성(等時性)이라고 한다. 따라서 위의 단어 가운데 ㄱ.은 3음절 3박, ㄴ, ㄷ, ㄹ은 2음절 3박이라고 할 수 있는 것이다.

한편 이러한 일본어의 특수 음소의 특징은 시간적 길이에 있어서는 독립적이라고 볼 수도 있으나 이들 음소가 단독으로 쓰이지 못하고 반드시 선행 음절에 붙어서 쓰인다는 점에서는 독립성이 의심스러운 음소라고 하겠다. 한편 특수 음소가운데 /N/과 /Q/는 분포 위치가 CV의 뒤라는 점에서 한국어 종성과 유사한 점이 있는데 이 음소들이 어중에 쓰일 경우 후행 자음에 따라 자음위치 동화가 발생하여 다양한 변이음으로 발음된다. 이에 대해서는 B.에서 자세히 기술하도록 한다.

다. 중국어의 음절 구조

중국어의 음절 구조를 간편하게 나타낸 것이 다음의 〈표13〉다.

〈표13〉 중국어 음절 구조의 분석[9]

성모	운모		
	운두	운복	운미
(C)	+ (V)	V	(V,N,P)

중국어의 음절 구조는 크게 성모(聲母, initial)와 성모의 뒷부분인 운모(韻母, final)로 나누어지는 것이 특징이다. 즉, 중국어 음절의 처음에 C가 있으면 그 C를 성모라고 하고 C의 뒤에 몇 개의 구성성분이 있건 간에 모두 운모에 속한다. 따라서 중국어에서 최대로 가능한 음절 구조를 표시하면 (C)+(V)V(V)+(N,P)라고 할 수 있다. 이 중에서 성모 C를 제외한 나머지 (V)V(V)+(N,P) 부분이 모두 운모에 해당하는 부분이다. 이중 괄호하지 않은 V가 음절 성분 가운데 필수적인 부분에 해당하는 운복(韻復, nucleus)이며, 앞부분의 운모(V-)를 운두(韻頭, medial)라고 하고 뒷부분에 있는 (-V), (-N), (-P)부분을 운미(韻尾, ending)라고 한다.

또한 중국어의 음절 구조를 살펴봤을 때 특징적인 점은 모음에 해당하는 운복과 종성에 해당하는 운미가 더 긴밀하게 연결되어 있다는 것이다. 따라서 운미와 운복의 연관성이 그 어떤 언어보다 강할 것으

---

9) 이현복 외 (1999:122)에서 인용함.

로 예상할 수 있다. 연결 가능한 운복과 운미에 대해서는 B.에서 자세히 살펴보도록 한다.

한편 운모의 종류로는 크게 단모음 하나로 이루어진 단운모(單韻母)와 두 개 이상의 모음으로 이루어진 복운모(複韻母), 비음 운미 -N으로 구성된 비운모(鼻韻母) 등이 있는데 특히 본고의 논의와 가장 관련이 깊은 비운모에 대해서는 다음 절에서 자세히 기술하도록 하겠다.

이상으로 설명한 중국어에서 가능한 음절 구조를 각각 정리해 보면 다음의 〈표14〉와 같다.

〈표14〉 중국어의 음절 유형[10]

	음절구조	예		음절 구조	예
1	V	[a]	6	VVC	[uan]
2	CV	[ta]	7	CVV	[tau]
3	VV	[ia]	8	VVV	[iau]
4	VC	[an]	9	CVVV	[tiau]
5	CVC	[tan]	10	CVVC	[tuan]

중국어의 음절 구조를 살펴보면 이중모음이 존재하지 않고 중복 모음이 사용된다는 것이 특징이라고 하겠다. 그러나 자음군은 존재하지 않는다는 것이 한국어, 일본어와 공통된 점이라고 하겠다. 한편 위의

---

10) 이현복 외 (1999:119)에서 인용함. 예시 가운데 표준 중국어에 해당하는 것만 정리하였음.

음절 유형을 살펴보면 CVC 또는 VC구조를 널리 사용하고 있는 것으로 보이나 4번, 5번, 6번, 10번과 같은 음절 유형에서 종성 위치에 있는 C로 표준 중국어의 경우 올 수 있는 자음은 [n]과 [ŋ]의 비음 종성 뿐이라는 점에서 단조로운 형태라고 할 수 있다.[11] 이에 대해서는 다음 절에서 자세히 살펴보도록 한다.

B. 종성 대조

이상에서는 한국어, 일본어, 중국어의 음절 구조와 음절 유형에 대해 살펴봤다면 지금부터는 한국어의 종성에 대응하는 각 언어의 음운 목록에 대해 자세히 다루도록 한다.

1. 한국어 · 일본어 · 중국어의 종성

가. 한국어의 종성

한국어는 CVC의 음절 구조가 가능한 언어로 초성의 C와 종성의 C는 같은 자음을 공유함에도 불구하고 그 위치에 따라 소리가 달라진다. 즉, 한국어의 /ㅂ, ㅍ, ㅃ, ㄷ, ㅌ, ㄸ, ㄱ, ㅋ, ㄲ, ㅅ, ㅆ, ㅎ, ㅈ, ㅊ, ㅉ, ㅁ, ㄴ, ㅇ, ㄹ/의 19개 자음 가운데 7종성 규칙이라고도 불리는 중

---

11) 소주(蘇州), 복주(福州), 광주(廣州) 방언처럼 폐쇄음 종성이 있는 방언도 존재하나 북경 방언의 경우 비음 종성만 존재한다.(이현복 외 1999:119)

화규칙의 적용을 받아 종성 위치에는 7개의 자음만이 허용되는 것이다. 또한 한국어 음절 구성요소인 초성인 C와 종성의 C는 모두 자음군을 허락하지 않는데, 이점 때문에 표기에서는 자음군이 가능한 것처럼 보이는 겹받침도 발음을 할 때는 자음 하나를 탈락시켜야 하는 자음군 간소화가 발생하는 것이다. 이 두 현상 모두 간단하게 정리해 보면 표기에서는 음절말 위치에 홑받침으로 16개(ㅂ, ㅍ, ㄷ, ㅌ, ㅅ, ㅆ, ㅈ, ㅊ, ㄱ, ㄲ, ㅋ, ㅎ, ㅁ, ㄴ, ㅇ, ㄹ), 겹받침으로 11개(ㄱㅅ, ㄴㅈ, ㄹㅂ, ㄹㅅ, ㄹㅌ, ㅂㅅ, ㄹㄱ, ㄹㅁ, ㄹㅍ, ㄴㅎ, ㄹㅎ)가 존재하지만 음성 실현형으로는 7개(ㄱ, ㄷ, ㅂ, ㄴ, ㄹ, ㅁ, ㅇ[ŋ])만이 가능한 것이다. 이것이 바로 한국어 음절 구조제약 가운데 종성과 관련된 부분이라고 하겠다. 이처럼 종성에서 7개의 자음만 허용한다는 것은 종성 위치에 있는 파열음, 마찰음, 파찰음의 모든 장애음이 불파(미파)음으로 발음된다는 것을 의미한다. 양순파열 평음인 /ㅂ/의 경우 초성에서는 '폐쇄- 지속-개방'이라는 3단계로 발음되지만 종성에서는 개방의 단계가 생략된다. 따라서 '밥'은 [pap]이 아닌 [pap̚]으로 발음된다. 마찬가지로 '닫'은 [tat̚], '각'은 [kak̚]으로 발음된다. 또한 평음-격음-경음의 대립은 '개방' 단계에서 기식이 많고 적음과 개방 후에 후두 긴장 정도로 인한 것이므로 종성에서는 3항 대립이 나타나지 않는다. 결국 한국어 장애음은 종성 위치에서 다음과 같은 세 가지의 음가만을 갖는 것이다.

ㄱ. /ㅂ, ㅍ/ → [p̚]

ㄴ. /ㄷ, ㅌ, ㅅ, ㅆ, ㅈ, ㅊ, ㅎ/ → [t̚]

ㄷ. /ㄱ, ㅋ, ㄲ/ → [k̚]

이러한 종성 위치에서의 장애음의 불파화는 필연적으로 그 자신 혹은 후속 음절의 초성의 음가의 변화를 가져온다. 그 대표적인 예로 경음화와 자음동화와 같은 음운 변동 규칙이 발생하는데 이는 본고의 내용과 직접적으로 관련이 없으므로 다루지 않기로 한다.

이러한 한국어 음절말 자음(종성)의 발음에 대해 양순임(2005)에서는 다음〈표15〉와 같이 초성과 다른 음가에 대한 개별적인 교육이 필요하며 시각적으로도 외국인을 위한 한국어교재에 다음과 같이 제시하는 것이 바람직하다고 하였다.

〈표15〉 한국어 학습자를 위한 종성 목록과 음가[12]

Manner	Place	Bilabial	Alveolar	Velar
Unvoiced	Plosives	[ㅂ˺, p˺]	[ㄷ˺, t˺]	[ㄱ˺, k˺]
Voiced	Nasals	[ㅁ˺, m̚]	[ㄴ˺, n̚]	[ㅇ˺, ŋ̚]
	Lateral		[ㄹ˺, ɾ̚]	

이상의 내용을 종합해 보면 한국어는 종성 위치에 /ㅂ, ㄷ, ㄱ/와 같은 폐쇄음 종성 세 개와 /ㅁ, ㄴ, ㅇ/의 비음 종성 세 개, 유음인 /ㄹ/이 사용되며 초성에서와는 다른 조음방식으로 발음되므로 초성의 자음과는 별도의 연구가 필요하다고 하겠다.

---

12) 양순임 (2005:497)에서 인용함.

나. 일본어의 종성

일본어에 존재하는 특수음소인 발음(撥音) /ん/과 촉음(促音)/つ
/가 음절안에서 한국어의 종성에 해당한다고 볼 수 있는가에 대해서
는 A.에서 살펴본 바대로 논란의 여지가 있을 지라도 출현 위치가 한
국어 종성과 유사하며 앞에 오는 CV와 밀접한 연관을 맺고 있어 독립
성이 약하다는 점에서 일본어를 모국어로 하는 한국어학습자가 한국
어 종성을 발음하는 데 있어 이러한 모국어의 정보를 활용할 가능성
이 높다고 보고 이들 특수 음소를 한국어 종성에 대응하는 음들로 보
고 음가에 대해 살펴보고자 한다. 이 두 음소는 한국어 종성과 유사한
위치에 분포한다는 공통점이 있지만 분포에 있어 약간 차이를 보이는
데 어중 위치에는 /ん/과 /つ/가 둘 다 널리 분포하지만 어말 종성 위
치에서 /ん/이 널리 쓰이는 데 반해 /つ/는 일부 감탄사를 제외하고
는 그 쓰임이 제한적이라는 차이가 있다. 따라서 특히 일본인 학습자
들은 어말 종성을 탈락시키거나 모국어와 같은 CV음절 구조를 유지
하기 위해 종성 뒤에 모음을 삽입하여 음절 수를 늘리는 부자연스러
운 발음을 한다고 알려져 있다.

한편 어중 종성 위치에 발음(撥音)/ん/과 촉음(促音)/つ/가 나타날
때 이 음들의 발음은 후행 자음의 영향을 받아 강력한 조음 위치 동화
현상[13]이 필수적으로 발생하여 아래와 같은 다양한 변이음으로 실현

---

13) 조음 위치 동화(연구개음화, 양순음화, 설단음화)는 발음을 용이하게 하기 위한
   언어보편적 현상으로 한국어에서도 동일한 조음위치동화가 발생하는데 한국어
   에서는 이것이 말의 속도가 빠를 때 등의 경우에 나타나는 수의적인 현상이다.
   (박창원 외, 2004:283)
   가. 복합어에 나타나는 연구개음화

된다. 이 때 /ん/은 비음으로 /ツ/는 폐쇄음으로 각각 실현된다.

가. /ん/의 발음[14]

ㄱ. /ん/이 [m]으로 조음되는 경우

あんま(按摩)[am.ma]　　　さんびゃく(三百)[sam.byaku]

ㄴ. /ん/이 [ŋ]으로 조음되는 경우

さんか(參加)[saŋ.ka]　　　でんわ(電話) [deŋ.wa]

ㄷ. /ん/이 [n]으로 조음되는 경우

かんし(監視)[kan.shi]　　　おんな(女)[on.na]

나. /ツ/의 발음[15]

ㄱ. /ツ/가 [p]로 조음되는 경우

いっぱい(一杯) [ip.pai]　　しっぱい(失敗)[ship.pai]

ㄴ. /ツ/가 [k]로 조음되는 경우

いっかい(一階)[ik.kai]　　はっけん(發見)[hak.ken]

ㄷ. /ツ/가 [t]로 조음되는 경우

けっして(결코)[ket.shite]　しっと(嫉妬)[shit.to]

한편 이들 종성의 음가를 조금 더 세분화 하면 다음과 같은 다양한

밥그릇 [밥그릇] 혹은[박끄릇] 옷걸이 [온걸이] 혹은[옥꺼리]
나. 복합어에 나타나는 양순음화
　돋보기 [돋보기] 혹은 [돕뽀기] 덧바지 [덛바지] 혹은 [덥빠지]
다. 설단음화
　듣지 [듣찌] 혹은 [듯찌] 웃지[웃찌] 혹은[욷찌]
14) 민광준(2002: 124)에서 발췌함
15) 민광준(2002: 111)에서 발췌함

변이음으로 실현된다. 먼저 /つ/는 대표변이음만 해도 [p], [t], [k], [s], [ɕ] 등의 다섯 가지가 있고 그 출현 환경은 다음과 같다(민광준 2002:111).

[p](무성 양순 폐쇄음)/ _ [p], [pj][16]
[t](무성 치경 폐쇄음)/ _ [t], [ts], [tɕ][17]
[k](무성 연구개 폐쇄음)/ _ [k], [kj][18]
[s](무성 치경 마찰음)/ _ [s]
[ɕ](무성 치경 경구개 마찰음)/ _ [ɕ][19]

이 밖에도 /つ/는 환경에 따라 [h], [ç], [ɸ], [b], [d], [g] 까지 포함하여 총 11가지의 변이음을 가지고 있다고 하나 변이음의 특성 상 모국어 화자는 구체적인 음의 차이에 대해 인식하지 못한다. 한편 /ん/의 대표변이음은 다음과 같은 여섯 가지이며 출현 환경은 다음과 같다.

[m](유성 양순 비음)/ _ [m], [mj], [b], [bj], [p], [pj]
[n](유성 치경 비음)/ _ [n], [t], [tɕ], [d], [dz], [dʑ], [ɾ], [ɾj][20]

---

16) [pj]는 일본어의 ハ행 요음인 ぴゃ[pya],ぴゅ[pyɯ],ぴょ[pyo]와 같은 음의 발음이다.
17) [tɕ]는 일본어 ち[tɕi],ちゃ[tɕa],ちゅ[tɕɯ],ちょ[tɕo]와 같은 음의 발음에 해당한다.
18) [kj]는 일본어 きゃ[k a],きゅ[k],きょ[k o]와 같은 발음에 해당하는 음이다.
19) [ɕ]는 일본어 し[ɕ i],しゃ[ɕa],しゅ[ɕɯ],しょ[ɕo]의 모음 앞 자음에 해당하는 발음이다.
20) 여기에서 [dz]는 ザ행 자음, [dʑ]는 ザ행 요음, [ɾ]는 ラ행, [ɾj]ラ행 요음의 발음에

[ŋ](유성 연구개 비음)/_[k], [kʲ], [g], [gʲ]

[ɲ](유성 경구개 비음)/_[ɲ]²¹⁾

[ɴ](유성 구개수 비음)²²⁾ / _#

[ṽ]²³⁾　　　　　/ _ [s], [ɕ], [ç], [h], [ɸ]

위의 /ん/의 변이음을 살펴보면 대부분 어중 종성 위치에서 나타
나는 반면 [ɴ]은 휴지(pause)앞인 어말 종성에서 나타난다는 점에서
구별이 필요하다.

이상의 내용을 바탕으로 일본인 한국어 학습자 어중 종성을 발음
하는 데 있어서 모국어 변이음 정보를 활용할 수 있는 음운 연쇄 환경
을 'O'로 표시하면 다음과 같다.

〈표16〉 일본어의 변이음 정보를 활용해 발음이 가능한 한국어의 음운 연쇄

종성 ＼ 후행음	ㄱ	ㄴ	ㄷ	ㄹ	ㅁ	ㅂ	ㅅ	ㅈ
ㅂ						O		
ㄷ			O				O	O

해당한다.

21) 이 음은 일본어의 に,にゃ,にゅ,にょ와 같은 음의 모음 앞에 오는 자음의 발음이다.

22) 이 음은 단어나 문장의 끝에서 나타나며, 목젖을 내려서 비강으로 날숨을 내보내
어 발음한다. 이 때 구강 내에서는 폐쇄가 일어나지 않는다. 간혹 노래를 부를 때
는 여운을 남기거나 길게 발음하기 위해서 [m]이나 [n]으로 발음할 때도 있으나
일반적인 것은 아니다. 이 음은 특히 한국어에 존재하지 않는 음이기 때문에 한국
인 일본어 학습자가 이 음을 발음할 경우 한국어의 'ㄴ' 종성과 같은 [n]이나 'ㅇ'
종성과 같은 [ŋ]으로 발음하는 경우가 많으나 이들 발음과는 다른 발음이며 이
발음을 할 때는 혀를 입천장 어디에도 대지 않아야 한다.

23) 이 음은 /n/이 비모음화한 음이다.

ㄱ	○					
ㅁ					○	
ㄴ		○	○			
ㅇ	○					

위에서 상술한 것처럼 일본어의 특수 음소인 /ん/과 /つ/의 발음이 어중에서 한국어 폐쇄음, 비음 종성과 유사한 부분이 있다고는 하나 위의 〈표16〉에서 보여 주는 것처럼 해당 음은 특정한 후행음을 만났을 때만 실현되기 때문에 그 출현 환경이 아주 제한적이라고 할 수 있다. 또한 특수 음소인 /ん/과 /つ/는 어중보다 어말 위치에서 더욱 제한적으로 나타난다는 특징을 가지고 있는 것이 한국어 종성과 다른 특징이라고 할 수 있다[24].

다. 중국어의 종성

중국어는 CV 음절 구조를 기본으로 하는 언어로 종성에 해당하는 운미에 올 수 있는 자음이 제한적인데 특히 표준 중국어는 폐쇄음 운

---

24) 따라서 이러한 모국어의 변이음 정보를 한국어 종성을 발음하는 데 적용하는 것이 습득에 긍정적인 효과를 발휘할지에 대해서는 추가적인 연구가 필요하다고 하겠다. 또한 변이음이라는 것은 모국어화자가 그 차이를 인식하지 못하는 것이기 때문에 일본인 한국어학습자가 한국어 종성을 구별해서 발음하는 데 모국어의 변이음 정보를 활용할 수 있을지에 대해서도 의문을 가지게 된다. 또한 앞에서 언급한 것처럼 이러한 변이음은 어중에서만 나타나기 때문에 일본어를 모국어로 하는 한국어 학습자가 한국어의 어말 종성을 발음하는 데 있어서 어떠한 양상이 나타나는지에 대해서도 추가적인 연구가 필요하다고 하겠다.

미[25])가 없고 비음 운미인 /n/과 / ŋ / 두 가지만을 허용한다(이현복 외 1999: 139).

한편 이 중국어의 운미는 앞 절의 음절구조에서 살펴본 것처럼 운복에 해당하는 선행 모음과 밀접한 관계를 맺고 있는 것이 특징이다. 이에 다음 표는 각 비음 운미와 선행할 수 있는 모음의 경우의 수를 정리해 놓은 것이다.

〈표17〉 표준 중국어에서 결합 가능한 운복과 운미[26])

설첨비음운미 (舌尖鼻音韻尾)		설근비음운미(舌根鼻音韻尾)	
한어병음자모	음성형	한어병음자모	음성형
	IPA		IPA
an	[an]	ang	[ɑŋ]
ian	[jɛn]	iang	[iɑŋ]
uan	[wan]	uang	[wɑŋ]
üan	[ɥæn]	eng	[əŋ]
en	[ən]	ing	[iŋ]
in	[in]	ueng	[wəŋ]
uen	[wən]	ong	[oŋ/uŋ]
ün	[yn]	iong	[joŋ/juŋ]

---

25) 월방언과, 민남방언에는 폐쇄음 운미가 풍부하며, 특히 하문어(廈門語)에는 네 가지 폐쇄음 운미가 모두 갖추어져 있어 중국 방언 중 폐쇄음 운미가 가장 많은 방언이라 할 수 있다. 또한 방언 가운데 하문어, 매현어(梅縣語), 광주(廣州語)에는 [-m]운미를 가지고 있다. 또한 대부분의 방언에서 비음 운미는 표준어와 마찬 가지로 두 가지이지만 한 개인 경우도 있다. 장사어(長沙語)에는 [-n]만 있고, 복주어에는 [-ŋ]만 있다.(이현복 외 1999: 139)
26) 양순임 (2006 : 176)에서 인용함

이처럼 중국어에 /n/과 /ŋ/ 종성 음운이 존재한다고 하여도 이러한 음운이 선행 모음과 연결되어 운미를 이룰 수 있는 조합은 지극히 제한적인 수에 지나지 않는다고 할 수 있다. 따라서 한국어 종성을 발음하는 데 있어 선행 모음의 영향을 많이 받을 수밖에 없는데 실제로 중국인을 대상으로 한 오류분석 연구에서 종성을 발음하기 위해 선행 모음을 다른 모음으로 대치하는 오류가 발견된다고 알려져 있다(양순임 2006).

따라서 표준중국어의 운미에 한국어 비음 종성에 대응하는 /n/과 /ŋ/이 허용된다고 하여도 〈표17〉와 같이 선행하는 모음에 제약이 있기 때문에 오류가 발생할 가능성은 여전히 남아 있다고 하겠다.

2. 종성 대조와 습득 난이도 예측

본 절에서는 일본어, 중국어, 한국어의 종성 목록을 대조함과 동시에 Stockwell, Bowen and Martin(1965)이 주장한 난이도 위계에 따라 습득난이도를 예측해 보고자 한다. 먼저 다음 〈표18〉은 중국어, 일본어의 종성을 한국어의 종성과 대조한 것이다.

〈표18〉 한국어 · 중국어 · 일본어의 종성 목록 대조

조음방식과 위치		중국어(L1)	한국어(L2)	일본어(L1)	
폐쇄음	양순	-	/ㅂ/	/ㅇ/	[p]
	치경	-	/ㄷ/		[t]
	연구개	-	/ㄱ/		[k]

비음	양순	-	/ㅁ/		[m]
	치경	/n/	/ㄴ/	/ㅅ/	[n]
	연구개	/ŋ/	/ㅇ/		[ŋ]
유음		-²⁷⁾	/ㄹ/[l]	-	

위와 같이 한국어는 종성 위치에 7개의 자음이 허용되며 중국어는
비음 운미 두 개, 일본어는 특수 음소 두 개가 올 수 있다는 것을 알 수
있다. 한국어 종성 7개 가운데 /ㅇ/을 제외한 6개의 음은 초성 위치에
도 분포하는 반면 종성 /ㅇ/은 종성에만 나타난다는 특징을 가진다.
종성을 조음 방식에 따라 분류해 보면 한국어 폐쇄음 종성으로는 양
순음인 /ㅂ/, 치조음인 /ㄷ/, 연구개음인 /ㄱ/이 존재하는 반면 일본

---

27) 범류(2010)에 따르면 한국어 유음 /ㄹ/은 종성 위치에 있을 때 설측음 [l]로 실현
되며, 대부분의 중성과 제약 없이 결합될 수 있다고 하였다. 그러나 중국어의 'l/l/'
과 'r/ɻ/'은 운미가 될 수 없는 제약 때문에 모음 뒤에 올 수 없다. 그러나 중국어의
운모 체계에 권설운모 'er/ər/'가 있는데 이것은 다른 음절의 뒤에 붙을 때 선행 음
절의 운모와 한 음절을 이루어 '얼화운'을 만든다. 이 운모는 조음, 청취 음성학적
으로 한국어의 '중성+ㄹ'의 구성과 유사하다고 하였다. 중국어권 학습자들은 한국
어의 '중성+ㄹ'을 중국어의 얼화운과 가까운 소리로 발음하는 경향을 보이는데 이
러한 운모와 관련된 오류에 대해서는 정명숙(2008)에서도 언급한 바 있으며 이러
한 오류는 수정이 어려우며(이향, 2002), 이에 고급단계에 이르기까지 오류가 남
게 된다고 하였다. 한편 얼화운에 의한 간섭의 예로 다음과 같은 것들이 있다.

오늘[오널], 나라를[nalalər], 갈[kaər], 달[taər], 월요일[wərjoər]

이에 범류(2010)에서는 어말 위치에서 한국어와 중국어 유음을 대조할 때는 /ㄹ/
[l]과 /er/[ər]을 대조해야 한다고 하였다. 이와 같은 주장에 대해 본고는 얼화운
의 본래 명칭이 '얼화운모'로 중성인 모음에 더 가까운 성분이며 얼화운은 '얼화
음변'이라고 하여 모음의 음가를 변화시키는 현상으로 나타나는 것이기 때문에
한국어 종성과 같은 성분으로 보기 힘들다고 본다. 또한 중국인 학습자들이 한국
어 종성 /ㄹ/을 발음하기 위해 얼화운을 차용하는 것은 의사소통 전략에 해당하
는 것으로, 이러한 점 때문에 중국어에 한국어 유음 종성에 대응하는 음이 존재한
다고 보는 것은 바람직하지 않다고 본다.

어에는 이들 세 음에 대응하는 음이 특수음소/ㄱ/ 하나로만 존재하며 이것은 어중에서 후행 자음에 따라 [p], [t], [k]와 같은 변이음으로 실현된다. 반면에 표준중국어 종성 목록에는 한국어 폐쇄음 종성에 대응하는 음이 존재하지 않는다. 다음으로 비음 종성에 대해 살펴보면 한국어에는 양순음 /ㅁ/과 치조음/ㄴ/, 연구개음인 /ㅇ/과 같은 세 개의 비음 종성이 존재하는 반면 표준중국어에서는 양순음 종성 /m/을 제외한 /n/과 /ŋ/이 음소로 존재한다. 한편 한국어 비음 종성에 대응하는 음으로 일본어에는 유일하게 특수음소 /ん/ 하나가 존재하며 이 음은 어중에서 후행자음에 따라 [m], [n], [ŋ]과 같은 변이음으로 실현된다. 다음으로 유음 종성을 비교해 보면 한국어의 유음 종성은 /ㄹ/ 하나가 존재하며 이 음의 음가는 어말, 어중 자음 앞 위치에서 설측음인 [l]로 실현된다. 반면에 일본어와 중국어의 유음은 음절초에만 나타나며 종성 위치에는 허용되지 않는다.

이러한 비교결과를 바탕으로 목표어인 한국어와 한국어 학습자의 모국어인 중국어. 일본어의 대응관계를 Stockwell, Bowen and Martin(1965)가 주장한 난이도 위계의 개념에 대입시키면 다음 〈표19〉와 같다.

〈표19〉 난이도 위계(Hierarchy of difficulty)를 기준으로 한 범주 설정

조음방식과 위치		한국어(L2)	중국어(L1)	일본어(L1)
폐쇄음	양순	/ㅂ/	부재(absent)	분열 (split)
	치경	/ㄷ/		
	연구개	/ㄱ/		

비음	양순	/ㅁ/	부재(absent)	분열 (split)
	치경	/ㄴ/	대응 (correspondence)	
	연구개	/ㅇ/		
유음		/ㄹ/	부재(absent)	부재(absent)

이상과 같이 각 모국어의 종성이 난이도의 위계에서 어느 범주에 속하는지 대응시킨 결과를 바탕으로 난이도 위계(Hierarchy of Difficulty)를 설정하면 다음〈표20〉과 같이 나타낼 수 있다.

〈표20〉 한국어 종성 습득의 난이도 위계

어려움의 형태 (type of difficulty)	예 L1: 일본어(J) 또는 중국어(C) - L2: 한국어	
1 분기(Split)	/ㄱ/(J) ← /ㅂ/ /ㄷ/ /ㄱ/	/ㅅ/(J) ← /ㅁ/ /ㄴ/ /ㅇ/
2 새 범주(New)	∅(C) ──────── /ㅂ/,/ㄷ/,/ㄱ/,/ㅁ/ ∅(C, J) ──────── /ㄹ/	
3 대응(Correspondence)	/n/, /ŋ/(C) ──────── /ㄴ/,/ㅇ/	

* 숫자가 작을수록 난이도가 높음

위의 〈표20〉과 같이 일본어와 중국어를 모국어로 하는 한국어학 습자가 한국어 종성을 습득할 때 J의 /ㅂ, ㄷ, ㄱ, ㅁ, ㄴ, ㅇ/ 〉C, J의 /ㄹ/, C의 /ㅂ, ㄷ, ㄱ, ㅁ/ 〉C의 /ㄴ, ㅇ/의 순으로 습득하는 데 더 어려움을 겪을 것으로 예측할 수 있다. 다음 장에서는 이러한 예측이 타당한지에 대해 검증하기 위해 실시한 지각실험과 산출실험에 대해 기술하고자 한다.

IV

한국어 종성 습득에 대한
실험 연구

한국어 종성 습득에 대한 실험 연구

Ⅳ장에서는 일본어와 중국어를 모국어로 하는 한국어학습자의 한국어 종성 습득 양상을 관찰하기 위해 한국어 종성에 대한 지각 실험과 산출 실험이 실시될 것이다. 지각실험은 한국어학습자가 한국인이 발음한 한국어 종성을 듣고 어떻게 지각하는지를 알아보는 실험이며 산출실험은 한국어 학습자가 한국어 종성을 얼마나 정확하게 조음할 수 있는지를 알아보는 실험이 될 것이다. 이 때 산출 실험은 두 가지 종류의 실험이 실시될 예정이다. 첫 번째 실험은 한국어 학습자가 발화한 종성을 한국어 모국어화자가 듣고 그것을 의도한 음으로 얼마나 정확하게 알아들을 수 있는지, 즉 이해명료도(intelligibility)를 알아보는 실험이며 두 번째 실험은 한국어 학습자가 발화한 종성을 한국어 모국어화자가 듣고 그 음이 해당 한국어 음으로 얼마나 정확성(accuracy, native-like)을 가지는지에 대해 1-5점의 척도로 평가하는 평가실험이다.

A. 한국어 학습자의 한국어 종성에 대한 지각 실험

한국인이 발화한 자극음에 대해 각 집단이 어느 음으로 지각하는지를 관찰하기 위한 지각 실험은 2011년 12월부터 2012년 9월에 걸쳐 진행되었다. 한편 아래에서 자세히 기술할 지각 실험에 참여한 외국인 피험자는 동일하게 B.의 산출실험에도 참여하였다.

1. 실험 방법

가. 피험자

한국어 종성에 대한 지각 실험에는 7개 집단의 총 126명(각 집단은 18명)이 참여하였다. 그 가운데 54명은 일본인, 54명은 중국인으로 이들은 모두 모두 성인(20살)이 된 후 한국어를 학습하기 위해 한국에 입국하여 KSL(제2언어로서의 한국어)환경에서 한국어를 학습하거나 한국어 학습이 끝난 후 한국어를 사용하여 학업이나 경제활동을 하고 있는 사람들이다. 이들은 설문조사 결과 한국 이외의 국가에서 장기체류한 경험이 없으며 일상생활에서 사용하는 언어가 한국어 또는 모국어라고 답한 것으로 보아 모국어만큼 능통하게 구사하는 제3의 외국어는 없는 것으로 판단된다. 또한 이들은 한국어 발음 능력의 신장을 위해 한국어 발음 수업이나 한국어 발음 훈련 등을 받고 있거나 받은 적이 없다고 응답하였다. 이들은 한국어에 대한 경험기간(한국 거주 기간)에 따라 단기(Low) · 중기(Mid) · 장기(High)의 세 경

험자집단으로 나뉜다. 먼저 단기 경험자(Low-experienced, L)집단
은 한국 거주기간과 한국어 학습기간이 모두 6개월 미만이며 실험이
실시될 당시에 서울 소재 대학 부설 한국어 교육기관의 초급(1, 2급)
과정에 재학중인 자들이었다. 따라서 이들의 한국어 학습시간은 모
두 400시간 미만이었다. 그리고 중기 경험자(Mid-experienced, M)
집단은 한국 거주기간과 한국어학습기간이 모두 1년에서 2년 사이이
며 한국어 교육과정 고급(5, 6급)에 재학중인 자들이다. 이들의 한국
어 학습 시간은 1000시간에서 1400시간 정도이다. 장기 경험자(High
-experienced, H)집단은 1년가량(1000시간에서 1200시간 가량)의
한국어 학습을 마친 후에도 한국에서 거주하며 한국어를 사용해 학업
이나 경제활동 등을 하고 있는 자들로 한국어 학습기간을 포함한 한
국 거주 기간이 3년 이상인 자들로 모집하였다. 한편 한국어 모국어
화자(native Korean, NK)집단은 외국인 피험자와 나이가 일치하며 서
울 소재의 대학에 재학중인 20대 남, 녀 대학생이었다. 이상의 피험자
들의 나이는 모두 20-30대[1]이며 성별은 남·녀[2]가 함께 포함되었다.
또한 피험자를 모집하는 데 있어서 순수 외국인과 한국어 발음에 대
한 노출 기간과 양이 다를 수 있어 재일, 재중 동포의 실험 참여를 엄
밀히 제한하였다.

---

1) 피험자의 대부분은 20대였으나 장기 경험자집단의 피험자 가운데에는 간혹 30대
   가 포함되었다.
2) 본 실험에서는 피험자의 성별을 하나로 통일하지 않았으며 각 집단의 남, 녀 비율
   이 일정하지 않은 것은 본고는 음향음성학적 분석을 포함하지 않기 때문에 성별의
   차이가 결과에 큰 영향을 미치지 않을 것으로 판단하였기 때문이며 어느 한쪽의
   성별만으로 한정하지 않고 남, 녀 모두를 피험자에 포함시켜 본고의 결과를 더 일
   반화하고자 하였기 때문이다.

이로써 각 집단은 한국어 모국어화자(NK), 일본인 단기경험자(JL) 집단, 일본인 중기경험자(JM)집단, 일본인 장기경험자(JH)집단, 중국인 단기경험자(CL)집단, 중국인 중기경험자(CM)집단, 중국인 장기경험자(CH)집단 등 7개로 구성되었다. 피험자들은 모두 지각 실험에서 가장 중요한 청각능력에 문제가 없음을 확인하였다. 한편 실험에 참여한 중국인 피험자의 경우 학습자 모국어(방언)가 실험 결과에 영향을 미치는 것을 방지하기 위해 피험자의 출신지를 표준어를 사용하는 북경과 종성 목록에서 표준어와 차이가 없는 북부관화방언지역 출신자로만 한정하여 모집하였다[3]. 각 집단의 피험자에 대한 자세한 정보는 다음 〈표21〉와 같다.

---

3) 앞 장에서 기술한 것처럼 중국은 다양한 방언이 존재하여 각 방언 별로 종성 목록에 차이가 있어 결과에 영향을 미칠 수 있기 때문이다. 란샤오샤(2007)에 의하면 중국의 여러 방언 가운데 가장 표준어에 가까우면서 3/4이라는 가장 넓은 지역과 가장 많은 인구가 사용하는 방언으로 관화(官話)방언을 들고 있다. 관화방언은 북방방언이라고도 하며 좁은 의미로는 중국 화북(華北)일대의 방언을 뜻하며 넓은 의미로는 중국 북쪽에 있는 동북 3성인 흐이룽쟝(黑龍江)성, 랴오닝(遼寧)성, 지린(吉林)성에서부터 황하강 양자강을 넘어 남쪽에 있는 윈난(云南)성, 구이쥐(貴州)성, 쓰촨(四川)성에 이르는 지역을 가리키며 사용인구는 7억명에 달한다고 한다. 관화방언은 베이징 방언을 대표로 크게 4개의 차방언 지역으로 나누어 볼 수 있는데 첫 번째는 북방(北方)관화로 주로 베이징과 톈진을 포함한 흐베이(河北)성, 흐난(河南)성, 샨동(山東)성, 동북 3성과 내몽구(內蒙古)의 일부에 분포되어 있다. 중국 표준어에서 운미는 비음인 /n/과 /ŋ/ 두 개만 존재한다. 이 두 개의 비음에 의해 구성된 7쌍의 운모인 ən-əŋ, in-iŋ, uən-uəŋ, yn-yŋ, an-aŋ, ian-iaŋ, uan-uaŋ 등은 북방 관화 방언에서는 엄격하게 구분하고 있지만 다른 방언 지역에서는 거의 구분하지 못한다.

〈표21〉 지각실험 및 산출 실험에 참가한 피험자 정보

집단 분류		인원수 (성별)	나이	경험기간 (LOR[4])
일본 (J)	단기경험자 (Low-experienced, L) 집단	18명 (남-6,여-12)	20-30 (평균 24.3세)	2개월-6개월 (평균 3.4개월)
	중기 경험자 (Mid-experienced, M) 집단	18명 (남-1,여-16)	20-30 (평균 26세)	1년-1년6개월 (평균 13개월)
	장기 경험자(High- experienced,H) 집단	18명 (남-4,여-14)	21-38 (평균 28.4세)	3년- 9년3개월 (평균 5.3년)
중국 (C)	단기 경험자 (Low-experienced, L) 집단	18명 (남-10,여-8)	20-28 (평균 23.6세)	2개월-6개월 (평균3.8개월)
	중기 경험자 (Mid-experienced, M) 집단	18명 (남-9, 여-9)	20-26 (평균 24.1세)	1년-1년10개월 (평균15.4개월)
	장기 경험자 (High-experienced, H) 집단	18명 (남-8,여-10)	22-31 (평균 26.5세)	3년-9년3개월 (평균 4.8년)
한국어 모국어화자(NK)		18명 (남-8,여-10)	22-28 (평균 23.9세)	-

한편 본 실험에 참여한 중국어와 일본어를 모국어로 하는 집단간
에 나이, 거주 기간 등의 변인이 동질한가에 대해 검증하기 위해 T-
검정을 실시하였다. 그 결과 JL- CL집단간에는 나이(유의확률 0.481)
와 거주기간(유의확률 0.501)에서 유의미한 차이가 없는 것으로 나

---

4) length of residence의 약자로 체류 기간, 거주 기간 등을 의미한다.

타났다. JM-CM집단간에는 나이(유의확률 0.02)와 거주기간(유의확률 0.012)에서 유의미한 차이가 있는 것으로 나타났다. 따라서 JM집단의 피험자의 나이가 CM집단보다 약간 높으며, 거주기간은 CM집단이 JM집단보다 약간 길다고 볼 수 있겠다. JH-CH집단간에는 나이(유의확률 0.252)와 거주기간(유의확률 0.815)에 있어서 유의미한 차이가 없는 것으로 나타났다. 한편 본 실험에 참가한 각 집단의 피험자의 성별이 일정하지 않은데, 성별차이가 지각과 산출 결과에 영향을 미쳤는지 알아보기 위해 one- way ANOVA를 실시한 결과 L집단의 P값은 0.1563, M집단은 0.1021, H집단은 0.5662로 나타나 유의미한 차이가 없는 것으로 나타났다. 따라서 각 집단의 성별차이가 결과에 영향을 미치지 않는다고 할 수 있겠다.

나. 자극음

종성 지각실험을 위한 자극음은 한국어 종성이 나타나는 환경을 고려하여 어말($C_1VC_2\#$)과 어중($C_1VC_2C_3V$)위치로 나누어 구성하였고 어중 종성의 경우 다음 〈표22〉와 같이 다양한 후행 자음이 이어지도록 자극음을 완성하였다. 이로써 자극음은 휴지 앞에 종성이 나타나는 어말 종성 7개와 후행 음절 초성에 자음이 나타나는 어중 종성을 관찰할 수 있는 43개를 합한 50개로 구성하였다. 어중 종성의 경우 C_2와 C_3의 연쇄 환경에서 필수적인 음운 변동 규칙이 발생하여 C_2의 음가가 달라지는 환경은 목록에서 제외하였다.

〈표22〉 지각 실험과 산출 실험에 사용된 자극음 목록

後\前	ㄱ	ㄴ	ㄷ	ㄹ	ㅁ	ㅂ	ㅅ	ㅈ	#
ㄱ	막가	–	막다	–	–	막바	막사	막자	막
ㄷ	맏가	–	맏다	–	–	맏바	맏사	맏자	맏
ㅂ	맙가	–	맙다			맙바	맙사	맙자	맙
ㅇ	망가	망나	망다	–	망마	망바	망사	망자	망
ㄴ	만가	만나	만다	–	만마	만바	만사	만자	만
ㅁ	맘가	맘나	맘다	–	맘마	맘바	맘사	맘자	맘
ㄹ	말가	–	말다	말라	말마	말바	말사	말자	말

자극음은 일부를 제외하고는 모두 무의미어이며 가장 보편적인 자음과 모음인 /m/과 모음/a/를 초성과 중성으로 하여 가능한 경우의 수를 조합하였다.

이 자극음의 녹음에는 대학방송국의 아나운서인 24살의 서울 출신의 남자 대학생이 참여하였으며 50개의 자극음을 무작위로 섞은 후 자연스러운 속도로 세 번씩 낭독하도록 하였다. 녹음은 방음시설이 된 녹음실에서 SHURE社의 SM585K 마이크를 발화자 입에서 5센티미터 거리에 설치하여 채집하였다. 자극음의 녹음과 편집에는 Sound forge 8.0 프로그램을 사용하였다. 지각실험에 쓰일 자극음은 녹음된 발화 가운데 두 번째 발화를 두 번씩 반복하여 들을 수 있도록 편집하였고 각 발화와 발화 사이에는 1초의 휴지를 삽입하였다. 그리고 각 문항 사이에는 3초의 휴지를 두어 답안을 작성할 시간을 제공하였다. 이렇게 완성된 음성 파일은 사전에 한국어 모국어 화자 3명에게 들려주어 다른 음으로 지각될 가능성이 있는 문항이 있는지 확인하는 작

업을 거쳐 발화음에 문제가 없는 것을 확인하였다.

지각 실험에 참여한 피험자들은 한 명씩 조용한 강의실에서 노트북 컴퓨터의 헤드폰(삼성 SHS-100V/W)을 통해 재생되는 음성 파일을 듣고 50문항에 대해 어느 음으로 들리는지 번호를 고르도록 하였다. 실험은 먼저 세 문항의 연습 문제를 먼저 풀도록 하여 실험 방식을 이해했는지 확인한 후 본 실험을 실시하였다. 다음은 지각 실험 답안지의 문항 예이다.

〈표23〉 지각 실험 답안지 문항의 예

✱ 들은 발음과 가장 가까운 것을 고르십시오. 들은 음이 보기에 없을 경우에는 들은 것을 직접 기타에 쓰십시오.

1. ① 마다 ② 막다 ③ 만다 ④ 맏다 ⑤ 말다 ⑥ 맘다 ⑦ 맙다 ⑧ 망다 ⑨ 기타(   )

지각실험은 총 50개의 문항으로 이루어져 있으며 지각 실험에는 8분 30초가량이 소요되었다. 지각실험이 끝난 후 피험자들은 자신의 신상과 한국어 학습력(歷)에 대해 설문지에 답변을 적는 것으로 실험이 마무리 되었다.

다. 결과 분석

각 집단의 한국어 종성 지각 양상을 살펴보기 위해 다음과 같은 세 가지에 대해 중점적으로 관찰하였다. 첫째, 종성 지각 양상을 국적별로 비교하였다. 둘째, 각 집단의 해당음에 대한 지각능력이 습득에 도달하였는지를 알아보기 위해 한국어 모국어화자(NK)의 결과와 각 집단의 결과에 대해 유의차 검증을 실시하였다. 즉, NK집단과 각 집단의 결과가 유의미한 차이가 없을 경우 해당음의 지각 능력이 습득에 이른 것으로 판단하였다. 셋째, 어느 기간에 해당음의 지각 능력이 현저하게 향상되었는지를 관찰하기 위해 국적별로 인접한 집단인 L-M, M-H집단간에 유의차 검증을 실시하였다. 즉, 인접한 두 집단을 비교하여 유의미한 차이가 있을 경우 해당 기간 동안 지각 능력이 급격하게 향상되었다고 볼 수 있으며, 유의미한 차이가 없을 경우 해당 기간 동안 지각 능력이 급격하게 향상된 것은 아니라고 판단할 수 있겠다. 한편 표시의 편의를 위해 이상의 습득 여부와 향상(발달) 여부는 습득과 발달이 이루어졌을 경우 ○, 습득과 발달이 없을 경우 ×로 표시하였다. 또한 경험 기간에 대해서는 L집단은 Ⅰ기간, M집단은 Ⅱ, H집단은 Ⅲ으로 표기하며 L부터 M까지의 경험기간을 나타내고자 할 경우 Ⅰ-Ⅱ와 같이 표기하였다.

이상의 둘째와 셋째에서 살펴보고자 하는 각 집단의 결과들간에 유의미한 차이가 있는지 검증하기 위해 일원분산분석(One-Way ANOVA)을 실시하였다. 통계분석 결과는 $P < .001$인 경우 ***, $P < .01$인 경우 **, $P < .05$인 경우 * 표시로 표기하였다. 또한 P값이 .05보다 커서 두 집단간에 유의미한 차이가 없는 경우에는 n.s.(not significant)로 표기하였다. 한편 본고의 검증은 각 집단간에 유의미한 차이가 있는지를 살펴보는 것이 목적이므로 꼭 필요한 경우를 제외하고는 유의확률의 구체적인 수치는 제시하지 않았다.

2. 실험 결과

가. 국적별 결과

실험 결과를 국적별로 살펴보기에 앞서 먼저 각 집단의 각 종성에 대한 정(正)반응률과 오답항목을 살펴보고자 한다. 결과는 정(正)지각한 부분에는 음영으로 표시하였고 오답항목 가운데 10%이상의 비율을 보인 항목은 굵은 글씨로 표시하였으며 결과가 1%미만이거나 오답으로 나타나지 않은 항목은 빈 칸으로 나타내었다. 한편 결과는 각 종성이 어중에 나타나는 경우와 어말에 나타나는 경우를 합산하여 나타낸 것이다.

〈표24〉 NK의 발화에 대한 JL집단의 정반응률

	없다	/ㄱ/	/ㄴ/	/ㄷ/	/ㄹ/	/ㅁ/	/ㅂ/	/ㅇ/	기타
/ㄱ/	39.8		26.8				31.4		
/ㄴ/		45.1	1.3	2.7	19.4	1.3	28.4		
/ㄷ/	25		56.4				11.1		4.6
/ㄹ/				97.9					1.3
/ㅁ/	2.7	34	2		41.6	5.5	12.5		1.3
/ㅂ/	17.5		25			50.9			4.6
/ㅇ/		33.3		5.5	14.5	2	39.5	3.4	

단위 :%

〈표24〉는 NK(한국어 모국어화자)가 발화한 한국어 종성에 대해 일

본어를 모국어로 하는 한국어 단기 경험자(JL)집단이 정지각한 비율
과 오답 항목을 나타낸 것이다. 가장 잘 지각한 음은 유음인 /ㄹ/로,
한국어에 대한 경험 기간이 평균 3.4개월임에도 불구하고 정반응률
이 이미 97.9%를 기록하고 있다. 한편 /ㄹ/을 제외한 폐쇄음과 비음
종성은 상대적으로 정반응률이 낮은 것을 알 수 있다. 한편 오답 항목
을 살펴보면 폐쇄음은 폐쇄음간에, 비음은 비음간에 오(誤)지각한 경
우가 많아, 조음방식이 유사한 음들을 구별하여 지각하는 것이 어렵
다는 것을 알 수 있다. 특히 /ㄱ/은 /ㅂ/과, /ㄷ/은 /ㄱ/과, /ㅂ/은 /
ㄷ/과 더 혼동하고 있으며 /ㄴ/은 /ㅇ/과, /ㅁ/은 /ㄴ/과, /ㅇ/은 /ㄴ/
과 혼동을 일으키고 있는 것을 알 수 있다. 다음 〈표25〉는 일본어를
모국어로 하는 중기 경험자(JM)집단의 결과이다.

〈표25〉 NK의 발화에 대한 JM집단의 정반응률

	없다	/ㄱ/	/ㄴ/	/ㄷ/	/ㄹ/	/ㅁ/	/ㅂ/	/ㅇ/	기타
/ㄱ/	57.4		13.8		1.8	25.9			
/ㄴ/		54.1	6.2	1.3	15.9	1.3	18.7	2	
/ㄷ/	35.1		52.7			9.2			
/ㄹ/				98.6					
/ㅁ/		22.2	1.3		50.6	4.8	20.1		
/ㅂ/	10.1		19.4			69.4			
/ㅇ/		38.1		2.7	13.8		43	1.3	

단위 :%

결과를 살펴보면 가장 잘 지각한 음은 JL집단과 동일한 유음/ㄹ/이

며 폐쇄음과 비음 종성은 여전히 폐쇄음간에 비음간에 오지각하고 있
다는 것을 알 수 있다. 다만 JL집단과 비교하여 폐쇄음과 비음의 정반
응률이 약간 향상되었는데 특히 50% 미만의 정반응률을 기록하던 /
ㄱ/과 /ㄴ/, /ㅁ/이 50%이상으로 향상된 것을 알 수 있다. 다음 〈표
26〉은 일본어를 모국어로 하는 장기 경험자(JH)집단의 정반응률과
오답항목을 나타낸 것이다.

〈표26〉 NK의 발화에 대한 JH집단의 정반응률

	없다	/ㄱ/	/ㄴ/	/ㄷ/	/ㄹ/	/ㅁ/	/ㅂ/	/ㅇ/	기타
/ㄱ/	87		7.4				4.6		
/ㄴ/		75				9.7		13.8	
/ㄷ/	23.1		52.7				17.5		6.4
/ㄹ/					99.3				
/ㅁ/		16.6				75.6		4.8	
/ㅂ/	7.4		2.7				89.8		
/ㅇ/	4.8[5]	22.2				4.1		68.7	

단위 :%

결과를 살펴보면 여전히 가장 잘 지각한 음은 유음인 /ㄹ/이지만
폐쇄음 /ㄱ/과 /ㅂ/의 정반응률이 90%에 육박할 정도로 향상되었고

---

5) JH집단에서 /ㅇ/에 대한 오답 항목으로 /ㄱ/을 선택한 비율이 등장하였는데 이러
한 현상은 모국어인 일본어의 조음위치 동화가 영향을 미쳤기 때문이라고도 할 수
있겠으나 이 현상이 JL집단에서 나타나지 않고 JH집단에서 나타난 것을 보면 다른
이유를 짐작해 볼 수 있겠다. 그것은 바로 이 집단의 피험자들이 한국어에 대한 경
험 기간이 증가하면서 한국어의 자음동화(비음동화)규칙에 대한 지식이 형성되어
그 규칙을 적용한 것으로 짐작할 수 있겠다.

비음인 /ㄴ/과 /ㅁ/도 폐쇄음 /ㄱ/과 /ㅂ/의 정반응률보다는 약간 낮은 수치지만 눈에 띠는 향상을 보여 75% 이상을 기록하고 있다. 그러나 아직도 폐쇄음 /ㄷ/은 /ㄱ/으로 오지각하고 있고 /ㅇ/도 /ㄴ/으로 잘못 지각한 비율이 높게 나타나고 있어 J집단은 경험기간이 증가하여도 두 음을 구별하여 지각하는 것이 어렵다는 것을 알 수 있다.

 지금부터는 중국어를 모국어로 하는 각 집단의 결과를 살펴보도록 하겠다. 각 집단의 결과를 살펴보기 전에 C집단의 결과를 앞에서 살펴본 J집단의 것과 비교했을 때 가장 먼저 눈에 띠는 것은 폐쇄음 종성에 대해 종성이 없다고 지각한 비율이 비록 적은 비율이지만 CL과 CM집단에서 나타난다는 것이다. 이것은 C집단의 모국어인 중국어 종성 목록에 폐쇄음이 부재하기 때문에 한국어에 대한 경험 기간이 비교적 짧은 집단에서 한국어 폐쇄음 종성을 지각하는 데 모국어가 부정적인 전이(negative transfer)를 일으킨 것으로 보인다. 그러나 이러한 오답 항목은 CH집단에서는 사라지는 것을 관찰할 수 있어 경험 기간이 증가함에 따라 모국어의 부정적인 영향에서 서서히 벗어나는 것을 관찰할 수 있었다. 다음 〈표27〉은 중국어를 모국어로 하는 한국어 단기 경험자(CL)집단의 정반응률과 오답항목을 나타낸 것이다.

〈표27〉 NK의 발화에 대한 CL집단의 정반응률

	없다	/ㄱ/	/ㄴ/	/ㄷ/	/ㄹ/	/ㅁ/	/ㅂ/	/ㅇ/	기타
/ㄱ/	5.5	46.3		12		4.6	27.7	1.8	
/ㄴ/		1.3	85.4	2	2	4.1		3.4	
/ㄷ/	1.8	29.6	13.8	36.1		2.7	7.4		
/ㄹ/					99.3				

	없다	/ㄱ/	/ㄴ/	/ㄷ/	/ㄹ/	/ㅁ/	/ㅂ/	/ㅇ/	기타
/ㅁ/		2	29.1	2.7		52	1.3	10.4	
/ㅂ/	1.8	21.3	1.8	9.2		5.5	58.3		
/ㅇ/			36.1		2	8.3		50	2.7

단위 :%

CL집단도 가장 잘 지각한 음은 유음인 /ㄹ/이었으며 폐쇄음은 폐쇄음간에 비음은 비음간에 혼동을 일으키고 있는 것을 알 수 있다. 특히 /ㅂ/과 /ㄱ/을 서로 구별하지 못하며, /ㄷ/은 /ㄱ/으로, /ㅁ/은 /ㄴ/으로 혼동한 비율이 높은 것을 알 수 있다. 다만 한국어에 대한 경험 기간이 짧음에도 불구하고 비음인 /ㄴ/의 정반응률이 월등히 높게 나타난 것을 알 수 있는데, 이것은 모국어 종성 목록에 음운으로 존재하는 음소 /n/이 한국어 종성 /ㄴ/을 정확하게 지각하는 데 긍정적인 전이(positive transfer)를 일으킨 것으로 보인다. 한편 C집단의 오답 항목은 J집단에 비해 더 다양하게 나타나고 있는데 특히 /ㄷ/의 오답항목 가운데 /ㄴ/을 선택한 비율이 13.8%, /ㅂ/의 오답항목 가운데 /ㅁ/을 선택한 비율이 5.5%로 나타나는 등 C집단의 피험자들은 조음 방식이 유사한 음들을 지각하는 데 혼동을 겪고 있을 뿐만 아니라 조음 위치가 유사한 음들도 지각하는 데 혼동하고 있다는 것을 보여주는 결과이다. 다음〈표28〉은 중국어를 모국어로 하는 중기 경험자(CM)집단의 정반응률과 오답 항목이다.

〈표28〉 NK의 발화에 대한 CM집단의 정반응률

	없다	/ㄱ/	/ㄴ/	/ㄷ/	/ㄹ/	/ㅁ/	/ㅂ/	/ㅇ/	기타
/ㄱ/	2.7	57.4		14.8		6.48	12.9	2.7	1.8
/ㄴ/		2	86.8	2		4.1		3.4	
/ㄷ/	1.8	25	9.2	47.2		2.7	11.1		
/ㄹ/					99.3				
/ㅁ/		2.7	25			53.4	2.7	14.5	
/ㅂ/	5.5	28.7		11.1		8.3	44.4		
/ㅇ/		2	13.8	2.7	2.7	11.8	1.3	62.5	2.7

단위 :%

CM집단도 가장 잘 지각한 음은 유음인 /ㄹ/이었으며 폐쇄음은 폐쇄음간에 비음은 비음간에 혼동이 여전히 나타나고 있으며 CL집단에서 모국어의 긍정적인 전이로 인해 높은 정반응률을 보였던 /ㄴ/의 정반률이 CM집단에서도 여전히 높게 나타나고 있는 한편 비음인 /ㅇ/의 정반응률이 다음으로 높은 결과를 기록하고 있다. 이러한 결과는 /ㄴ/뿐만 아니라 종성 /ㅇ/을 지각하는 데 있어서도 중국어 종성 목록에 존재하는 음소인 /ŋ/이 긍정적인 전이를 일으키고 있는 것으로 볼 수 있겠다. 한편 조음위치가 동일한 음간에 오지각한 비율이 여전히 나타나고 있는데 /ㄷ/의 오답항목 가운데 /ㄴ/을 선택한 비율이 9.2%, /ㅂ/의 오답항목 가운데 /ㅁ/을 선택한 비율이 8.3%로 나타나고 있다. 다음 〈표29〉는 중국어를 모국어로 하는 장기 경험자(CH)집단의 정반응률과 오답 항목을 나타낸 것이다.

〈표29〉 NK의 발화에 대한 CH집단의 정반응률

	없다	/ㄱ/	/ㄴ/	/ㄷ/	/ㄹ/	/ㅁ/	/ㅂ/	/ㅇ/	기타
/ㄱ/	89.8		5.5			2.7			
/ㄴ/		91.6	2.7		2				1.3
/ㄷ/	29.6	2.7	54.6				8.3		2.7
/ㄹ/					97.9				
/ㅁ/		12.5	2			80.5		2.7	
/ㅂ/	5.5		4.6				87		2.7
/ㅇ/	1.3					2.7		92.3	2

　CH집단의 결과를 살펴보면 정반응률이 CM집단에 비해 확연하게 향상된 것을 확인할 수 있는데 이것은 C집단의 지각능력 발전에 이 기간이 큰 영향을 미쳤음을 알 수 있는 결과이다. 한편 다른 종성의 정반응률이 거의 90%에 도달한 데 반해 /ㄷ/의 정반응률만 54.6%로 유독 낮게 나타나고 있는데, 오답 항목을 살펴보면 /ㄷ/을 /ㄱ/으로 지각한 비율이 여전히 높아 C집단은 /ㄷ/과 /ㄱ/을 구별하여 지각하는 데 가장 어려움을 겪고 있다는 것을 알 수 있다. 또한 /ㅁ/을 /ㄴ/으로 지각한 비율이 줄기는 하였지만 여전히 나타나고 있는 것으로 보아 경험기간이 증가하여도 이 음들을 구별하여 지각하는 데 어려움이 있는 것을 알 수 있다.

　한편 C집단의 정반응률과 J집단의 정반응률을 전체적으로 살펴보면 가장 차이를 보이는 부분은 C집단의 비음에 대한 정반응률이 J집단에 비해 월등히 높게 나타난 부분인데 이것은 앞에서도 언급한 것처럼 중국어 종성 목록에 비음인 /n/과 /ŋ/이 음운으로 존재하여 한

국어 비음 종성을 지각하는 데 긍정적인 전이를 일으켰기 때문으로
판단된다.

　지금부터는 지각 실험 결과를 국적에 따라 살펴보도록 한다. 먼저
다음〈표30〉와 〈그림5〉는 각 집단의 전체 종성에 대한 정반응률을 백
분율로 나타낸 것이다. 괄호안의 숫자는 표준편차를 나타낸 것이다.

〈표30〉 전체 종성에 대한 집단별 결과

	J 평균(표준편차)	C 평균(표준편차)	K 평균(표준편차)
L	52.4(8.3)	63.2(11.4)	84.5(7.5)
M	60.1(9.7)	65.3(10.2)	
H	77(11.3)	84.6(9.9)	

단위:%

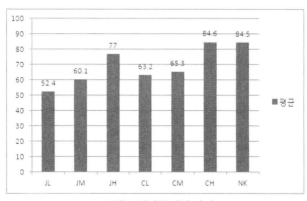

〈그림5〉 집단별 전체 결과

　〈표30〉과 〈그림5〉를 보면 C, J집단 모두 L〈M〈H 순으로 정반응률이
향상된 것을 알 수 있으며 모든 기간에 C집단이 J집단보다 높은 결과

를 보이고 있다. 그리고 CH집단의 정반응률은 NK보다도 약간 높게 나타난 것을 볼 수 있다. JL집단의 경우 CL집단보다 약간 낮은 정반응률로 출발하여 JH집단까지 24.6%의 향상을 기록하였으며 C집단은 L에서 H집단까지 21.4%의 향상을 보이고 있다.

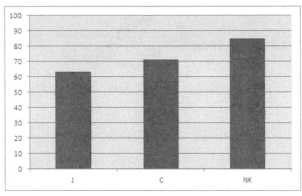

〈그림6〉 국적별 결과

〈그림6〉은 지각 실험의 결과를 경험 기간에 상관없이 국적별로 나타낸 것으로 J집단은 평균 63.1%의 정반응률을 C집단은 평균 71%의 정반응률을 기록하고 있다. 이로써 C집단이 J집단보다 약간 높은 결과를 보이며 NK의 지각능력에 더 근접했다는 것을 알 수 있다.

아래의 〈그림7〉은 C집단과 J집단의 정반응률이 어느 기간에 두드러지게 향상되었는지를 보여 주는 그림으로 J집단은 L-M기간 사이에 약간 향상을 보이다가 M-H기간 동안 더 많이 향상된 것을 알 수 있으며 C집단은 L-M기간 동안은 거의 향상되지 않다가 M-H기간 동안 비약적으로 향상된 것을 알 수 있다.

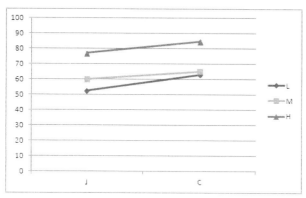

〈그림7〉 국적별 발달 추이

위의 결과를 통해 특히 중국인 학습자의 한국어 지각 능력은 1년 6개월이라는 통상적인 한국어 학습기간[6] 동안에는 나타나지 않다가 한국어 학습이 끝난 후 경험기간이 더 쌓이면 비로소 눈에 띄는 발전이 일어난다는 것을 확인할 수 있는 결과이다.

이하에서는 종성을 조음방식에 따라 폐쇄음, 비음, 유음으로 구분하여 지각실험 결과를 국적별로 살펴보고자 한다. 먼저 다음 〈표31〉과 〈그림8〉은 폐쇄음의 국적별 정반응률을 나타낸 것이다.

〈표31〉 폐쇄음의 집단별 결과

	J 평균(표준편차)	C 평균(표준편차)	K 평균(표준편차)
L	45.9(12)	48.1(13.9)	71.8(11.7)

---

6) 현재 대부분의 대학 부설 한국어교육기관의 교육과정은 한 학기가 10주이며 초급인 1급부터 고급인 6급까지 마칠 경우 대략 1년 6개월이 소요된다.

M	57.4(10.2)	47.2(15.7)	71.8(11.7)
H	72.2(11.9)	74(12.9)	

단위:%

위의 〈표31〉과 아래의 〈그림8〉을 살펴보면 JL집단은 CL집단보다 약간 낮게 출발하여 각 기간을 거치면서 10% 내외로 꾸준히 향상되어 JH집단은 NK의 수준에 약간 웃도는 결과를 보이고 있다. 한편 CL집단은 JL집단보다 약간 높게 출발하지만 CM집단은 정반응률이 약간 하락했다가 M에서 H기간 사이에 다시 비약적인 발전을 보여 CH집단은 NK집단보다 더 높은 수준에 도달한 것을 관찰할 수 있다. 이처럼 외국인 한국어 학습자(JH, CH)의 결과가 한국어 모국어화자의 결과를 웃도는 것은 한국어 모국어화자도 폐쇄음 종성인 /ㅂ/, /ㄷ/, /ㄱ/를 지각하는 데 어려움을 겪는다는 것을 보여 주는 것으로 이에 대한 자세한 기술은 각 종성에 대한 지각 결과를 다루는 다음 절에서 하도록 한다.

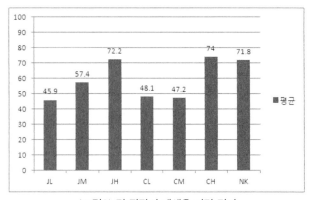

〈그림8〉 각 집단의 폐쇄음 지각 결과

CL에서 CM으로 경험 기간이 증가하였음에도 불구하고 지각 능력이 향상되지 않은 것은 한국어 폐쇄음 종성에 대응하는 음이 C집단의 모국어인 중국어 종성 목록에는 음소로 존재하지 않기 때문에 새로운 음소를 획득하는 데 실패했기 때문으로 보인다. 그러나 학습초기에 나타나는 이러한 어려움은 경험 기간이 증가하면서 사라져 궁극적으로는 CH집단이 모국어 음소 목록에 부재한 새로운 L2 음도 획득하여 JH집단보다 더 높은 지각능력에 도달하게 된 것으로 보인다.

다음〈표32〉와 〈그림9〉는 비음의 국적별 정반응률을 나타낸 것이다.

〈표32〉 비음의 집단별 결과

	J 평균(표준편차)	C 평균(표준편차)	K 평균(표준편차)
L	42.1(12.9)	62.5(14.8)	
M	49.3(14.7)	67.5(13.6)	89.5(7.9)
H	73.1(18.6)	88.1(12.6)	

단위:%

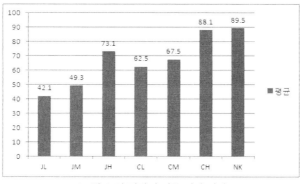

〈그림9〉 각 집단의 비음 지각 결과

〈표32〉와 〈그림9〉는 한국어 모국어화자가 발화한 비음 종성에 대한 정반응률을 나타낸 것이다. 결과를 살펴보면 비음의 정반응률은 앞에서 살펴본 폐쇄음의 정반응률과 달리 J집단과 C집단간에 큰 차이가 나타나고 있는데, C집단은 학습초기부터 J집단에 비해 20%가량 높은 결과를 보이고 있다. 따라서 J집단은 경험 기간이 증가함에 따라 31%의 향상을 보였음에도 불구하고 출발점인 L집단의 정반응률이 낮았기 때문에 결국 JH집단은 NK에 근접하지 못한 결과를 보이고 있다. 이에 반해 C집단은 경험 기간이 증가함에 따른 향상 폭이 J집단보다 적은 25%를 기록했음에도 불구하고 L집단의 지각이 높게 나타나 CH집단은 NK에 더 근접한 것을 알 수 있다. 한편 다음 〈그림10〉과 〈그림11〉은 C집단과 J집단의 비음과 폐쇄음의 정반응률을 비교한 것이다.

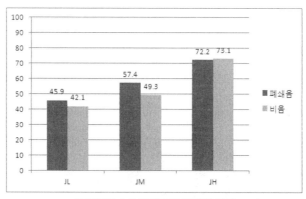

〈그림10〉 C의 폐쇄음과 비음의 비교

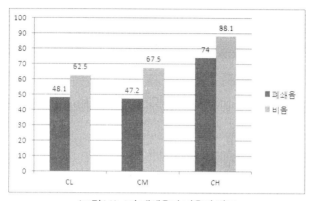

〈그림11〉 J의 폐쇄음과 비음의 비교

C집단은 모든 집단에서 비음의 정반응률이 폐쇄음의 정반응률보다 월등히 높게 나타난 반면 J집단은 L과 M기간에는 폐쇄음의 정반응률이 비음보다 약간 높게 나타나다가 M-H사이에 비음의 지각률이 비약적으로 향상되면서 비음과 폐쇄음의 차이가 사라지는 것을 볼 수 있다. 이러한 결과 또한 앞에서 언급한 것처럼 한국어 비음 종성에 대응하는 음이 C집단의 모국어인 중국어 종성 목록에 음운으로 존재하는 것이 긍정적인 영향을 미쳤기 때문으로 볼 수 있다.

다음 〈표33〉과 〈그림12〉는 유음인 /ㄹ/의 국적별 정반응률을 나타낸 것이다.

〈표33〉 유음의 집단별 결과

	J 평균(표준편차)	C 평균(표준편차)	K 평균(표준편차)
L	97.9(4.4)	99.3(2.7)	98.2(6.2)

M	98.6(3.7)	99.3(2.7)	98.2(6.2)
H	99.3(2.7)	97.9(6)	

단위:%

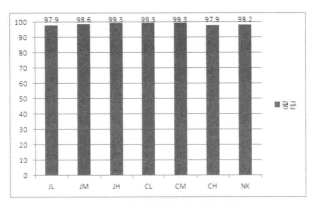

〈그림12〉 각 집단의 유음 지각 결과

위의 결과는 유음의 경우 경험 기간에 상관없이 모두 NK 정도의 지각능력에 도달하였음을 보여 주고 있다. 이러한 결과가 나타난 데에는 목표어인 한국어의 종성목록에서 /ㄹ/이 유일한 유음이기 때문에 조음 방식이 비슷한 음이 존재하지 않기 때문에 지각하는데 상대적으로 어려움이 크지 않기 때문으로 보인다[7]. 이로써 한국어 종성을 지각하는 데 있어 학습자의 모국어가 긍적적, 부정적인 영향을 미침과 동시에 목표어인 한국어 종성 목록 내부에 해당음과 조음방식이나 조

---

[7] 이에 대해 윤민(2008:33)에서는 한국어 종성을 지각하는 데 조음방식에 대한 정보는 가장 중요한 정보이며, 각 종성간 지각상 거리를 살펴보면 비음은 비음끼리 거리가 가까우며, 폐쇄음은 폐쇄음끼리 지각상 거리가 가까워 지각을 하는 데 혼동이 발생하기 쉽다고 하였다. 반면 종성 /ㄹ/은 유일한 유음이기 때문에 다른 종성들과 지각상의 거리가 멀며 지각하는 데 혼동이 발생할 가능성도 낮다고 하였다.

음위치 등에서 유사한 음이 존재하는지 여부도 영향을 미친다고 판단할 수 있겠다.

다음으로는 지각실험결과를 종성별로 살펴보고자 한다. 다음 〈표 34〉와 〈표35〉는 각 종성에 대한 지각 결과를 국적별로 나타낸 것이다.

〈표34〉 J집단의 종성별 결과

	폐쇄음			비음			유음
	/ㅂ/	/ㄷ/	/ㄱ/	/ㅁ/	/ㄴ/	/ㅇ/	/ㄹ/
JL	50.9	56.4	39.8	41.6	45.1	39.5	97.9
JM	69.4	52.7	57.4	50.6	54.1	43	98.6
JH	89.8	52.7	87	75.6	75	68.7	99.3

단위:%

〈표35〉 C집단의 종성별 결과

	폐쇄음			비음			유음
	/ㅂ/	/ㄷ/	/ㄱ/	/ㅁ/	/ㄴ/	/ㅇ/	/ㄹ/
CL	58.3	36.1	46.2	52	85.4	50	99.3
CM	44.4	47.2	57.4	53.4	86.8	62.5	99.3
CH	87	54.6	89.8	80.5	91.6	92.3	97.9

단위:%

위의 결과를 살펴보면 C, J집단 모두 경험 기간이 증가함에 따라 지각률이 대체적으로 향상된 것을 알 수 있다. 그러나 J집단의 /ㄷ/은 JL보다 JM, JH의 지각률이 약간 낮게 나타났고 C집단의 /ㅂ/은 L에서 M

으로 가면서 하락하였다가 M-H에서 다시 향상되는 형태를 보이고 있는 것을 알 수 있다.

한편 〈그림13〉과 〈그림14〉는 각 음별 정반응률이 경험 기간에 따라 어떻게 변화하였는지 국적별로 나타낸 것이다.

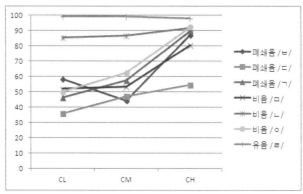

〈그림13〉 J집단의 종성별 발달 추이

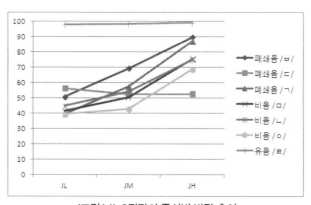

〈그림14〉 C집단의 종성별 발달 추이

위의 〈표34-35〉와 〈그림13-14〉을 종합적으로 살펴보면 C, J집단 모두 가장 높은 정반응률을 보인 음은 /ㄹ/이며 가장 낮은 정반응률을 보인 음은 /ㄷ/이라는 공통점을 보이고 있다. 그리고 대부분의 음을 지각하는 데 경험 기간이 긍정적인 영향을 미치고 있지만 J집단의 /ㄷ/은 경험 기간이 증가함에도 불구하고 오히려 정반응률이 하락하였고 C집단의 /ㄷ/도 약간의 향상을 보이고는 있지만 다른 음들에 비해서는 향상 폭이 크지 않은 모습을 보이고 있다. 이처럼 C, J집단이 일치하는 결과는 목표어인 한국어 종성 목록 내부에 더 지각하기 쉬운 음과 지각하기 어려운 음이 존재하며 그 차이가 각 종성의 지각에 영향을 미친다는 것을 보여 주는 결과이다.

　한편 J집단은 폐쇄음인 /ㄱ/과 /ㅂ/의 정반응률이 경험 기간이 증가함에 따라 비약적으로 향상되었으며 C집단은 J집단과 동일한 /ㄱ/과 함께 /ㅇ/이 경험 기간의 증가와 함께 비약적으로 향상된 것을 발견하였다. 이를 통해 /ㄱ/은 C, J집단 모두에게 지각 능력의 발달 속도(rate)가 빠른 음이라고 하겠다.

　다음 〈그림15〉와 〈그림16〉은 각 종성의 정반응률을 폐쇄음과 비음으로 각각 나누어 경험 기간에 따른 발달 추이를 나타낸 것이다.

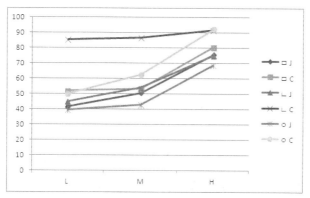

〈그림15〉 폐쇄음의 발달 추이

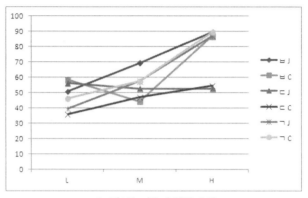

〈그림16〉 비음의 발달 추이

먼저 폐쇄음의 결과를 살펴보면 학습 초기에는 모든 폐쇄음이 40-60%정도의 정반응률에서 출발하지만 경험 기간이 증가함에 따라 J집단의 /ㅂ/과 /ㄱ/, C집단의 /ㄱ/의 정반응률이 가파르게 향상되어 상위에 위치하고 있으며 C집단의 /ㅂ/은 일시적으로 하락했다가 다시 가파르게 상승하여 경험기간의 마지막 단계에서는 가장 위쪽에 위치하고 있다. 한편 H집단을 살펴보면 가장 아래쪽에는 C, J 집단 모두 /ㄷ/이 위치하고 있다. 그리고 C집단의 /ㄷ/은 소폭이나마 향상이 나타나고 있지만 J집단의 정반응률은 경험 기간이 증가하여도 향상이 관찰되지 않는 것을 볼 수 있다.

한편 비음의 결과를 살펴보면 중간 지점에 J와 C의 /ㅁ/이 아주 유사한 발달 모습을 보이며 위치하고 있고 그 위쪽에는 C집단의 /ㄴ/과 /ㅇ/이, 아래쪽에는 J집단의 /ㄴ/과 /ㅇ/이 위치하고 있는 것을 볼 수 있다. /ㄴ/과 /ㅇ/에 대한 지각 결과가 국적에 따라 이러한 차이를 보이는 것은 앞에서 언급한 것처럼 중국어 종성 목록에 /ㄴ/과 /ㅇ/에 대응하는 음이 음소로 존재하는 점이 C집단에게 긍정적인 영향을 미친 반면 일본어에는 이러한 음들이 비음 종성 /N/의 변이음으로 존재하는 점이 긍정적인 영향을 미치지 못했기 때문으로 보인다.

요컨대 일본인과 중국인 학습자가 한국어 종성을 지각하는데 영향을 미치는 요인으로는 모국어의 영향, 즉 한국어 종성에 대응하는 음이 모국어에 어떻게 존재하느냐 뿐만 아니라 목표어인 한국어 종성간에 존재하는 지각 난이도 차이도 영향을 미치는 것으로 보인다.

나. 각 종성에 대한 지각능력 습득여부 판정

여기에서는 각 집단의 정반응률을 각 음별로 살펴본 후 한국인모국어화자(NK)의 결과와 비교하여 각 음의 지각능력이 습득에 도달하였는지를 판정하고 결과를 인접한 집단간에 비교하여 어느 기간에 해당 음의 지각 능력이 급격하게 향상되었는지 여부를 검증한 결과를 기술하고자 한다.

(1) 폐쇄음

(가) 종성 /ㅂ/

다음 〈표36〉은 한국어 모국어화자가 발화한 종성 /ㅂ/에 대해 각 외국인 집단과 한국인 모국어화자(NK)집단이 지각한 결과를 나타낸 것이다. 괄호안의 수치는 표준편차를 나타낸 것이다.

〈표36〉 /ㅂ/의 집단별 결과

	J 평균(표준편차)	C 평균(표준편차)	K 평균(표준편차)
L	50.9(24.9)	58.3(28.6)	
M	69.4(21)	44.4(28.5)	60.7(23.9)
H	89.8(12.1)	87(19.8)	

단위: %

결과를 살펴보면 가장 먼저 눈에 띄는 것은 JH, CH 집단의 정반응률이 한국인(NK)집단보다 높게 나타난 점이다. 이를 통해 종성 /ㅂ/이 NK집단에게도 다른 음에 비해 상대적으로 지각하기 쉬운 음이 아니라는 것을 알 수 있으며 NK집단의 각 자극음에 대한 지각률과 오답 항목[8]을 살펴보아도 폐쇄음 종성간에 혼동이 일어나고 있다는 것

---

8) NK그룹의 /ㅂ/에 대한 정반응률을 문항별로 살펴보면 다음과 같다.

문항번호	7	20	40	42	11	23
정답	맙다	맙바	맙	밥가	맙사	맙자
정반응률	50%	29%	64%	64%	100%	57%

오류는 /ㅂ/을 /ㄷ/나 /ㄱ/으로 지각한 경우가 많아 한국어 모국어화자조차도 종성 /ㅂ/, /ㄷ/, /ㄱ/를 구별하여 지각하는 것은 쉽지 않다는 것을 알 수 있다. 실제로 피험자 NK3, NK6, NK9는 /ㅂ/에 대한 지각률이 유난히 낮았는데 이들의 /ㄱ/과 /ㄷ/에 대한 지각률도 함께 낮게 나타나, 이들 세 음을 구별하기 쉽지 않았다는 것을 알 수 있다. 이와 관련하여 Mira Oh(2002)에서도 한국어 모국어화자를 대상으로 종성 지각 실험을 실시한 결과 비음과 유음 종성은 오지각한 비율이 거의 나타나지 않은 반면 폐쇄음 종성은 오지각한 비율이 발견되었다고 한 바 있다. 한편 이러한 현상의 원인에 대해서는 여러 가지를 생각해 볼 수 있겠으나 먼저 지각실험에 참여한 한국어 모국어화자의 지각 양상과 관련하여 정상훈(2007)의 의견을 참고해 볼만하다. 정상훈(2007:150)에 따르면 한국어 폐쇄음이 종성 위치에서 발

을 알 수 있다. 이러한 결과도 목표어인 한국어 종성간에 지각 난이도
차이가 있을 가능성을 보여 주는 것이며 모국어화자도 그러한 이유
로 지각에 어려움을 겪은 것이라고 할 수 있겠다. 이로써 종성 /ㅂ/은

음될 경우 불파(혹은 미파)되기 때문에 음향적 자질이 드러나지 않으며 따라서 지
각에 어려움이 발생한다고 하였다. 특히 본 실험의 자극음과 같이 무의미어를 자극
음으로 듣게 될 경우 한국어 모국어화자도 어떤 것은 쉽게 지각하는 반면 어떤 것
은 지각에 어려움을 겪는데, 한국어 모국어화자도 종성을 지각하는 데 음향적 정보
보다는 비음향적 요소(음운규칙이나 어휘정보)의 도움을 받기 때문이라는 것이다.
때문에 의미가 있는 어휘를 듣는 경우에는 지각에 도움을 받을 수 있지만 무의미
어일 경우에는 어려움을 겪을 수밖에 없다고 하였다.

이 밖에도 폐쇄음 종성을 구별하여 지각하는 데 어려움이 발생하는 원인으로 또
하나 생각할 수 있는 것은 한국어 종성 위치에서의 폐쇄음의 출현 빈도이다. 신지
영(2008, 2010)에 따르면 종성 위치에서 출현 빈도가 가장 낮은 음은 /ㅂ/(4.7%),
/ㄷ/(1.8%)으로 아주 미미한 출현 빈도이다. 이에 비해 /ㄱ/은 15.3%로 훨씬 많은
빈도를 차지하고 있다. 한편 출현 빈도를 조음 위치별로 보면 연구개(44.4%)〉치
경(42.4%)〉양순(13.2%)로 양순음의 빈도가 현저히 낮다는 것이다. 이러한 종성
위치에서의 낮은 양순음의 비율은 초성에서도 마찬가지라고 한다. 이에 초성 위치
에서 자음의 출현 빈도를 살펴보면 /ㅂ/은 격음이나 경음 바로 앞에 위치하고 있어
평음 가운데 가장 빈도가 낮은 음이라고 하였다. 이러한 차이가 본 실험 결과에서
한국인(NK)의 지각률이 ㄱ〉ㄷ〉ㅂ의 순으로 나타난 것과 관련이 있다고 할 수 있
겠다.

마지막으로 종성/ㅂ/에 대한 한국어모국어화자의 지각률이 낮은 이유로 또 하나
생각해 볼 수 있는 것은 양순음의 특징이다. 윤민(2008:11)에 따르면 조음음성학
적 측면에서 기술되는 음운론 연구들 중에는 올바르게 음성 실현된 음소가 청자
에게 제대로 지각되는 것은 당연하다는 전제가 깔려 있는 경우가 많으나, 올바르
게 발음된 발화라 할지라도 청취자에게 100% 성공적으로 지각되는 것은 아니라
고 하였다. 그러면서 'McGuck 효과'를 인용하였다. McGuck, H. & MacDonald, J.,
(1976)는 음성 인식 실험을 실시하였는데, 이 실험은 음소 인식에 입모양과 같은
시각정보가 많은 영향을 미친다는 것을 입증했으며, 이 결과는 음소에 대한 인식
체계가 청취체계와 반드시 일치하지 않는다는 것을 증명한 것이라고 하였다. 이와
관련하여 본 실험에서도 후에 기술할 비음 종성 정반응률을 살펴본 결과 비음 가
운데에서도 양순음인 /ㅁ/의 정반응률이 가장 낮은 것으로 보아 두 입술을 닫는 양
순음의 특성이 시각적인 정보와 관련이 있기 때문에 청각적인 정보만으로 판단해
야 하는 지각실험에서 어려움이 발생한 것이 아닐까 짐작된다.

NK집단에게도 지각하기 쉬운 음이 아니기 때문에 한국어 학습자가 상대적으로 낮은 지각 능력으로도 모국어화자의 수준에 도달할 수 있는 음이라고 예측할 수 있다.

한편 C집단이 /ㅂ/을 지각하는 데 있어 경험 기간이 증가함에 따라 학습자 중간언어에서 종종 나타나는 형태인 U자형(U- shaped)의 발전 모양[9]이 나타나고 있는 것을 관찰할 수 있다. 이는 학습 초기에 C집단이 /ㅂ/에 대해 높은 지각 능력을 보였다고 하여도 그것이 곧 그 시기에 안정적인 습득이 이루어진 것을 의미하는 것은 아니라는 반증이다. 따라서 이에 대해서는 인접한 집단간에 차이가 있는지를 살펴야 정확한 습득 여부를 판단할 수 있을 것으로 본다. 이에 대해서는 인접한 집단간의 유의차 검증 결과를 살펴보고자 한다.

한편 다음의 〈표37 -39〉는 각 집단의 /ㅂ/에 대한 정반응률을 NK집단의 것과 비교한 결과이다. 이러한 작업은 각 집단의 지각 능력이 NK집단의 능력에 도달했는지를 살펴보기 위한 것으로 해당음의 지각 능력이 습득에 도달하였는지를 객관적으로 판단하기 위한 것이다.

---

9) U- shaped(U자형태)의 발전 모양은 언어 사용(performance)의 세 단계를 말하는 것으로 초기 단계에서 학습자는 목표어와 유사한 규범에 부합하는 몇 가지 언어적 형태를 생성한다. 그리고 2단계에서 학습자는 초기 단계에서 알았던 것을 잃으며 다시 3단계가 되면 정확한 목표어를 사용하게 되는 것이고 한다.(Gass& Selinker, 1999:208) 그러나 이러한 예는 특히 문법의 습득에서 주로 나타나는데 학습 초기에는 학습한 문법 항목의 수가 적기 때문에 정확성이 높게 나타나다가 학습이 진행될수록 많은 수의 문법을 학습하게 되면서 학습한 적이 있는 문법 항목에 대한 정확도가 일시적으로 하락하는 시기가 나타난다는 것이다. 그러나 음운의 습득에서는 발음 능력이 상승하였다가 하락하였다고 보기보다는 발음 능력의 발달이 정체되는 기간이라고 보는 것이 바람직할 것이며 이에 대한 정확한 검증은 인접한 집단간에 유의차 검증을 실시하면 확인할 수 있을 것으로 본다.

〈표37〉 /ㅂ/에 대한 NK와 JL, CL의 차이 검증

	J 평균(표준편차)	C 평균(표준편차)
L	50.9(24.9)	58.3(28.6)
NK	60.7(23.9)	
유의차 검증 결과	n.s.	n.s.

***: 유의수준 P〈 .001, **: 유의수준 P〈 .01, *: 유의수준 P〈 .05

〈표38〉 /ㅂ/에 대한 NK와 JM, CM의 차이 검증

	J 평균(표준편차)	C 평균(표준편차)
M	69.4(21)	44.4(26.9)
NK	60.7(23.9)	
유의차 검증 결과	n.s.	n.s.

***: 유의수준 P〈 .001, **: 유의수준 P〈 .01, *: 유의수준 P〈 .05

〈표39〉 /ㅂ/에 대한 NK와 JH, CH의 차이 검증

	J 평균(표준편차)	C 평균(표준편차)
H	89.8(12.1)	87(19.8)
NK	60.7(23.9)	
유의차 검증 결과	*	*

***: 유의수준 P〈 .001, **: 유의수준 P〈 .01, *: 유의수준 P〈 .05

통계분석 결과를 살펴보면 J, C 집단 모두 L, M 집단에서 NK과 유의미한 차이가 발견되지 않았다. 다만 JH, CH집단은 .05하에서 유의미한 차이를 보였다. 그러나 이는 JH, CH집단이 한국어 종성 /ㅂ/을

습득하지 못했기 때문이 아니라 NK그룹의 능력을 뛰어넘었기 때문
에 나타난 결과이다. 이상의 결과를 토대로 유의미한 차이가 없는 집
단은 해당음의 습득이 이루어졌다고 보고 습득여부를 알아보기 쉽게
로 표시한 것이 다음의 〈표40〉과 같다.

〈표40〉 /ㅂ/에 대한 각 집단의 지각 능력 습득 여부

	J	C
L	○	○
M	○	○
H	○	○

위의 표와 같이 종성 /ㅂ/에 대한 지각 능력은 모든 집단이 NK 정
도에 도달하였다고 할 수 있겠다.

다음 〈표41-42〉는 어느 기간에 해당음의 지각능력이 유의미한 차
이가 있을 만큼 두드러지게 향상되었는지를 알아보기 위해 각 집단의
정반응률을 인접한 집단과 그 차이를 검증한 결과이다.

〈표41〉 /ㅂ/에 대한 단기 경험자집단과 중기 경험자집단의 차이 검증

	J 평균(표준편차)	C 평균(표준편차)
L	50.9(24.9)	58.3(28.6)
M	69.4(21)	44.4(26.9)
유의차 검증	n.s.	n.s.

***: 유의수준 P〈 .001, **: 유의수준 P〈 .01, *: 유의수준 P〈 .05

〈표42〉 /ㅂ/에 대한 중기 경험자집단과 장기 경험자집단의 차이 검증

	J 평균(표준편차)	C 평균(표준편차)
M	69.4(21)	44.4(26.9)
H	89.8(12.1)	87(19.8)
유의차 검증	n.s.	***

***: 유의수준 P〈 .001, **: 유의수준 P〈 .01, *: 유의수준 P〈 .05

　인접한 집단간에 유의차 검증을 실시한 결과 단기 경험자(L)집단과 중기 경험자(M)집단간에는 C, J 집단 모두 유의미한 차이가 없었으며 중기 경험자(M)집단과 장기 경험자(H)집단간에는 J집단에서는 유의미한 차이가 없었으나 C집단에서는 .001하에서 유의미한 차이가 있는 것으로 나타났다. 이 통계분석 결과를 바탕으로 유의미한 차이가 없는 경우(n.s.로 표시한 경우)에 대해서는 그 기간 동안에 비약적인 향상이 없었다고 보고 ✕로 , 유의미한 차이가 있을 경우 해당 기간 동안 지각 능력이 급격하게 향상되었다고 보고 ○으로 표시하였는데, 그 결과는 다음〈표43〉과 같다. 그러나 여기에서 ✕로 표시하였다고 하여 해당 기간동한 발달이 전혀 없었다는 뜻이 아니라 유의미한 차이가 발견될 정도의 큰 향상은 나타나지 않았다고 보는 것이 좋겠다. 한편 Ⅰ- Ⅱ는 L-M집단의 경험 기간을 나타내며 Ⅱ- Ⅲ는 M-H집단의 경험 기간을 나타낸 것이다.

〈표43〉/ㅂ/의 경험 기간에 따른 발달 여부

	J	C
I - Ⅱ	×	×
Ⅱ - Ⅲ	×	○

위의 표를 보면 C집단의 M-H기간을 제외한 다른 기간 동안에는 비약적인 향상은 발견되지 않았다고 할 수 있다.

이상의 결과를 종합해 보면 종성 /ㅂ/은 C, J집단 모두에게 짧은 경험 기간으로도 한국인 정도의 지각 능력에 도달한 습득 난이도가 낮은 음이며 다른 음에 비해 상대적으로 이른 시기에 습득이 이루어지는 음이라고 할 수 있겠다. 그러나 이러한 결과가 나타난 것은 C, J집단의 지각 능력이 뛰어난 것뿐만 아니라 한국어 모국어화자의 지각능력이 상대적으로 낮았던 것도 영향을 미쳤다고 볼 수 있을 것이다. 한편 C집단은 M-H집단간에 유의미한 차이가 있는 것으로 보아 이 기간동안 지각 능력이 급격하게 향상되었다고 볼 수 있겠다. 이러한 결과가 나타난 것은 C집단의 경우 한국어 종성 /ㅂ/에 대응하는 음이 모국어 음운 목록에 존재하지 않기 때문에 학습 초기에는 어려움을 겪지만 경험 기간이 증가함에 따라 새로운 음운을 형성하게 되어 비약적인 향상이 가능했다고 볼 수 있겠다.

(나) 종성 /ㄷ/

다음 〈표44〉는 한국인이 발음한 종성 /ㄷ/에 대한 집단별 정반응률을 나타낸 것이다.

〈표44〉 /ㄷ/의 집단별 결과

	J 평균(표준편차)	C 평균(표준편차)	K 평균(표준편차)
L	56.4(20.9)	36.1(24.8)	
M	52.7(20.3)	47.2(22.3)	82.1(16.5)
H	52.7(19.6)	54.6(25.6)	

단위: %

결과를 살펴보면 J집단은 경험 기간이 증가함에도 불구하고 오히려 정반응률은 하락하여 제자리걸음을 하고 있고 C집단의 경우 L에서 H 까지 아주 미미하게 향상되는 모습을 보이고 있다. 한편 경험 기간이 가장 긴 CH, JH집단 모두 정반응률에 있어서 NK집단과 여전히 큰 차 이를 보이고 있다.

다음의 〈표45 -47〉은 각 집단의 종성/ㄷ/의 습득 여부를 검증하기 위해 NK집단의 결과와 유의차 검증을 실시한 결과이다.

〈표45〉 /ㄷ/에 대한 NK와 JL, CL의 차이 검증

	J 평균(표준편차)	C 평균(표준편차)
L	56.4(20.9)	36.1(24.8)
NK	82.1(16.5)	
유의차 검증 결과	*	***

***: 유의수준 $P < .001$, **: 유의수준 $P < .01$, *: 유의수준 $P < .05$

〈표46〉/ㄷ/에 대한 NK와 JM, CM의 차이 검증

	J 평균(표준편차)	C 평균(표준편차)
M	52.7(20.3)	47.2(22.3)
NK	82.1(16.5)	
유의차 검증 결과	**	***

***: 유의수준 P〈 .001, **: 유의수준 P〈 .01, *: 유의수준 P〈 .05

〈표47〉/ㄷ/에 대한 NK와 JH, CH의 차이 검증

	J 평균(표준편차)	C 평균(표준편차)
H	52.7(19.6)	54.6(25.6)
NK	82.1(16.5)	
유의차 검증 결과	**	*

***: 유의수준 P〈 .001, **: 유의수준 P〈 .01, *: 유의수준 P〈 .05

통계분석 결과를 보면 C 집단은 CL, CM 모두 .001하에서 유의미한 차이를 보이고 있고 CH집단도 차이가 줄기는 했지만 여전히 .05하에서 유의미한 차이를 보이고 있다. J집단은 JL이 .05하에서 유의미한 차이를 보이다가 JM, JH집단이 되면 오히려 차이가 더 커져 .01하에서 유의미한 차이가 있는 것으로 나타났다. 따라서 모든 집단이 종성 /ㄷ/의 지각능력에서 NK에 근접하지 못했으므로 아래 〈표48〉과 같이 전체 집단이 습득에 도달하지 못한 것으로 나타낼 수 있다.

〈표48〉 /ㄷ/에 대한 각 집단의 지각능력 습득 여부

	J	C
L	×	×
M	×	×
H	×	×

한편 〈표49-50〉은 각 경험기간 동안 급격한 향상이 있었는지를 살펴보기 위해 각 집단의 정반응률을 인접한 집단과 유의차 검증을 실시한 결과이다.

〈표49〉 /ㄷ/에 대한 단기 경험자집단과 중기 경험자집단의 차이 검증

	J 평균(표준편차)	C 평균(표준편차)
L	56.4(20.9)	36.1(24.8)
M	52.7(20.3)	47.2(22.3)
유의차 검증	n.s.	n.s.

***: 유의수준 P〈 .001, **: 유의수준 P〈 .01, *: 유의수준 P〈 .05

〈표50〉 /ㄷ/에 대한 중기 경험자집단과 장기 경험자집단의 차이 검증

	J 평균(표준편차)	C 평균(표준편차)
M	52.7(20.3)	47.2(22.3)
H	52.7(19.6)	54.6(25.6)
유의차 검증	n.s.	n.s.

***: 유의수준 P〈 .001, **: 유의수준 P〈 .01, *: 유의수준 P〈 .05

결과를 살펴보면 J, C 모두 인접한 두 집단의 정반응률에는 유의미한 차이가 발견되지 않아 아래 〈표51〉과 같이 어느 기간에도 유의미한 차이가 있는 정도의 급격한 향상은 나타나지 않았다는 것을 알 수 있다.

〈표51〉 /ㄷ/의 경험 기간에 따른 발달 여부

	J	C
I - II	×	×
II - III	×	×

이상의 결과들을 통해 종성 /ㄷ/은 J, C 집단 모두에게 특정 경험 기간에 비약적인 향상이 나타나지 않으며 지각 능력에 있어서도 습득에 이르기 힘든 음이라고 하겠다.

(다) 종성 /ㄱ/

다음 〈표52〉는 종성 /ㄱ/에 대한 각 집단의 정반응률을 나타낸 것이다.

〈표52〉 /ㄱ/의 각 집단별 결과

	J 평균(표준편차)	C 평균(표준편차)	K 평균(표준편차)
L	39.8(17.1)	46.2(25.5)	
M	57.4(21.7)	57.4(27.1)	84.5(15.4)
H	87(19.8)	89.8(12.1)	

단위: %

결과를 살펴보면 C, J 집단 모두 경험 기간이 증가함에 따라 정반응률이 향상되고 있으며 JH, CH집단은 NK의 정반응률을 뛰어넘는 결과를 보이고 있다[10]. 또한 J, C 집단 모두 향상 폭이 큰 편으로 J집단의 경우 JL에서 39.8%이던 정반응률이 JH에서는 87%로 47.2%라는 비약적인 향상을 보이고 있으며 C집단도 같은 기간 동안 43.6%의 큰 향상을 보이고 있는 것이 특징이다.

한편 종성 /ㄱ/의 습득 여부는 다음 〈표53-55〉에서 NK집단과의 비교를 통해 검증하였다.

〈표53〉/ㄱ/에 대한 NK와 JL, CL의 차이 검증

	J 평균(표준편차)	C 평균(표준편차)
L	39.8(17.1)	46.2(25.5)
NK	84.5(15.4)	
유의차 검증 결과	***	***

***: 유의수준 P〈 .001, **: 유의수준 P〈 .01, *: 유의수준 P〈 .05

---

10) 지각 실험 결과를 살펴보면 /ㅂ/과 /ㄱ/에 대한 지각 결과에서 외국인 장기 경험자 집단의 결과가 한국어 모국어화자(NK)의 결과를 다소 상회하는 것으로 나타났는데, 이러한 결과가 나타난 원인으로 훈련의 효과를 생각해 볼 수 있겠다. 본고의 지각 실험에 참여한 NK집단의 피험자는 언어학적인 지식이 없고 한국어 교육과도 관련이 없는 자들로 본고의 실험 방식과 같은 실험도 접해 본 적이 없는 것으로 나타났다. 반면에 외국인 집단의 피험자들은 듣기 테스트나 다양한 언어학적 실험의 피험자로 참여한 경험이 있어 더 높은 결과를 얻을 수 있었다고 본다.

〈표54〉 /ㄱ/에 대한 NK와 JM, CM의 차이 검증

	J 평균(표준편차)	C 평균(표준편차)
M	57.4(21.7)	57.4(27.1)
NK	84.5(15.4)	
유의차 검증 결과	*	*

***: 유의수준 P〈 .001, **: 유의수준 P〈 .01, *: 유의수준 P〈 .05

〈표55〉 /ㄱ/에 대한 NK와 JH, CH의 차이 검증

	J 평균(표준편차)	C 평균(표준편차)
H	87(19.8)	89.8(12.1)
NK	84.5(15.4)	
유의차 검증 결과	n.s.	n.s.

***: 유의수준 P〈 .001, **: 유의수준 P〈 .01, *: 유의수준 P〈 .05

이상의 통계분석 결과를 통해 J, C 집단 모두 L집단은 NK집단과 아주 큰 차이를 보이다가 그 차이가 M집단에서 서서히 좁혀져 H집단은 NK와 유의미한 차이가 없어진 것을 알 수 있다. 이에 각 집단의 습득 여부를 다음 〈표56〉을 통해 알 수 있다.

〈표56〉 /ㄱ/에 대한 각 집단의 지각능력 습득 여부

	J	C
L	×	×
M	×	×
H	○	○

다음으로 〈표57-58〉은 어느 기간에 /ㄱ/에 대한 지각 능력이 급격히 향상되었는지를 살펴보기 위해 인접한 집단간에 차이를 검증한 결과이다.

〈표57〉/ㄱ/의 단기 경험자집단과 중기 경험자집단의 차이 검증

	J 평균(표준편차)	C 평균(표준편차)
L	39.8(17.1)	46.2(25.5)
M	57.4(21.7)	57.4(27.1)
유의차 검증	n.s.	n.s.

***: 유의수준 P〈.001, **: 유의수준 P〈.01, *: 유의수준 P〈.05

〈표58〉/ㄱ/의 중기 경험자집단과 장기 경험자집단의 차이 검증

	J 평균(표준편차)	C 평균(표준편차)
M	57.4(21.7)	57.4(27.1)
H	87(19.8)	89.8(12.1)
유의차 검증	**	**

***: 유의수준 P〈.001, **: 유의수준 P〈.01, *: 유의수준 P〈.05

유의차 검증 결과를 살펴보면 J, C 집단 모두 L집단과 M집단간에는 유의미한 차이가 발견되지 않았지만 M집단과 H집단간에는 .01하에서 유의미한 차이가 있는 것으로 나타나 이 기간 동안 비약적으로 향상이 일어났다는 것을 다음 〈표59〉와 같이 나타낼 수 있다.

〈표59〉 /ㄱ/의 경험 기간 증가에 따른 발달 여부

	J	C
I - II	×	×
II - III	○	○

이상의 결과를 통해 종성 /ㄱ/은 J, C집단 모두에게 통상적인 한국어 학습기간(1년에서 1년 6개월 가량)동안에는 습득에 이르지 못하지만 학습이 끝난 후부터 노출이 계속되면 비약적인 향상이 일어나 평균 5년 정도의 경험기간을 통해 한국인과 같은 지각능력에 도달할 수 있는 음이라는 것을 알 수 있다.

(2) 비음 종성

(가) 종성 /ㅁ/

다음 〈표60〉은 한국인이 발음한 종성 /ㅁ/에 대한 각 집단의 정반응률을 나타낸 것이다.

〈표60〉 /ㅁ/의 집단별 결과

	J 평균(표준편차)	C 평균(표준편차)	K 평균(표준편차)
L	41.6(30.5)	52(22.9)	
M	50.6(17.8)	53.4(19.7)	81.2(14.8)
H	75.6(26.3)	80.5(30.3)	

단위: %

결과를 살펴보면 J, C집단 모두 경험 기간이 증가함에 따라 정반응률이 향상되었고 L-M기간에 비해 M-H기간 동안 더 큰 폭으로 향상된 것을 알 수 있다. 한편 JH와 CH집단은 경험 기간이 짧은 JL과 CL집단에 비해 큰 폭의 향상을 보이고 있으며 특히 CH집단은 NK의 지각 능력에 매우 근접하였음을 알 수 있다.

다음 〈표 61-63〉은 각 집단의 종성 /ㅁ/에 대한 습득 여부를 살펴보기 위해 NK집단과 정반응률에 대해 유의차 검증을 실시한 결과이다.

〈표61〉 /ㅁ/에 대한 NK와 JL, CL의 차이 검증

	J 평균(표준편차)	C 평균(표준편차)
L	41.6(30.5)	52(22.9)
NK	81.2(14.8)	
유의차 검증 결과	**	*

***: 유의수준 P〈.001, **: 유의수준 P〈.01, *: 유의수준 P〈.05

〈표62〉 /ㅁ/에 대한 NK와 JM, CM의 차이 검증

	J 평균(표준편차)	C 평균(표준편차)
M	50.6(17.8)	53.4(19.7)
NK	81.2(14.8)	
유의차 검증 결과	*	*

***: 유의수준 P〈.001, **: 유의수준 P〈.01, *: 유의수준 P〈.05

〈표63〉/ㅁ/에 대한 NK와 JH, CH의 차이 검증

	J 평균(표준편차)	C 평균(표준편차)
H	75.6(26.3)	80.5(30.3)
NK	81.2(14.8)	
유의차 검증 결과	n.s.	n.s.

***: 유의수준 P〈 .001, **: 유의수준 P〈 .01, *: 유의수준 P〈 .05

결과를 살펴보면 J집단은 JL는 .01하에서, JM는 .05하에서 유의미한 차이를 보이며 차이를 서서히 좁히다가 JH는 NK와 유의미한 차이가 없는 것으로 나타났다. C집단은 CL, CM 모두 .05하에서 유의미한 차이를 보이다가 CH집단은 NK와 유의미한 차이가 없는 것으로 나타났다. 궁극적으로 종성 /ㅁ/은 H기간이 되면 한국인 정도의 지각 능력에 도달할 수 있다는 것을 다음 〈표64〉와 같이 나타낼 수 있다.

〈표64〉/ㅁ/에 대한 각 집단의 지각능력 습득 여부

	J	C
L	×	×
M	×	×
H	○	○

다음 〈표65-66〉은 각 기간 동안 정반응률이 급격하게 향상되었는지 알아보기 위해 국적별로 인접한 집단간에 정반응률에 대해 유의차 검증을 실시한 것이다.

〈표65〉 /ㅁ/에 대한 단기 경험자집단과 중기 경험자집단의 차이 검증

	J 평균(표준편차)	C 평균(표준편차)
L	41.6(30.5)	52(22.9)
M	50.6(17.8)	53.4(19.7)
유의차 검증	n.s.	n.s.

***: 유의수준 P〈.001, **: 유의수준 P〈.01, *: 유의수준 P〈.05

〈표66〉 /ㅁ/에 대한 중기 경험자집단과 장기 경험자집단의 차이 검증

	J 평균(표준편차)	C 평균(표준편차)
M	50.6(17.8)	53.4(19.7)
H	75.6(26.3)	80.5(30.3)
유의차 검증	n.s.	*

***: 유의수준 P〈.001, **: 유의수준 P〈.01, *: 유의수준 P〈.05

결과를 살펴보면 J, C집단 모두 L과 M집단 간에는 유의미한 차이가 발견되지 않았으며 M집단과 H집단 간에는 C집단에서만 .05하에서 유의미한 차이를 보였다. 이로써 다음 〈표67〉과 같이 C집단의 M-H 기간에만 급격한 향상이 이루어졌다는 것을 나타낼 수 있다.

〈표67〉 /ㅁ/의 경험 기간에 따른 발달 여부

	J	C
Ⅰ - Ⅱ	×	×
Ⅱ - Ⅲ	×	○

한편 J집단은 경험 기간이 증가함에 따라 앞의 〈표60〉과 같이 향상이 있었음에도 불구하고 그 차이가 유의미한 차이가 아니라는 결과를 통해 J집단의 향상은 어느 특정 시기에 급격한 향상 일어난 것이 아니라 각 기간 동안 지각능력이 꾸준히 향상되었다고 볼 수 있을 것이다.

이상의 결과를 종합해 보면 종성 /ㅁ/은 J, C 집단 모두에게 경험 기간이 증가하면 궁극적으로 NK정도의 지각 능력을 습득할 수 있는 음이며 특히 C집단에게 있어 M-H기간은 지각 능력이 비약적으로 향상되는 기간이라고 할 수 있겠다.

(나) 종성 /ㄴ/

다음 〈표68〉은 한국인이 발음한 종성 /ㄴ/에 대한 집단별 정반응률을 나타낸 것이다.

〈표68〉 /ㄴ/의 집단별 결과

	J 평균(표준편차)	C 평균(표준편차)	K 평균(표준편차)
L	45.1(13.5)	85.4(15.6)	
M	54.1(20.9)	86.8(11.7)	93.7(8.7)
H	75(18)	91.6(6.9)	

단위: %

결과를 살펴보면 CL집단은 JL집단에 비해 무려 40%가량 높은 정반응률을 보이고 있는데, 이처럼 초기에 너무 큰 차이가 벌어졌기 때문에 J집단도 경험기간의 증가와 함께 꽤 큰 향상이 있었음에도 불구하고 C집단을 따라잡지 못해 CH집단은 JH집단에 비해 높은 정반응률을 보이고 있으며 CH집단의 정반응률은 NK집단에 아주 근접한 것을 알 수 있다.

　한편 〈표 69-71〉은 각 집단의 종성 /ㄴ/에 대한 지각능력이 모국어 화자에 도달하였는지 여부를 살펴본 결과이다.

〈표69〉 /ㄴ/에 대한 NK와 JL, CL의 차이 검증

	J 평균(표준편차)	C 평균(표준편차)
L	45.1(13.5)	85.4(14.7)
NK	93.7(8.7)	
유의차 검증 결과	***	n.s.

　　　***: 유의수준 P〈 .001, **: 유의수준 P〈 .01, *: 유의수준 P〈 .05

〈표70〉 /ㄴ/에 대한 NK와 JM, CM의 차이 검증

	J 평균(표준편차)	C 평균(표준편차)
M	54.1(20.9)	86.8(11.7)
NK	93.7(8.7)	
유의차 검증 결과	***	n.s.

　　　***: 유의수준 P〈 .001, **: 유의수준 P〈 .01, *: 유의수준 P〈 .05

〈표71〉 /ㄴ/에 대한 NK와 JH, CH의 차이 검증

	J 평균(표준편차)	C 평균(표준편차)
H	75(18)	91.6(6.9)
NK	93.7(8.7)	

| 유의차 검증 결과 | * | n.s. |

***: 유의수준 P< .001, **: 유의수준 P< .01, *: 유의수준 P< .05

결과를 살펴보면 C집단은 학습초기인 CL부터 NK집단과 유의미한 차이가 없는 것으로 나타났으며 J집단은 JL, JM는 .001하에서 차이를 보이다가 JH는 차이가 감소했음에도 불구하고 NK집단과는 여전히 차이가 있는 것으로 나타났다.

이러한 결과를 가지고 습득 여부를 표시한 것이 다음 〈표72〉와 같다.

〈표72〉 /ㄴ/에 대한 집단별 지각 능력 습득 여부

	J	C
L	×	○
M	×	○
H	×	○

한편 각 경험기간에 급격한 향상이 있었는지를 살펴보기 위해 인접한 집단간에 유의차 검증을 실시한 결과는 다음 〈표 73-74〉와 같다.

〈표73〉 /ㄴ/에 대한 단기 경험자집단과 중기 경험자집단의 차이 검증

	J 평균(표준편차)	C 평균(표준편차)
L	45.1(13.5)	85.4(14.7)
M	54.1(20.9)	86.8(11.7)
유의차 검증	n.s.	n.s.

***: 유의수준 P< .001, **: 유의수준 P< .01, *: 유의수준 P< .05

〈표74〉 /ㄴ/에 대한 중기 경험자집단과 장기 경험자집단의 차이 검증

	J 평균(표준편차)	C 평균(표준편차)
M	54.1(20.9)	86.8(11.7)
H	75(18)	91.6(6.9)
유의차 검증	**	n.s.

***: 유의수준 P〈 .001, **: 유의수준 P〈 .01, *: 유의수준 P〈 .05

통계분석 결과를 살펴보면 C집단은 이미 학습초기에 높은 정답률을 기록하고 있기 때문에 향상의 여지가 많이 남아 있지 않아 경험 기간이 증가하여도 급격한 향상이 없는 것으로 나타난 반면 J집단은 M-H기간 동안 비약적인 향상이 있었다는 것을 발견할 수 있다. 이러한 결과로 발달 여부를 표시하면 아래 〈표75〉와 같다.

〈표75〉 /ㄴ/의 경험 기간에 따른 발달 여부

	J	C
Ⅰ - Ⅱ	×	×
Ⅱ - Ⅲ	○	×

이상의 결과를 통해 C집단에게 한국어 종성 /ㄴ/은 학습 초기에 이미 한국인과 차이가 없는 정도의 지각이 가능한 음이라는 것을 알 수 있다. 따라서 C집단에게 /ㄴ/은 먼저 습득되는 음이며 습득 난이도가 아주 낮은 음이라고 할 수 있다. 또한 학습 초기부터 한국인 정도에 도달한 것을 보면 천장 효과 (ceiling effect)가 나타나 경험 기간이 증가하여도 향상이 나타나지 않는 음이라는 것을 알 수 있다.

한편 J집단에게 종성 /ㄴ/은 경험기간이 증가함에 따라 지각능력이 완만하게 향상되었으며 M-H기간 동안 비약적인 향상도 있었음에도 불구하고 평균 5년의 경험 기간으로는 습득에 이르지 못한 음이다. 그러나 M-H기간 동안 비약적인 향상이 있는 것으로 보아 J집단에게 추가적인 경험 기간이 주어지면 습득에 이를 수 있는 가능성이 남아 있는 음이라고 하겠다.

이와 같이 J와 C집단이 /ㄴ/에 대한 지각 능력에서 차이를 보이는 이유는 한국어 종성/ㄴ/에 대응하는 음이 중국어 종성 목록에 존재하기 때문에 C집단은 학습초기 단계부터 긍정적인 전이가 일어나 높은 정반응률을 보인 반면에 J집단은 해당 음이 모국어에는 변이음으로 존재하기 때문에 한국어 종성 /ㄴ/을 지각하는 데 조음방식이 유사한 다른 비음과 혼동을 극복하기 힘들었기 때문으로 보인다.

(다) 종성 /ㅇ/

다음 〈표76〉은 한국인이 발음한 종성 /ㅇ/에 대한 집단별 정반응률을 나타낸 것이다.

〈표76〉 /ㅇ/의 집단별 결과

	J 평균(표준편차)	C 평균(표준편차)	K 평균(표준편차)
L	39.5(21)	50(28.3)	93.7(9.8)
M	43(20.6)	62.5(28)	93.7(9.8)
H	68.7(20.6)	92.3(10.7)	

단위: %

정반응률을 살펴보면 학습초기부터 J집단에 비해 C집단이 더 높은 정반응률을 보이는 것으로 시작하여 C집단은 경험 기간이 증가함에 따라 큰 폭으로 향상하여 CH에서는 NK의 수준에 아주 근접하였다. 반면에 J집단은 학습 초기부터 C집단보다 낮은 정반응률에서 시작하여 경험기간이 증가함에 따라 미미하나마 향상이 있었지만 JH에 이르러서도 CH보다 낮은 정반응률에 도달하였고 NK집단과도 여전히 차이를 보이고 있다.

이들 각 집단의 종성 /ㅇ/에 대한 정반응률을 NK집단과 비교한 것이 다음 〈표77-79〉이다.

〈표77〉/ㅇ/에 대한 NK와 JL, CL의 차이 검증

	J 평균(표준편차)	C 평균(표준편차)
L	39.5(21)	50(28.3)
NK	93.7(9.8)	
유의차 검증 결과	***	***

***: 유의수준 P〈 .001, **: 유의수준 P〈 .01, *: 유의수준 P〈 .05

〈표78〉/ㅇ/에 대한 NK와 JM, CM의 차이 검증

	J 평균(표준편차)	C 평균(표준편차)
M	43(20.6)	62.5(28)
NK	93.7(9.8)	
유의차 검증 결과	***	**

***: 유의수준 P〈 .001, **: 유의수준 P〈 .01, *: 유의수준 P〈 .05

〈표79〉 / ㅇ /에 대한 NK와 JH, CH의 차이 검증

	J 평균(표준편차)	C 평균(표준편차)
H	68.7(20.6)	92.3(10.7)
NK	93.7(9.8)	
유의차 검증 결과	*	n.s.

***: 유의수준 P〈 .001, **: 유의수준 P〈 .01, *: 유의수준 P〈 .05

통계 분석 결과를 살펴보면 J, C 집단 모두 경험 기간이 증가함에 따라 차이가 좁혀졌지만 J의 집단들은 모두 NK와 비교하여 유의미한 차이를 보이고 있다. 반면에 C집단은 경험 기간이 증가함에 따라 차이가 줄어들어 CH집단은 NK과 유의미한 차이가 없는 것으로 나타났다. 따라서 종성 / ㅇ /에 대한 지각능력에서 습득에 도달한 집단은 다음의 〈표80〉과 같이 유일하게 CH집단이라고 할 수 있다.

〈표80〉 / ㅇ /에 대한 집단별 지각능력 습득 여부

	J	C
L	×	×
M	×	×
H	×	○

또한 어느 경험 기간에 지각능력이 비약적으로 향상되었는지 정확한 결과를 알아보기 위해 인접한 집단간에 정반응률에서 유의미한 차이가 있는지 검증한 것이 다음 〈표81-82〉이다.

〈표81〉 / ㅇ /에 대한 단기 경험자집단과 중기 경험자집단의 차이 검증

	J 평균(표준편차)	C 평균(표준편차)
L	39.5(21)	50(28.3)
M	43(20.6)	62.5(28)
유의차 검증	n.s.	n.s.

***: 유의수준 P〈 .001, **: 유의수준 P〈 .01, *: 유의수준 P〈 .05

〈표82〉 / ㅇ /에 대한 중기 경험자집단과 장기 경험자집단의 차이 검증

	J 평균(표준편차)	C 평균(표준편차)
M	43(20.6)	62.5(28)
H	68.7(20.6)	92.3(10.7)
유의차 검증	*	*

***: 유의수준 P〈 .001, **: 유의수준 P〈 .01, *: 유의수준 P〈 .05

통계분석 결과 J, C집단 모두 L-M집단간에는 유의미한 차이가 나타나지 않았지만 M-H집단간에는 유의미한 차이가 있는 것으로 보아 이 기간 동안 두드러진 향상이 있었던 것으로 볼 수 있겠다.

〈표83〉 / ㅇ /의 경험 기간에 따른 발달 여부

	J	C
Ⅰ - Ⅱ	×	×
Ⅱ - Ⅲ	○	○

이상의 결과를 종합해 보면 종성 / ㅇ /의 지각에 있어 C집단은 모국

어 종성에 대응하는 음이 음소로 존재하는 것이 긍정적인 전이를 일으켜 경험 기간이 짧을 때부터 J집단보다 더 잘 지각하여 결국에는 습득에 이르게 되었다. 따라서 C집단에게 종성 /ㅇ/은 습득의 난이도가 높지 않은 음이며 경험 기간이 증가하면 정확한 지각이 가능해지는 음이라고 하겠다. 반면에 J집단에게 /ㅇ/은 모국어에 대응하는 음이 변이음으로 존재하기 때문에 학습초기부터 다른 비음과의 혼동이 계속되어 M-H 기간 동안 비약적인 향상이 있었음에도 불구하고 평균 5년의 경험기간으로는 습득에는 이르지 못한 음이라고 하겠다. 그러나 M-H기간 동안 비약적인 향상이 나타났기 때문에 아직 향상의 여지가 남아 있는 것으로 보인다.

(3) 유음 종성 /ㄹ/

다음의 〈표84〉는 한국어 학습자가 발음한 종성 /ㄹ/에 대한 집단별 정반응률을 나타낸 것이다.

〈표84〉 /ㄹ/의 집단별 결과

	J 평균(표준편차)	C 평균(표준편차)	K 평균(표준편차)
L	97.9(4.4)	99.3(2.7)	
M	98.6(3.7)	99.3(2.7)	98.2(6.2)
H	99.3(2.7)	97.9(6)	

단위:%

결과를 살펴보면 종성 /ㄹ/의 정반응률은 모든 집단에서 경험 기간이 짧을 때부터 높은 수준을 기록하고 있으며 NK집단과도 차이가 없는 것으로 나타났다. 이 결과에 대해 각 집단의 습득 여부를 살펴본 것은 다음 〈표85-87〉이다.

〈표85〉 /ㄹ/에 대한 NK와 JL, CL의 차이 검증

	J 평균(표준편차)	C 평균(표준편차)
L	97.9(4.4)	99.3(2.7)
NK	98.2(6.2)	
유의차 검증 결과	n.s.	n.s.

***: 유의수준 P〈 .001, **: 유의수준 P〈 .01, *: 유의수준 P〈 .05

〈표86〉 /ㄹ/에 대한 NK와 JM, CM의 차이 검증

	J 평균(표준편차)	C 평균(표준편차)
M	98.6(3.7)	99.3(2.7)
NK	98.2(6.2)	
유의차 검증 결과	n.s.	n.s.

***: 유의수준 P〈 .001, **: 유의수준 P〈 .01, *: 유의수준 P〈 .05

〈표87〉 /ㄹ/에 대한 NK와 JH, CH의 차이 검증

	J 평균(표준편차)	C 평균(표준편차)
H	99.3(2.7)	97.9(6)
NK	98.2(6.2)	
유의차 검증 결과	n.s.	n.s.

***: 유의수준 P〈 .001, **: 유의수준 P〈 .01, *: 유의수준 P〈 .05

통계 분석 결과를 살펴보면 모든 집단의 정반응률이 NK집단의 정
반응률과 유의미한 차이가 없는 것으로 나타났다. 따라서 종성 /ㄹ/
은 J, C 집단 모두 지각하는 데 어려움이 없다는 것을 다음 〈표88〉와
같이 나타낼 수 있다.

〈표88〉 /ㄹ/에 대한 집단별 지각능력 습득 여부

	J	C
L	○	○
M	○	○
H	○	○

다음의 〈표 89-90〉은 어느 기간에 급격한 향상이 있었는지를 알아
보기 위해 인접한 집단간에 결과를 비교한 것이다.

〈표89〉 /ㄹ/에 대한 단기 경험자집단과 중기 경험자집단의 차이 검증

	J 평균(표준편차)	C 평균(표준편차)
L	97.9(4.4)	99.3(2.7)
M	98.6(3.7)	99.3(2.7)
유의차 검증	n.s.	n.s.

***: 유의수준 P〈 .001, **: 유의수준 P〈 .01, *: 유의수준 P〈 .05

〈표90〉 /ㄹ/에 대한 중기 경험자집단과 장기 경험자집단의 차이 검증

	J 평균(표준편차)	C 평균(표준편차)
M	98.6(3.7)	99.3(2.7)
H	99.3(2.7)	97.9(6)
유의차 검증	n.s.	n.s.

***: 유의수준 P〈 .001, **: 유의수준 P〈 .01, *: 유의수준 P〈 .05

 통계분석 결과를 살펴보면 C, J 집단 모두 인접한 집단간에 유의미한 차이가 발견되지 않았다. 이에 경험 기간에 따른 발달 여부는 다음 〈표91〉과 같이 표시할 수 있겠다.

〈표91〉 /ㄹ/의 경험 기간에 따른 발달 여부

	J	C
Ⅰ - Ⅱ	×	×
Ⅱ - Ⅲ	×	×

 이상의 결과를 통해 J, C집단 모두에게 한국어 종성 /ㄹ/은 이른 시기에 모국어화자 정도에 도달하는 습득 난이도가 낮은 음이라고 할 수 있다. 또한 학습 초기에 이미 모국어화자 정도의 수준에 도달하는 천장 효과(ceiling effect)가 나타나는 음으로, 학습초기에 이미 높은 수준에 도달하기 때문에 경험기간이 증가하여도 더 이상의 향상의 여지가 없기 때문에 경험 기간이 증가하여도 향상이 나타나지 않은 음이라고 할 수 있다.

이처럼 모든 집단이 /ㄹ/을 지각하는 데 어려움이 없었던 원인에 대해서는 모국어의 영향보다는 목표어 내부에서 그 원인을 찾아야 할 것으로 보인다. 즉, /ㄹ/은 한국어 종성 가운데 유일한 유음으로, 폐쇄음 종성이나 비음 종성의 경우 한국어 종성 내부에 조음 방식이 유사한 음들이 존재하기 때문에 그 음들과 미묘한 차이를 구별해서 지각해야 하는 반면 유음은 그러한 과정이 필요 없는 것이 결과에 영향을 미친 것으로 보인다. 따라서 지각 능력의 습득에는 모국어의 영향뿐만 아니라 목표어 내부에서 각 음들이 다른 음들과 어떤 관련을 맺는지도 영향을 미친다고 하겠다.

3. 한국어 종성 지각 능력 습득 양상

지금부터는 이상에서 기술한 종성 지각 실험 결과를 바탕으로 종성 지각 능력의 습득 양상을 종합해 보고자 한다. 기술의 순서는 먼저 C, J집단의 지각 실험 결과를 비교해 보고 각 종성의 지각 능력이 습득에 이를 가능성을 알아보기 위해 경험기간이 짧은 집단에서도 지각률이 높은 음이 어떤 음인지와 경험기간의 증가에 따른 향상 정도가 큰 음이 어떤 음인지 살펴보고자 한다. 다음으로는 모국어와의 대응관계와 경험기간이 습득에 어떠한 영향을 미쳤는지 살펴보고자 한다. 마지막으로는 한국어 종성의 지각 난이도를 설정해 보고자 한다.

지각 실험 결과 가운데 먼저 전체종성에 대한 결과를 국적별로 살펴보면 NK(84.5%)〉C(71%)〉J(63.1%)로 C집단이 J집단보다 NK에 더 근접한 결과를 보였다. 경험기간에 따른 결과를 살펴보면 J는 L집단이 52.4%에서 시작하여 H집단은 77%에 도달하였고 C는 L집단이 J

보다 높은 63.2%에서 시작하여 H집단이 84.6%에 도달하여 NK와 차이가 없는 정도에 도달하였다. 경험기간의 증가에 따른 향상이 어느 기간이 두드러지게 나타났는지 살펴본 결과 J집단은 L-M기간 동안 약간 증가하다가 M-H기간 동안 크게 향상된 반면 C집단은 L-M기간 동안 발전이 거의 없다가 M-H기간 동안 대부분 향상된 것으로 나타났다.

결과를 조음방식에 따라 폐쇄음, 비음, 유음으로 나누어 먼저 폐쇄음의 결과를 살펴보면 J집단은 L(45.9%)〈 M(57.4%)〈 H(72.2%)로 서서히 향상되는 모습을 보였으며 C집단은 M(47.2%)〈 L(48.1%)〈 H(74%)로 L에서 M으로 가면서 미미하게 하락하였다가 다시 향상되는 모습을 보였다. 그러나 J, C 모두 H집단은 NK(71.8%)보다 높은 정도에 도달하였다. 비음의 결과는 J집단이 L(42.1%)〈 M(49.3%)〈 H(73.1%)로 향상되었고 C집단은 L(62.5%)〈 M(67.5%)〈 H(88.1%)와 같이 L집단부터 J집단보다 높게 시작하여 H집단은 NK(89.5)에 더 근접한 것으로 나타났다. 한편 각 모국어집단의 폐쇄음 종성과 비음 종성의 지각 결과를 비교해 보면 J는 L, M기간 동안 폐쇄음을 지각하는 것보다 비음을 지각하는 데 더 어려움을 겪지만 H집단에 가면 폐쇄음과 비음의 지각률이 같은 정도가 되는 것을 알 수 있었다. 따라서 경험 기간이 증가하는 데 따른 향상이 비음쪽에서 더 크다는 것을 알 수 있다. 한편 C집단은 모든 경험 기간에서 비음의 지각률이 폐쇄음보다 월등히 높게 나타났는데, 이는 한국어 비음 종성 /ㄴ/과 /ㅇ/에 대응하는 음이 모국어에 음소로 존재하는 점이 긍정적인 전이(positive transfer)를 일으킨 것으로 볼 수 있겠다. 한편 유음의 지각률은 모든 집단에서 거의 100%에 가까운 결과를 보여 유음 /ㄹ/은 모국어와 경험 기간에 상관없이 지각하기 쉬운 음이라는 것을 알 수 있었다. 한편 C, J집단의 각 종성에 대한 지각률을 살펴본 결과 각 종성에 대한 지각률이 경험기간이 증가함에 따라 대체적으로 향상된 것으로 나타났다. 그러나 J집단의 /ㄷ/은 JL보다 JM, JH의 지각률이 낮은 것으로 나타났고 C집단의 /ㅂ/은 L-M기간 동안 하락하였다가 M-H에서 다시 향상되는 U자형(U-shaped) 발달 형태를 보였다. 그러나 인접한 집단간에 유의차 검증을 실시한 결과 유의미한 차이가 없는 것으로 나타나, 지각 능력의 하락이 아니라 정체를 보이는 기간이라고 할 수 있겠다.

다음으로 각 집단이 어느 종성을 더 잘 지각했는지 살펴보면 JL집단은 ㄹ〉ㅂ〉ㄷ〉ㄴ〉ㅁ〉ㄱ〉ㅇ, JM집단은 ㄹ〉ㅂ〉ㄱ〉ㄴ〉ㅁ〉ㄷ〉ㅇ, JH집단은 ㄹ〉ㅂ〉ㄱ〉ㅁ〉ㄴ〉ㅇ〉ㄷ 의 순으로 더 잘 지각한 것으로 나타났다. 결과를 살펴보면 JL집단은 모국어 종성 목록에 없는 /ㄹ/은 97.9%로 아주 높게 나타난 반면 모국어에 변이음으로 존재하는 나머지 6개의 음의 지각률은 가장 높은 것이 50.9%에서 가장 낮은 것이 39.5% 사이에 분포하고 있어 변이음으로 존재하는 음들을 지각하는 데 어려움을 겪고 있다는 것을 알 수 있다. JM집단도 JL집단과 동일하게 가장 잘 지각한 음은 /ㄹ/이었으며 가장 지각에 어려움을 겪은 음은 /ㅇ/인 것으로 나타났다. JM집단에서도 여전히 모국어에 존재하지 않는 음인 /ㄹ/의 지각률과 변이음으로 존재하는 음들의 지각률은 큰 차이를 유지하고 있는 것으로 나타났다. JH도 가장 잘 지각한 음은 /ㄹ/로 나타났으나 변이음으로 존재하는 음 가운데 /ㅂ, ㄱ, ㅁ, ㄴ, ㅇ/의 지각률이 L, M집단에 비해 큰 폭으로 향상된 것으로 나타났다. 그러나 JH집단도 /ㄷ/을 지각하는 데 가장 큰 어려움을 겪고 있는 것으로 나타나 J집단에게 /ㄷ/은 가장 지각 능력이 향상되지 않는 지각하기 어려운 음이라고 하겠다.

다음으로 C집단의 결과를 살펴보면 CL집단은 ㄹ〉ㄴ〉ㅂ〉ㅁ〉ㅇ〉ㄱ〉ㄷ, CM집단은 ㄹ〉ㄴ〉ㅇ〉ㄱ〉ㅁ〉ㅂ〉ㄷ, CH집단은 ㄹ〉ㅇ〉ㄴ〉ㄱ〉ㅂ〉ㅁ〉ㄷ의 순으로 잘 지각한 것으로 나타났다. CL집단이 가장 잘 지각한 음은 /ㄹ/이었으며 그 다음으로 모국어에 대응하는 음소가 존재하는 /ㄴ/도 85.4%로 아주 잘 지각하고 있는 것으로 나타났다. 그리고 /ㄷ/을 제외한 나머지 5개의 음의 지각률은 50% 전후로 비슷하게 나타났다. CM집단의 지각률을 살펴보면 가장 지각률이 높은 음은 /ㄹ/이며 그 다음으로는 모국어 종성에 음운으로 존재하는 /ㄴ/과 /ㅇ/의 지각률이 그 다음으로 높은 것으로 나타났다. 그리고 CM집단이 지각에 가장 어려움을 겪은 음은 /ㄷ/인 것으로 나타났다. CH집단이 가장 잘 지각한 음은 여전히 /ㄹ, ㅇ, ㄴ/이었으며 90%이상의 지각률을 기록하였다. 그리고 모국어에 대응하는 음이 없는 음인 /ㄱ, ㅂ, ㅁ/도 80%이상의 지각률을 기록하였다. 그리고 CH집단이 지각에 가장 어려움을 겪은 음은 /ㄷ/인 것으로 나타났다.

이상의 결과를 종합해 보면 C집단과 J집단은 더 잘 지각한 음과 지각에 어려움을 겪은 음에서 대체적으로 유사한 모습을 보였는데 이것은 한국어 종성 자체에 지각 난이도가 있다는 것을 보여 주는 것이며, 두 집단이 모두 /ㄷ/을 지각하는 데 어려움을 겪은 것은 한국어 종성 가운데 출현 빈도가 가장 낮은 음이 /ㄷ/인 것이 영향을 미친 것으로 보인다. 한편 /ㄴ/과 /ㅇ/의 지각에 있어서는 차이가 나타났는데 이것은 해당 종성에 대응하는 음이 모국어에 어떻게 나타나는지가 영향을 미쳤다고 하겠다. 이러한 결과를 종합해 보면 지각 능력에는 모국어의 영향과 목표어인 한국어의 지각 난이도, 종성의 출현 빈도 등이 복합적으로 영향을 미쳤다고 하겠다.

다음〈표92〉는 한국어에 대한 경험 기간이 짧은 피험자도 지각에 어려움이 없어 궁극적으로 습득에 이를 가능성이 높은 음이 어떤 음인지 알아보기 위해 JL, CL집단의 지각 결과를 지각률이 높은 순서대로 나열한 것이다.

〈표92〉 L집단의 지각률 순위

순위	1	2	3	4	5	6	7
L1	C	J	C	C	J	C	J
지각음	ㄹ	ㄹ	ㄴ	ㅂ	ㄷ	ㅁ	ㅂ
지각률	99.3	97.9	85.4	58.3	56.4	52	50.9
순위	8	9	10	11	12	13	14
L1	C	C	J	J	J	J	C
지각음	ㅇ	ㄱ	ㄴ	ㅁ	ㄱ	ㅇ	ㄷ
지각률	50	46.2	45.1	41.6	39.8	39.5	36.1

결과를 살펴보면 C, J 집단 모두 /ㄹ/을 지각하는 데 전혀 어려움이 없는 것으로 보이며 한국어에 대한 경험 기간이 평균 3.5개월임에도 불구하고 이러한 높은 지각률을 기록할 수 있었던 것은 모국어의 영향보다는 목표어인 한국어 종성 목록 내부에서 /ㄹ/의 특수성을 생각해 볼 수 있겠다. /ㄹ/은 한국어의 종성 목록 가운데 유일한 유음으로 조음방식이 유사한 음이 종성 목록에 존재하지 않는다. 따라서 조음방식이 유사한 다른 음들과 구별하여 지각해야 하는 폐쇄음, 비음 종성에 비해 지각에 어려움이 없었던 것으로 보인다. 그 다음으로 높은

지각률을 보인 음은 C집단이 지각한 /ㄴ/으로, 이 음은 대응하는 음이 모국어에 음소로 존재하기 때문에 지각에 긍정적인 영향(positive transfer)을 미친 것으로 보인다. 이러한 결과를 통해 이들 음의 지각 능력은 이른 시기에 NK에 근접하였기 때문에 습득에 이를 가능성이 높은 음이라고 하겠다.

다음으로는 비록 경험 기간이 짧을 때는 지각에 어려움을 겪지만 경험 기간이 증가함에 따라 향상 폭이 커 습득에 이를 가능성이 높은 음이 어떤 것인지 알아보기 위해 L-M-H로 가는 동안 향상 폭이 큰 음의 순서대로 나열해 보았다. J집단은 ㄱ(47.2%)〉ㅁ(34%)〉ㄴ(29.9%)〉ㅂ(28.9)〉ㅇ(28.2)〉ㄹ(1.4)〉ㄷ(-3.4%)의 순으로 향상이 큰 것으로 나타났다. 한편 C집단은 ㄱ(43.6%)〉ㅇ(42.3%)〉ㅂ(28.7%)〉ㅁ(27.5%)〉ㄷ(18.5%)〉ㄴ(6.2%)〉ㄹ(-1.4%)의 순으로 나타났다. 결과를 살펴보면 J집단과 C집단은 향상이 큰 음이 유사하게 나타났는데 두 집단 모두 /ㄱ/, /ㅁ/, /ㅂ/, /ㅇ/의 향상 폭이 큰 것으로 나타났다. 이 결과를 통해 다시 한 번 지각 능력의 향상에 목표어의 지각 난이도가 영향을 미친다는 것을 확인할 수 있었다. 한편 이 음들은 두 집단 모두에게 경험기간이 짧을 때는 지각에 어려움을 겪지만 경험 기간이 증가하면 빠른 속도로 향상되어 습득에 이를 가능성이 높은 음이라고 하겠다.

다음으로는 모국어와의 대응관계가 습득에 어떠한 영향을 미쳤는지 살펴보고 해당음의 지각 능력이 어느 기간에 비약적으로 향상되었는지 살펴보도록 하겠다. 다음 〈표93〉은 모국어와의 대응관계에 따른 각 음의 습득 여부와 각 경험기간에서의 발달 여부를 표시한 것이다.

〈표93〉 모국어와의 대응관계에 따른 습득 여부와 발달 여부

대응	음운으로 존재하는 종성		음운으로 존재하지 않는 종성						변이음으로 존재하는 종성					
L1	C	C	C	C	C	C	C	J	J	J	J	J	J	J
지각음	/ㄴ/	/ㅇ/	/ㅂ/	/ㄷ/	/ㄱ/	/ㅁ/	/ㄹ/	/ㄹ/	/ㅂ/	/ㄷ/	/ㄱ/	/ㅁ/	/ㄴ/	/ㅇ/
I	×	×	×	×	×	×	×	×	×	×	×	×	×	×
II	×	○	○	○	○	○	×	×	×	×	○	×	○	○
습득	○	○	○	○	○	○	○	○	×	○	○	○	×	×

위의 결과를 살펴보면 한국어 종성에 대응하는 음이 모국어에 음운으로 존재하는 음은 모두 지각 능력이 습득에 도달한 것으로 나타났다. 그리고 한국어 종성에 대응하는 음이 모국어 종성 목록에 존재하지 않는 경우 C집단의 /ㄷ/을 제외하고는 모두 습득에 도달한 것을 알 수 있다. 이러한 결과가 나타난 데에는 두 가지 요인이 작용하였는데 하나는 경험기간이 짧을 때부터 지각하는 데 어려움이 없는 음인 C, J의 /ㄹ/과 C의 /ㄴ/은 경험 기간에 따른 두드러진 발전이 없었음에도 불구하고 습득에 도달할 수 있었다. 또한 C집단의 /ㅂ, ㄱ, ㅁ/는 모국어에 대응하는 음이 존재하지 않아 경험기간이 짧을 때는 지각에 어려움을 겪었지만 II기간 동안 비약적으로 발전하여 습득에 이를 수 있었다. 반면에 한국어 종성에 대응하는 음이 모국어에 변이음으로 존재하는 경우에는 6개의 음 가운데 반인 3개의 음만이 습득에 도달한 것으로 나타났다. J집단에게 이러한 결과가 나타난 데에는 /ㅁ/의 경우 경험 기간의 증가에 따른 미미한 향상은 있었지만 비약적인 발달은 나타나지 않았기 때문이며 /ㄴ, ㅇ/의 경우 II기간 동안 비약

적인 발전이 있었음에도 불구하고 경험 기간이 짧은 집단의 지각률이 너무 낮게 나타나 큰 차이를 극복하지 못하였기 때문으로 보인다.

이상의 결과를 종합해 보면 다음과 같은 사실을 알 수 있다. 첫째, 목표어의 음운에 대응하는 음이 모국어에 음운으로 존재할 경우 긍정적인 전이(positive transfer)를 일으켜 경험기간이 짧을 때부터 지각 능력이 어렵지 않게 모국어화자 수준에 도달할 수 있다. 둘째, 목표어 음운에 대응하는 음이 모국어 음운 목록에 부재할 경우도 경험기간이 짧을 때는 지각에 어려움을 겪지만 경험기간이 향상에 긍정적인 영향을 미쳐 새로운 음운 목록을 형성할 수 있기 때문에 지각 능력의 습득이 가능하다. 셋째, 목표어 음에 대응하는 음이 모국어에 음소가 아닌 변이음의 형태로 존재할 경우 경험기간이 짧을 때부터 지속적으로 조음방식이 유사한 음들을 구별하여 지각하는 데 어려움이 발생하며 경험 기간이 증가하여도 향상이 크지 않아 결국 습득에 도달하기 힘들다. 이처럼 한국어 종성에 대한 지각 능력을 습득하는 데 있어 모국어와의 대응관계가 영향을 미친다고 하겠다.

이상의 결과를 바탕으로 각 집단의 종성 지각능력이 각각 어느 시기에 습득에 도달하였는지를 나타내면 다음 〈그림17-18〉과 같다.

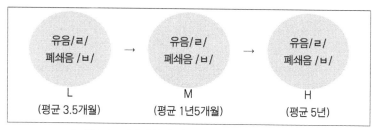

〈그림17〉 J집단의 종성 지각 능력의 습득 순서와 시기

〈그림17〉을 살펴보면 J집단에게 /ㄹ/과 /ㅂ/은 상대적으로 먼저 습득에 도달하는 음이라는 것을 알 수 있으며 /ㄱ/과 /ㅁ/은 경험 기간이 짧을 때는 지각에 어려움을 겪지만 경험 기간이 증가하면 습득에 이를 수 있는 음이라는 것을 알 수 있다. 또한 폐쇄음 가운데에는 /ㅂ/이 가장 습득 난이도가 낮아 먼저 습득에 도달하며 다음으로 /ㄱ/이 습득에 도달하는 것을 알 수 있다. 또한 J집단에게 비음은 경험 기간이 증가하여도 향상이 미미하여 습득에 이르기 어려우며 비음 가운데에 /ㅁ/이 가장 먼저 습득에 이르는 것을 알 수 있다.

이로써 J집단은 평균 5년의 경험 기간 동안 종성 4개의 지각능력이 습득에 도달하였다고 하겠다. 한편 J집단이 평균 5년의 경험기간으로도 습득에 이르지 못한 음은 폐쇄음/ㄷ/과 비음/ㄴ/, /ㅇ/인데, 이들 가운데 /ㄴ/, /ㅇ/은 M-H기간 동안 지각 능력이 비약적으로 향상된 것으로 보아 본고에서 다룬 평균 5년의 경험 기간보다 더 긴 경험 기간을 통해 습득에 도달할 여지가 남아 있다고 할 수 있으나 /ㄷ/은 M-H기간 동안 지각 능력의 향상이 전혀 나타나지 않은 것으로 보아 경험 기간이 증가하여도 발음이 화석화(fossilization)되어 습득에는 이르지 못할 가능성이 있는 것으로 보인다.

이번에는 C집단의 종성 지각 능력의 습득 순서와 시기를 다음 〈그림18〉과 같이 나타낼 수 있다.

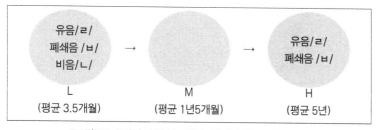

〈그림18〉 C집단의 종성 지각 능력의 습득 순서와 시기

　결과를 살펴보면 C집단은 비교적 이른 시기에 유음 /ㄹ/과 폐쇄음 /ㅂ/, 비음 /ㄴ/이 습득에 도달하는 것을 알 수 있다. 그리고 경험 기간이 더 증가하면 폐쇄음 /ㄱ/이, 그리고 비음인 /ㅇ/, /ㅁ/도 습득에 이르는 것을 알 수 있다. 이처럼 C집단은 평균 5년 정도의 경험기간을 통해 종성 7개의 종성 가운데 /ㄷ/을 제외한 6개의 지각 능력이 습득에 도달한 것을 알 수 있다. 그러나 습득에 이르지 못한 /ㄷ/도 경험기간이 증가함에 따라 비약적인 향상은 아니지만 서서히 향상되는 것으로 나타났으므로 경험기간이 더 증가하면 습득에 이를 가능성이 열려 있다고 하겠다.

　이 결과를 앞에서 기술한 J집단의 결과와 비교해 보면 C, J집단은 모두 5년이라는 경험 기간 동안 동일하게 /ㄹ/, /ㅂ/, /ㄱ/, /ㅁ/의 지각능력이 습득에 도달하였으며, 동일하게 /ㄷ/을 습득하지 못한 것으로 나타났다. 이는 한국어 종성간에 지각 난이도 차이가 존재할 가능성을 말해 주는 것이며 이러한 지각 난이도 차이가 습득에 영향을 미쳤을 것으로 볼 수 있겠다. 또한 습득 순서에 있어 C, J집단 모두 유음 /ㄹ/이 가장 먼저 습득에 이른 것으로 나타났는데 이러한 결과에 대해 앞에서 언급한 것처럼 한국어 종성 목록 내부에서 /ㄹ/의 특

수성때문이라고 판단할 수 있겠다. 한편 C집단이 J집단에 비해 /ㄴ/
과 /ㅇ/을 추가적으로 습득한 것에 대해서는 한국어 종성 /ㄴ/과 /
ㅇ/에 대응하는 음이 중국어 종성 목록에 음소로 존재한 것이 긍정적
인 전이(positive transfer)를 일으켰다는 것을 다시 한 번 확인할 수
있었다. 한편 J, C 집단 모두 폐쇄음 가운데에서는 /ㅂ/이 먼저 습득
에 도달하였으며 비음 가운데에서는 /ㅁ/이 공통적으로 습득에 도달
하였는데 이는 양순음이 먼저 발달된다는 언어보편적인 발달 과정
(developmental process)과 일치하는 결과라고 할 수 있다. 따라서
각 종성의 지각능력이 습득에 이르는 데는 목표어인 한국어 종성 자
체의 지각난이도와 한국어 종성과 모국어 음의 대응관계, 그리고 언
어보편적인 발달 과정 등이 복합적으로 영향을 미쳤다고 하겠다.

이상의 결과를 종합했을 때 종성의 지각 난이도는 다음 〈표94〉와
같이 나타낼 수 있겠다.

〈표94〉 종성의 지각 난이도

	모국어와 목표어 음의 대응관계	예		Stockwell, Bowen & Martin(1965)의 난이도 위계
		L1	L2 음	
4	대응하는 음이 모국어에 변이음으로 존재하는 음	일본어	/ㅂ,ㄷ, ㄱ,ㅁ, ㄴ,ㅇ/	분기(split)
3	대응하는 음이 모국어에 음소로 존재하지 않는 음	중국어	/ㅂ,ㄷ, ㄱ,ㅁ/	부재(absent)
2	대응하는 음이 모국어에 음소로 존재하는 음	중국어	/ㄴ,ㅇ/	대응 (correspondence)

| 1 | 목표어 내부에 조음방식이 유사한 음이 없는 음 | | /ㄹ/ | |

* 숫자가 클수록 난이도가 높음

〈표94〉와 같이 각 모국어와의 대응관계를 Stockwell, Bowen& Martin(1965)이 주장한 난이도 범주에 대입시키면 지각 실험의 결과와 예측이 대체적으로 일치한다고 하겠다.

B. 한국어 종성에 대한 산출실험

본 절에서는 각 집단의 피험자가 한국어 종성을 얼마나 잘 조음할 수 있는지를 알아보는 산출실험에 대해 기술하고자 한다. 산출 실험은 두 가지로 나누어 실시되었는데 첫 번째 실험은 각 집단의 피험자가 발화한 한국어 종성을 한국어 모국어화자가 듣고 그것을 의도한 음으로 얼마나 정확하게 지각하는지 알아보는 이해명료도(intelligibility)를 알아보는 실험이며 두 번째 실험은 각 집단의 피험자가 발화한 종성을 한국어 모국어화자가 듣고 그 음이 해당 한국어 종성으로 얼마나 정확한 발음이라고 생각하는지에 대해 1-5점 척도로 평가하는 정확도 평가실험으로 구성되어 있다.

1. 한국어학습자가 산출한 종성에 대한 지각(이해명료도) 실험

산출실험 가운데 먼저 실시된 이해 명료도(intelligibility) 실험은 각 집단의 피험자들이 발화한 한국어 종성을 한국어 모국어화자가 듣고 한국어의 7가지 종성 가운데 어느 음으로 들리는지 선택하도록 한 실험이다. 이 실험은 발화자인 외국인피험자의 발화가 청자인 한국어 모국어화자에게 얼마나 의도한 대로 잘 전달될 수 있는가를 관찰할 수 있는 실험이므로 비록 조음 능력이 완벽하지 않더라도 의사소통에 장애가 발생하지 않을 정도의 산출 능력만 갖추고 있다면 청자(listener)로부터 옳은 반응을 이끌어낼 수 있기 때문에 산출능력을 평가함에 있어 상대적으로 허용도가 높은 판단을 내리는 실험이라고 할 수 있다.

가. 실험 방법

(1) 자극음의 녹음과 지각실험용 음성 파일 작성

본 절의 산출실험을 위해 A.절의 지각 실험에 참여했던 피험자 126명이 다시 자극음의 녹음에 참여해 주었다. 피험자들은 조용한 강의실에서 1대 1로 A.절의 지각 실험에서 사용된 종성이 포함된 50개의 무의미어 목록, 〈표22〉를 유도 문장(carrier sentence)인 '다시 따라 하세요 ___' 에 넣어 자연스러운 속도로 세 번씩 발음하였다. 녹음은 SHURE社의 SM585K마이크를 피험자의 입으로부터 5센티미터 앞 쪽에 설치하고 노트북 컴퓨터를 이용하여 실시하였고 자극음의 녹음과 편집에는 Soundforge 8.0 프로그램이 사용되었다.

피험자 126명의 발화는 각각 WAV. 파일로 저장되었으며 총 발화는 18900개(126명×50개×3회=18900개)가 수집되었다. 녹음된 발화는 먼저 유도문장 부분인 '다시 따라하세요'를 제거한 후 무의미어 부분만을 남겼다. 그 후 세 번의 발화 가운데 두 번째 발화만을 두 번씩 반복하여 들을 수 있도록 편집하였다. 자극음과 자극음 사이에는 1초의 휴지를 삽입하였으며 문항과 문항 사이에는 5초의 휴지를 삽입하였다.

그 후 한국어에 대한 경험기간이 다른 다양한 피험자의 발화를 무작위로 섞기 위해 먼저 개인당 50개인 자극음을 10개씩 잘라 1번-5번까지의 다섯 개의 파일로 완성하였다. 이렇게 하여 예컨대 일본인 단기 경험자인 피험자의 발화는 JL1-1, JL1-2, JL1-3, JL1-4, JL1-5와 같이 5개의 음성파일로 완성하였다. 이렇게 만들어진 개인별 음성파일은 각 집단별로 한 명씩(JL에서 1명, JM에서 1명, JH에서 1명, CL에서 1명, CM에서 1명, CH에서 1명, NK에서 1명), 총 7명의 것을 무작위로 섞어 총 350개(7명×50개=350개)의 자극음이 하나의 지각 실험용 음성파일이 되도록 구성하였다. 이렇게 작성된 지각실험용 음성 파일은 총 18개(각 집단별 피험자 수=18인)가 완성되었으며 각 음성 파일을 듣는 데는 55분가량이 소요되었다. 그러나 지각 실험에 참여한 청자(listener)가 55분 길이의 350개의 자극음을 한꺼번에 듣는 것은 집중력 면에서 무리가 있을 것으로 판단하여 350개의 자극음을 70개씩 나누어 1번-5번까지의 5개의 WAV.파일로 나누었다. 이렇게 하여 지각실험에 참여한 피험자들은 각각의 파일을 듣는 중간에 자신이 원하는 시간만큼 4회의 휴식을 취할 수 있도록 하였다.

(2) 피험자 및 실험 절차

산출(명료도)실험에 청자(listener)로 참여한 피험자는 한국어학습
자와 나이가 일치되는 20대의 한국인 대학생 72명으로 청각능력에
문제가 없는 자들이다. 피험자의 성별은 남성이 39명, 여성이 33명이
며 평균 연령은 23.6세로 집계되었다. 이들에게 외국인을 접할 기회
가 많은지에 대해 물은 결과 '거의 없다'는 응답이 73%로 가장 많았
고 나머지 27%는 '보통'이라고 응답하였다. 피험자들은 앞에서 기술
한 음성 파일 18개 가운데 하나의 파일을 듣게 되었는데 4명이 동일
한 음성파일을 듣게 되었다(18개×4명=72명). 이들은 데스크탑 컴퓨
터와 헤드폰이 설치된 시청각실에서 바탕 화면에 미리 저장해 둔 음
성파일 5개를 순서대로 열어서 들으며 한국어 학습자의 종성발음이
어느 음으로 들리는지 아래의 보기 가운데에서 선택하였다. 그리고
화자(talker)의 발화에서 종성이 들리지 않는다고 생각될 경우 '⑧없
다'를 고르도록 하였다. 다음은 외국인 화자가 발화한 종성에 대한 지
각 실험 답안지의 예이다.

〈표95〉 외국인 피험자의 종성 발화에 대한 지각 실험 답안지 문항 예

---

* 들은 발음의 받침소리(발음)에 해당하는 것을 고르십시오.

1. ①ㄱ ②ㄴ ③ㄷ ④ㄹ ⑤ㅁ ⑥ㅂ ⑦ㅇ ⑧없다

본 실험에 들어가기에 앞서 연습 문항이 10개 주어졌으며 연습 문
항을 통해 실험방법에 대해 충분히 숙지했는지를 확인한 후에 본 실
험이 실시되었다.

(3) 결과분석

본 실험은 각 집단의 외국인이 발화한 종성에 대해 한국어 모국어 화자가 얼마나 잘 지각하는지의 결과를 통해 각 집단의 한국어 종성 산출 능력을 살펴보기 위한 것이다. 이는 한국어학습자가 발음한 종성을 한국어 모국어화자가 의도대로 더 잘 지각한다면 해당 발화자는 한국어 종성을 그렇지 않은 경우보다 더 잘 조음하고 있다고 판단할 수 있기 때문이다. 이러한 결론에 도달하기 위해 다음과 같은 세 가지에 대해 중점적으로 관찰하였다. 첫째, 산출실험의 결과를 국적별로 비교할 것이다. 이 과정을 통해 한국어 종성을 산출하는 데 모국어가 다른 두 집단이 어떠한 공통점을 보이는지 상이점을 보이는지를 관찰하고자 한다. 둘째, 각 집단의 해당 음에 대한 산출능력이 습득에 도달하였는지를 판단하기 위해 한국어 모국어화자(NK)집단의 결과와 유의차 검증을 실시하였다. 즉, NK집단의 결과와 각 집단의 결과를 비교하여 유의미한 차이가 없을 경우 해당음의 산출능력이 습득에 도달한 것으로 판단하였다. 셋째, 어느 경험 기간에 해당음의 산출 능력이 급격히 향상되었는지를 확인하기 위해 각 언어권별로 L(단기 경험자)집단과 M(중기 경험자)집단, M(중기 경험자)집단과 H(장기 경험자)집단의 결과간에 유의차 검증을 실시하였다. 즉, 인접한 두 집단을 비교하여 유의미한 차이가 있을 경우 해당 기간 동안 산출 능력의 비약적인 향상이 있었다고 볼 수 있으며, 유의미한 차이가 없을 경우 해당 기간 동안 산출 능력이 비약적으로는 향상되지 않았다고 판단할 수 있을 것이다.

이상에서 살펴보고자 하는 결과를 도출하기 위해 유의차 검증에는 대체적으로 일원분산분석(One- way ANOVA)을 실시하였다.

나. 실험 결과

본 절에서는 각 경험자 집단의 피험자가 발화한 한국어종성에 대해 한국어모국어화자가 잘 알아들을 수 있는지를 알아본 산출(명료도) 실험의 결과를 기술하고자 한다. 그에 앞서 본 실험에 청자로 참여한 한국인 피험자의 평가가 신뢰할만한 것인지에 대해 검증하기 위해 청자들이 평가한 각 집단의 산출 결과에 대해 Cronbach's Alpha[11]값을 구한 결과 0.871로 높게 나타났다. 따라서 한국어 모국어화자가 일관된 평가를 했다고 판단할 수 있겠다.

(1) 국적별 결과

본 절의 산출(명료도) 실험의 결과를 앞 장의 지각실험의 결과와 비교해 보면 가장 두드러진 차이점은 본 절의 정반응률이 전체적으로 낮아진 점인데 이것은 외국인 피험자가 종성을 한국어 모국어화자만큼 잘 조음하지 못하기 때문에 청자(listener)인 한국어 모국어화자가 지각하는 데 어려움을 겪었기 때문으로 보인다. 또 하나 달라진 점은 청자들이 선택한 오답 항목이 더 다양해졌다는 점인데, 앞 장에서 한국인이 발화한 한국어 종성을 듣고 한국어학습자가 종성을 선택한 경우에는 오답항목으로 대체적으로 조음 방식이 비슷한 음이 나타났다면 본 절의 지각 실험 결과는 조음방식이 비슷하지 않은 음도 오답항목으로 나타났다는 특징이 있다. 따라서 외국인 한국어 학습자가 외

---

11) Cronbach's Alpha값은 채점자 내적 일관성에 대한 신뢰성을 알아보기 위한 것으로 보통 0.7이상이면 신뢰할만한 것으로 판단한다.

국인과 접할 기회가 많지 않은 모국어화자와 의사소통을 시도할 경우 장애가 발생할 가능성이 있음을 보여 주는 결과라고 하겠다.

다음의 〈표96-101〉은 각 집단의 피험자들이 발화한 종성에 대해 한국어 모국어화자가 정(正)지각한 비율과 오답항목을 나타낸 것이다.

〈표96〉 JL의 발화에 대한 정반응률과 오답 항목

	/ㄱ/	/ㄴ/	/ㄷ/	/ㄹ/	/ㅁ/	/ㅂ/	/ㅇ/	없다
/ㄱ/	70.4	1.7	17.6			6.1		2.2
/ㄴ/	2	44	2	2	24.4		22	2.3
/ㄷ/	20.6		54.3	2.9	2.7	12.5	1.7	4.6
/ㄹ/	1.6	1.8	2	88.3	1.1		2	2.7
/ㅁ/	1.6	15.9	4.5	1.8	60.8	5.3	7.5	
/ㅂ/	19.7	2.2	21.6	1.7	4.9	44.8		3.9
/ㅇ/	8.8	18.4	2	2.9	18.6	1.8	42.9	3.1

단위:%

먼저 JL집단이 발화한 종성 발음에 대한 정반응률을 살펴보면 /ㄹ/의 정반응률이 가장 높게 나타나고 있으며 그 밖의 비음과 폐쇄음은 조음방식이 유사한 음들과 혼동하는 비율이 높게 나타난 것으로 보아 JL집단의 피험자들이 아직 조음방식이 비슷한 음들을 구별하여 조음하지 못하기 때문에 한국어 모국어화자가 각각의 음을 구별하여 지각하는 데 어려움을 겪었다는 것을 알 수 있다.

〈표97〉 JM의 발화에 대한 정반응률과 오답 항목

	/ㄱ/	/ㄴ/	/ㄷ/	/ㄹ/	/ㅁ/	/ㅂ/	/ㅇ/	없다
/ㄱ/	64.5		23			5.8	1.2	3.1
/ㄴ/		58	2	1.4	19.9		16.2	1.2
/ㄷ/	34.8		44.8			11.7		5.6
/ㄹ/	1.8	1.6	1.2	92.4				1.1
/ㅁ/	1.2	17.6	2		65.8	2.5	9.5	
/ㅂ/	19.1	1.4	24.5	1.2	1.4	50.2		1.2
/ㅇ/	10.6	24.2	2	2.3	14.1	1.1	42.9	2.2

단위:%

JM집단의 발화 가운데 가장 지각률이 높은 음은 역시 /ㄹ/이며 다른 폐쇄음이나 비음은 여전히 조음 방식이 비슷한 음들간에 구별하여 조음하는 능력이 떨어져 폐쇄음은 폐쇄음간에 비음은 비음간에 오(誤)지각하는 비율이 높게 나타나고 있음을 알 수 있다.

〈표98〉 JH의 발화에 대한 정반응률과 오답 항목

	/ㄱ/	/ㄴ/	/ㄷ/	/ㄹ/	/ㅁ/	/ㅂ/	/ㅇ/	없다
/ㄱ/	71.9	1.2	11.7		2.9	6.6	2.2	1.7
/ㄴ/	1.6	65.5	1.8	2.5	13.4	1.1	13.6	1.1
/ㄷ/	25.9	3.1	51.6	1.2	2.4	12.2		4.1
/ㄹ/	1.6	2.5		88.4	2.7		1.4	
/ㅁ/	2	13.4	1.6	2.7	71.2	2	5.7	
/ㅂ/	15.4	2.9	18.6	2.2	2.6	54.9	1.2	2.2
/ㅇ/	10.1	16.9	1.6	2.9	13.9	1.1	51.2	1.8

단위:%

JH집단이 발화한 종성에 대한 지각률을 살펴보면 여전히 /ㄹ/을 의도대로 가장 잘 알아들었으며 그 뒤를 /ㄱ/과 /ㅁ/이 70% 정도로 따르고 있다. 그 다음으로는 /ㄴ/이 높게 나타나고 있으며, 그 밖의 음들은 50%정도의 정반응률을 기록하고 있어 이러한 음들의 조음 능력은 아직도 청자에게 의도대로 전달되기 힘든 수준이라는 것을 알 수 있다.

〈표99〉 CL의 발화에 대한 정반응률과 오답 항목

	/ㄱ/	/ㄴ/	/ㄷ/	/ㄹ/	/ㅁ/	/ㅂ/	/ㅇ/	없다
/ㄱ/	49.3	3.6	24.7	3.6		5.1	3.6	10.7
/ㄴ/	1.1	64.6	6.6	5.6	9		7.5	3.6
/ㄷ/	26	15.4	36.8	1.2	2.2	5.4	1.9	10.8
/ㄹ/	2		3.1	85.9				6.8
/ㅁ/	3.4	15.1	8.4	1.4	50.1	15.4	4.4	
/ㅂ/	18.1	4.9	22.3		8.8	37.9	2.2	4.6
/ㅇ/	7.3	18.9		3.1	14.3	1.6	42.8	9.3

단위:%

CL집단이 발음한 한국어 종성에 대해 한국어 모국어화자가 지각한 결과를 살펴보면 역시 가장 의도대로 잘 알아들은 음은 /ㄹ/이며 그 다음으로는 /ㄴ/이 65.4%로 그 뒤를 따르고 있다. 그 밖의 음들은 50%안팎의 정반응률을 기록하고 있다. 한편 흥미로운 것은 CL집단의 폐쇄음 종성 /ㄱ/과 /ㄷ/의 지각에서 10%가량이 종성 발음이 없다는 평가를 받았다는 것이다. 즉, CL집단의 피험자들은 해당 종성을 발음하려고 시도하였으나 모국어화자에게는 종성이 없는 것처럼 전달되었다는 것을 알 수 있다. 그 원인으로는 폐쇄지속시간[12]이 충분하지 못했기 때문에 청자에게 종성을 발음하지 않는 것처럼 지각된 것으로 보인다.

〈표100〉 CM의 발화에 대한 정반응률과 오답 항목

	/ㄱ/	/ㄴ/	/ㄷ/	/ㄹ/	/ㅁ/	/ㅂ/	/ㅇ/	없다
/ㄱ/	67.2	2.6	13.2	1.2	2.4	6.1	4.1	3.1
/ㄴ/	3.8	63	2.7	5.3	12.5		9.7	1.8
/ㄷ/	37.7	5.3	35	2.2	1.9	8.5	1.9	7.1
/ㄹ/	4.2		2.5	85	2.3	1.1	2	2.3
/ㅁ/	9.7	6.9	6.9	2.7	45.3	19.5	4	5.5
/ㅂ/	22.6	1.9	20.8	1.9	4.1	44.7		3.1
/ㅇ/	12.1	5.7		1.8	11	1.8	61.9	3.6

단위:%

CM집단이 발화한 한국어 종성에 대한 지각 실험 결과를 살펴보면 여전히 /ㄹ/이 가장 높은 정반응률을 기록하고 있고 그 뒤를 /ㄱ/, /ㅇ/, /ㄴ/이 60%대의 정반응률을, 그 밖의 음들은 50%미만의 정반응률을 기록하고 있다. 결과 가운데 흥미로운 것은 CM집단이 발음한 /ㅁ/을 /ㅂ/으로 잘못 지각한 비율이 19.5%로 나타나 앞 장에서도 언급한 것처럼 C집단의 오류는 조음방식이 유사한 음뿐만 아니라 조음위치가 동일한 음으로까지 잘못지각하게 할 정도로 미숙한 부분이 있

---

12) 조남민(2007)에 따르면 어중 자음군의 폐쇄지속 시간을 분석한 결과 /ㅂ/〉/ㄱ/〉 /ㄷ/의 순으로 폐쇄지속시간에서 차이가 있다고 하였다.

다는 것을 알 수 있다. 또한 CL집단과 마찬가지로 /ㄷ/ 종성에 대해서 아직도 종성을 발음하지 않는다고 지각한 비율이 나타나고 있다.

〈표101〉 CH의 발화에 대한 정반응률과 오답 항목

	/ㄱ/	/ㄴ/	/ㄷ/	/ㄹ/	/ㅁ/	/ㅂ/	/ㅇ/	없다
/ㄱ/	82	1.2	7.1	1.2		4.6		2.2
/ㄴ/	1.2	77.4	2	3.4	7.9		5.3	
/ㄷ/	35.7	1.2	38.3	1.7	1.4	12.7	1.2	8.3
/ㄹ/	2			93.9	1.6			
/ㅁ/	2.2	7.7	1.8		75.9	9.1	1.4	
/ㅂ/	20.8		13.4	1.4	1.7	60.4		1.2
/ㅇ/	9.7	5.1		1.6	11.6		68.2	2.3

단위:%

CH집단이 발음한 종성에 대해 한국어 모국어화자가 가장 잘 지각한 음은 역시 /ㄹ/이며 그 뒤를 /ㄱ/과 /ㄴ/, /ㅁ/이 따르고 있으며 /ㄷ/을 제외한 다른 음들도 60%대로 정반응률이 향상된 것을 발견할 수 있다. 또한 흥미로운 것은 CL, CM집단에서 나타났던 종성 발음이 '없다'의 비율이 다른 음들은 확연히 줄어든 데 반해 /ㄷ/은 여전히 종성이 '없다'를 선택한 비율이 나타나고 있다는 점이다.

다음 〈표102〉와 〈그림19〉는 각 집단의 피험자가 발음한 전체 종성에 대해 한국어 모국어화자가 정지각한 비율을 나타낸 것이다.

〈표102〉 전체 종성에 대한 집단별 결과(산출)

	J 평균(표준편차)	C 평균(표준편차)	K 평균(표준편차)
L	59.2(10.5)	54.9(10.9)	
M	62.3(10.6)	59.8(11.5)	82.6(8.8)
H	67(10.3)	73.5(8.5)	

단위:%

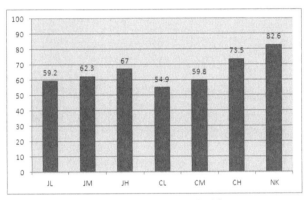

〈그림19〉 집단별 전체 결과(산출)

결과 가운데 학습 초기인 L집단의 결과를 비교해 보면 J집단이 약간 높게 나타나지만 C집단이 L-M-H로 가는 동안 보다 큰 폭의 향상을 보여 H집단에 가서는 C집단이 조음한 종성에 대한 정반응률이 더 높은 것으로 나타났다. 전체 결과를 국적별로 살펴보면 J, C집단 모두 경험 기간이 증가함에 따라 한국어 모국어화자의 정반응률이 향상된 것을 관찰할 수 있다. 이것은 한국어학습자의 종성 발음의 산출 능력이 경험 기간이 증가함에 따라 향상되었다는 것을 보여 주는 결과이지만 JH집단과 CH집단의 정반응률은 여전히 NK집단과 차이가 있는 것을 알 수 있다.

다음 〈그림20〉은 정반응률을 국적별로 평균을 낸 결과이다. 이 결과에서는 J집단과 C집단 간에 차이가 거의 없는 것으로 나타났다.

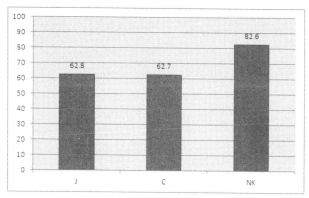

〈그림20〉 국적별 결과(산출)

다음〈그림21〉은 어느 기간 동안 두드러지는 향상이 있었는지를 보여 주는 것으로 J집단은 L집단의 결과에서 C집단보다 높게 나타나지만 경험기간이 증가하여도 큰 향상은 나타나지 않는 반면 C집단은 L-M사이에는 큰 변화가 없지만 M-H기간에 두드러진 향상이 있었던 것을 알 수 있다[13].

---

13) 이 결과를 통해 중국인 학습자들이 한국어를 학습하는 동안 숙달도(proficiency)는 신장되어 감에도 불구하고 발음능력은 전혀 향상되지 않는 것 같다는 한국어 교사들의 푸념이 실제로 증명된 셈이다. 즉, 중국인 학습자의 발음 능력은 통상적인 한국어교육기간인 L-M기간(평균 1년 반) 동안에는 눈에 띄게 향상되지 않다가 학습이 종료된 후부터 경험 기간이 더 증가하면 급격하게 향상된다고 볼 수 있겠다.

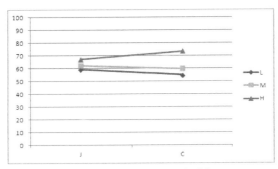

〈그림21〉 국적별 반달 추이(산출)

다음 〈표103〉과 〈그림22〉는 폐쇄음에 대한 집단별 정반응률을 나타낸 것이다.

〈표103〉 각 집단이 발화한 폐쇄음에 대한 지각 결과

	J 평균(표준편차)	C 평균(표준편차)	K 평균(표준편차)
L	56.6(11.1)	41.4(14.1)	73.6(12.5)
M	53.1(11)	49(15.3)	
H	59.5(10.8)	60.3(12.4)	

단위:%

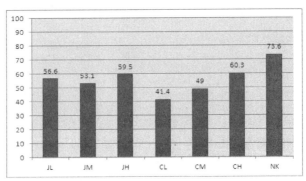

〈그림22〉 각 집단의 폐쇄음에 대한 지각 결과

 결과를 살펴보면 J집단은 학습 초기에 C집단보다 높은 정반응률을 보이지만 경험기간이 증가하여도 산출 능력이 크게 향상되지 않는 것을 알 수 있다. 또한 J집단의 정반응률은 JM집단에서 오히려 하락하였다가 JH에서 다시 향상되는 전형적인 U자형(U-shaped)의 습득 양상을 보이고 있다. 그러나 이 결과를 하락한 것으로 볼 수 있는지에 대해 인접한 집단간에 유의차 검증이 필요할 것으로 보인다. 한편 J집단에 비해 C집단의 폐쇄음 산출 능력은 학습 초기에 J집단보다 낮게 출발하지만 더 큰 폭의 향상을 보여 CH집단이 오히려 JH집단보다 약간 높은 정반응률을 보이고 있다. 하지만 여전히 J, C집단 모두 NK집단과는 산출 능력에서 차이가 있는 것을 알 수 있다.

 다음의 〈표104〉와 〈그림23〉은 각 집단이 조음한 비음에 대한 정반응률을 나타낸 것이다.

〈표104〉 각 집단이 발화한 비음에 대한 지각 결과

	J 평균(표준편차)	C 평균(표준편차)	K 평균(표준편차)
L	49.2(14.9)	52.5(14)	
M	55.6(15.2)	56.7(12.2)	84.9(9)
H	62.8(14.3)	73.9(11.1)	

단위:%

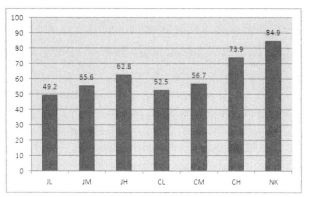

〈그림23〉 각 집단의 비음에 대한 지각 결과

비음의 정반응률은 J집단이 더 낮게 출발하여 경험 기간이 증가함
에 따라 산출 능력이 서서히 향상되었다면 C집단은 M-H기간 동안
큰 폭으로 향상되어 J집단보다 NK집단에 근접한 것으로 나타났다.

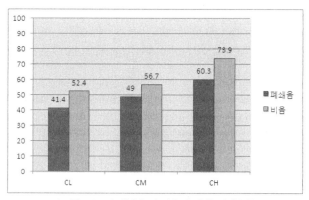

〈그림24〉C의 폐쇄음과 비음에 대한 정반응률

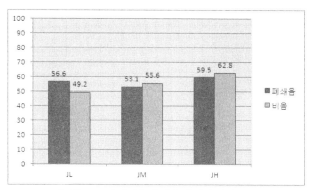

〈그림25〉J의 폐쇄음과 비음에 대한 정반응률

위의 〈그림24〉와 〈그림25〉를 살펴보면 C집단은 모든 기간에 폐쇄음보다 비음의 정반응률이 높게 나타나고 있는 반면에 J집단은 학습 초기에는 폐쇄음의 정반응률이 더 높게 나타나다가 서서히 향상 정도가 둔화되어 나중에는 비음의 정반응률이 폐쇄음이 정반응률을 추월하는 것을 알 수 있다. 하지만 J집단의 폐쇄음과 비음의 정반응률은 C집단의 차이에 비해 크지 않은 것을 알 수 있다. 따라서 J집단은 폐쇄음과 비음이 조음 난이도 면에서 큰 차이가 없지만 C집단은 폐쇄음보다 비음을 상대적으로 더 잘 조음하고 있는 것으로 볼 수 있겠다.

다음의 〈표105〉와 〈그림26〉은 각 집단의 피험자가 발음한 유음 /ㄹ/에 대해 한국어모국어화자가 정지각한 비율을 나타낸 것이다.

〈표105〉 각 집단이 발화한 유음에 대한 지각 결과

	J 평균(표준편차)	C 평균(표준편차)	K 평균(표준편차)
L	88.3(9.7)	85.9(18.7)	90.3(7.8)

| M | 92.4(11.1) | 85(14.5) | 90.3(7.8) |
| H | 88.4(8.9) | 93.9(6.5) | |

단위:%

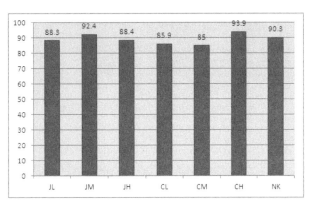

〈그림26〉 각 집단의 유음에 대한 지각 결과

결과를 살펴보면 모든 집단이 85%이상의 정반응률을 보여 이미 학습초기에 다른 음으로 오지각하지 않을 정도로 잘 조음하고 있다고 하겠다.

다음의 〈표106-107〉, 〈그림 27-28〉은 각 집단이 발화한 종성에 대해 한국어 모국어화자가 지각한 결과를 나타낸 것이다.

〈표106〉 J집단이 발화한 각 음에 대한 정반응률

	폐쇄음			비음			유음
	/ㅂ/	/ㄷ/	/ㄱ/	/ㅁ/	/ㄴ/	/ㅇ/	/ㄹ/
JL	44.9	54.3	70.4	60.8	44	42.9	88.3
JM	50.2	44.8	64.5	65.8	58	42.9	92.4

| JH | 54.9 | 51.6 | 71.9 | 71.7 | 65.6 | 51.2 | 88.4 |

〈표107〉 C집단이 발화한 각 음에 대한 정반응률

	폐쇄음			비음			유음
	/ㅂ/	/ㄷ/	/ㄱ/	/ㅁ/	/ㄴ/	/ㅇ/	/ㄹ/
CL	37.9	36.8	49.3	50.1	64.6	42.8	85.9
CM	44.7	35.2	67.2	45.3	63	61.9	85
CH	60.4	38.3	82	75.9	77.4	68.2	93.9

　　결과를 살펴보면 C, J 집단이 발음한 종성 대부분이 경험 기간이 증가함에 따라 향상되었지만 J집단의 /ㄷ/, /ㄱ/, C집단의 /ㄷ/, /ㅁ/, /ㄴ/에서 U자형(U-shaped)의 발달이 나타나고 있다. 이러한 결과가 하락이라고 볼 수 있는지 여부는 인접한 집단간에 유의차 검증을 실시하여야 할 것으로 보인다.

　　한편 두 집단 모두 가장 높은 정반응률을 보인 음은 /ㄹ/이며 그 뒤를 J집단은 /ㄱ/과 /ㅁ/이 따르고 있고 C집단도 /ㄱ/과 /ㅁ/을 포함한 /ㄴ/이 따르고 있다는 공통점이 발견된다. 이 밖에도 가장 의도대로 전달되지 못한 음은 C집단이 /ㄷ/, J집단의 경우 /ㄷ/, /ㅇ/으로 J집단과 C집단간에 유사한 결과들이 여럿 발견된다. 이는 목표어인 한국어 종성목록 내부에 더 조음하기 쉬운 음과 조음하기 어려운 음이 있을 수 있다는 가능성을 보여 주는 결과이며 이러한 조음 난이도 차이가 결과에 영향을 미친 것으로 보인다.

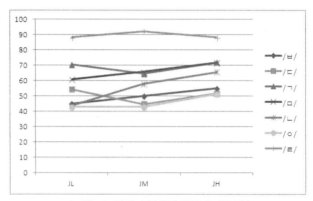

〈그림27〉J집단의 종성별 발달 추이(산출)

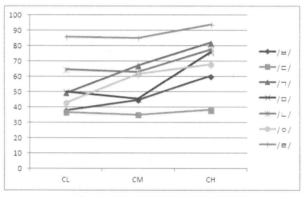

〈그림28〉C집단의 종성별 발달 추이(산출)

위의 그림을 살펴보면 경험기간이 증가함에 따라 향상 정도가 큰 음이 C집단에서 더 많이 발견되는데 특히 C집단의 /ㅇ/, /ㄴ/, /ㄱ/의 향상 정도가 큰 것을 관찰할 수 있다. 이에 반해 J집단은 경험 기간에 따른 향상이 미미하게 나타나고 있다.

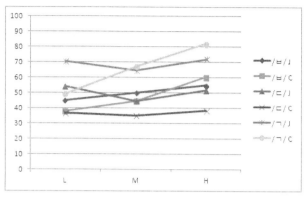

〈그림29〉 폐쇄음의 발달 추이(산출)

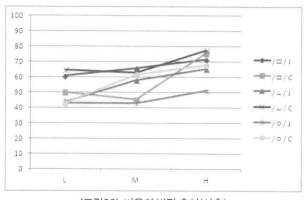

〈그림30〉 비음의 발달 추이(산출)

위의 〈그림 29-30〉을 살펴보면 폐쇄음의 경우 위쪽에는 C, J집단 모두 /ㄱ/이 위치하고 있으며 아래쪽에는 /ㄷ/이 위치하고 있는 공통점이 발견된다. 한편 향상 정도를 살펴보면 J의 /ㄱ/은 학습 초기부터 높은 정반응률을 유지하고 있는 반면 C의 /ㄱ/은 학습 초기에 낮은 정반응률에서 시작해 경험 기간이 증가함에 따라 비약적인 향상을 보이는 것을 알 수 있다. 한편 C의 /ㄷ/은 경험 기간이 증가하여도 전혀 향상되지 않은 것을 관찰할 수 있다.

비음의 경우 J의 /ㅁ/과 C의 /ㄴ/이 위쪽에 위치하고 있고 아래쪽에는 J의 /ㅇ/이 위치하고 있다. 한편 C의 /ㅁ/과 /ㅇ/은 경험 기간이 증가함에 따라 가장 비약적인 향상을 보이고 있다. 이상에서는 각 집단의 결과를 전체적으로 살펴봤다면 지금부터는 각 집단의 각 종성에 대한 산출 능력이 습득에 도달하였는지 살펴보고자 한다.

(2) 각 종성의 산출능력 습득여부 판정

(가) 폐쇄음 종성

ㄱ. 종성 /ㅂ/

다음 〈표108〉은 각 집단이 발음한 한국어 종성 /ㅂ/에 대해 한국어 모국어화자가 정(正)지각한 비율을 나타낸 것이다.

〈표108〉 각 집단이 발화한 /ㅂ/에 대한 결과

	J 평균(표준편차)	C 평균(표준편차)	K 평균(표준편차)
L	44.9(21.3)	37.9(24.2)	60.1(20.3)[14]
M	50.2(17)	44.7(16.2)	
H	54.9(21.1)	60.4(21.2)	

---

14) NK의 /ㅂ/ 문항에 대한 정답률

결과를 살펴보면 C, J 집단 모두 경험 기간이 증가함에 따라 /ㅂ/에 대한 산출 능력이 향상되었다는 것을 알 수 있다. 그러나 그 향상 폭은 C집단에서 더 크게 나타나 초기 학습 단계에는 J집단보다 낮던 정반응률이 CH집단이 되면 JH집단보다 높고 NK집단보다도 약간 높게 나타난 것을 발견할 수 있다.

한편 앞 장의 지각실험 결과와 마찬가지로 한국어 모국어화자가 발화한 종성 /ㅂ/에 대한 NK의 지각률이 다른 음에 비해 낮게 나타난

문항번호	2	17	30	39	42	50
자극음	맙사	맙다	맙가	맙바	맙자	맙
정반응률	77.9%	45.5%	57.3%	57.3%	55.8%	63.2%

이러한 낮은 정반응률이 나오게 된 것은 종성 /ㅂ/, /ㄷ/, /ㄱ/의 음 자체의 높은 지각 난이도가 영향을 미친 것으로 보인다. 이것은 A.에서 살펴본 지각 실험 결과를 통해 다시 한 번 확인할 수 있다. 그 결과 각 문항들의 오답 항목을 보면 대부분 /ㄱ/이나 /ㄷ/을 선택하고 있다. 또한 이러한 결과와 관련하여 조남민(2007)에 따르면 폐쇄음 종성 가운데 /ㅂ/은 폐쇄 지속 시간이 가장 긴 음으로 조금만 폐쇄 지속 시간이 짧아져도 /ㅂ/과 /ㄷ/으로 지각하는 비율이 높아진다고 한 바 있다. 이 밖에도 NK의 발음 능력과 상관없이 종성 위치에 오는 /ㅂ/과 /ㄷ/ 같은 음은 출현 빈도가 낮아 더 지각하기 어렵기 때문에 낮은 정반응률이 나타났다고 보는 것이다.

이러한 결과를 보면 이 실험의 결과가 발화자의 조음능력을 보여 주기보다는 청자의 지각 능력을 나타내고 있다고 오해할 수도 있다. 그러나 본 실험의 목적에서 밝혔듯이 본 실험은 이해명료도(intelligibility)를 알아보기 위한 것인 만큼 이해명료도라는 개념이 발화자나 청자 어느 한쪽만의 능력에 따라 결정되는 것이 아니라 청자와 화자의 협동 과정을 통해 소리가 전달되는 과정을 보여 준다는 점에서 제2언어 학습자의 발음 능력을 제대로 평가할 수 있는 좋은 방법이라고 볼 수도 있겠다. 그리고 한국어 학습자가 의사소통을 할 대상이 한국어 모국어화자라는 점에서 이러한 한국어 모국어화자의 지각능력과 한국어 학습자의 발화 능력이 합해져 해당 음에 대한 이해명료도가 결정된다는 점에서 의미 있는 결과라고 볼 수 있다. 따라서 결론적으로 /ㄷ/과 /ㅂ/음은 이해명료도 평가를 거치면 실제 발음 능력이 다소간 저평가될 가능성이 있는 음이라고 하겠다.

것은 NK가 /ㅂ/을 잘못 조음했기 때문이 아니라 폐쇄음 종성들이 이
해명료도가 떨어지기 때문에 청자인 NK가 지각하는 데 어려움을 겪
었기 때문에 낮은 결과를 보인 것으로 보인다. 이러한 결과는 한국어
학습자가 /ㅂ/에 대한 산출 능력이 더 쉽게 NK에 도달할 수 있다는
의미가 되므로 한국어 학습자의 /ㅂ/에 대한 산출능력이 습득에 도달
하는 데 긍정적인 영향을 미칠 것으로 보인다.

다음 〈표 109-111〉은 한국어학습자의 종성 /ㅂ/의 산출 능력이
NK에 근접하여 습득이 이루어졌다고 판단할 수 있는지 NK와 유의차
검증을 실시한 결과이다.

〈표109〉 NK와 JL, CL의 /ㅂ/에 대한 차이 검증

	J 평균(표준편차)	C 평균(표준편차)
L	44.9(21.3)	37.9(24.2)
NK	60.1(20.3)	
유의차 검증 결과	n.s.	*

***: 유의수준 P〈 .001, **: 유의수준 P〈 .01, *: 유의수준 P〈 .05

〈표110〉 NK와 JM, CM의 /ㅂ/에 대한 차이 검증

	J 평균(표준편차)	C 평균(표준편차)
M	50.2(17)	44.7(16.2)
NK	60.1(20.3)	
유의차 검증 결과	n.s.	n.s.

***: 유의수준 P〈 .001, **: 유의수준 P〈 .01, *: 유의수준 P〈 .05

〈표111〉NK와 JH, CH의 /ㅂ/에 대한 차이 검증

	J 평균(표준편차)	C 평균(표준편차)
H	54.9(21.1)	60.4(21.2)
NK	60.1(20.3)	
유의차 검증 결과	n.s.	n.s.

***: 유의수준 P〈 .001, **: 유의수준 P〈 .01, *: 유의수준 P〈 .05

통계 분석 결과를 살펴보면 J집단의 결과는 모든 집단이 NK와 유의미한 차이가 없는 것으로 나타났고 C집단의 정반응률도 CL집단을 제외하고는 모두 유의미한 차이가 없는 것으로 나타났다. 따라서 각 집단의 종성 /ㅂ/에 대한 산출 능력의 습득 여부는 다음 〈표112〉와 같이 표시할 수 있겠다.

〈표112〉각 집단의 /ㅂ/에 대한 산출능력 습득 여부

	J	C
L	○	×
M	○	○
H	○	○

다음으로는 어느 경험 기간에 산출 능력이 급격히 향상되었는지 살펴보기 위해 다음 〈표113-114〉와 같이 인접한 집단과 유의차 검증을 실시한 결과이다.

〈표113〉단기 경험자집단과 중기 경험자집단의 /ㅂ/에 대한 차이 검증

	J 평균(표준편차)	C 평균(표준편차)
L	44.9(21.3)	37.9(24.2)
M	50.2(17)	44.7(16.2)
유의차 검증	n.s.	n.s.

***: 유의수준 P〈 .001, **: 유의수준 P〈 .01, *: 유의수준 P〈 .05

〈표114〉중기 경험자집단과 장기 경험자집단의 /ㅂ/에 대한 차이 검증

	J 평균(표준편차)	C 평균(표준편차)
M	50.2(17)	44.7(16.2)
H	54.9(21.1)	60.4(21.2)
유의차 검증	n.s.	n.s.

***: 유의수준 P〈 .001, **: 유의수준 P〈 .01, *: 유의수준 P〈 .05

통계분석 결과를 살펴보면 모든 집단에서 인접한 집단간에 유의미한 차이가 없는 것으로 나타났다. 따라서 다음 〈표115〉와 같이 경험 기간의 발전 여부를 표시할 수 있겠다.

〈표115〉/ㅂ/의 경험 기간에 따른 발달 여부(산출)

	J	C
Ⅰ - Ⅱ	×	×
Ⅱ - Ⅲ	×	×

이상의 결과를 종합해 보면 종성 /ㅂ/은 C, J 집단 모두에게 상대적으로 이른 시기에 습득이 가능하고 습득의 난이도가 높지 않은 음이라고 할 수 있다. 그러나 이러한 긍정적인 결과는 NK집단이 발음한 /ㅂ/에 대한 지각률이 상대적으로 낮았기 때문에 가능했다. 따라서 /ㅂ/은 한국어학습자가 높은 산출 능력을 갖고 있지 않더라도 NK의 수준에 도달하기 어렵지 않은 음이라고는 말할 수 있지만 J, C 집단 모두 어느 경험 기간에도 산출 능력이 급격하게 향상되지 않은 것으로 보아 경험기간이 증가함에 따라 조음능력도 자연스럽게 발달하는 음이라고 말하기는 어려울 것으로 보인다.

ㄴ. 종성 /ㄷ/

다음 〈표116〉은 각 집단이 발음한 종성 /ㄷ/에 대해 한국어 모국어 화자가 정지각한 비율을 나타낸 것이다.

〈표116〉 각 집단이 발화한 /ㄷ/에 대한 결과

	J 평균(표준편차)	C 평균(표준편차)	K 평균(표준편차)
L	54.3(14.3)	36.8(25.5)	
M	44.8(18.4)	35.2(15.3)	73.9(16.3)
H	51.6(19.2)	38.3(26.4)	

단위: %

결과를 살펴보면 J, C집단 모두 경험 기간이 증가함에 따라 일시적으로 정반응률이 하락하는 U자형(U-shaped) 변화를 보이다가 다시 상승하고 있으나 그럼에도 불구하고 CH, JH집단의 정반응률은 NK집단의 정반응률과 상당히 큰 차이를 보이고 있는 것을 확인할 수 있다. 이에 이들 집단의 오답항목을 살펴본 결과 각 집단이 발화한 종성 / ㄷ/에 대해 / ㄱ/이라고 지각한 비율이 높아 종성 / ㄷ/과 / ㄱ/을 명확히 구분하여 조음하는 데 어려움을 겪고 있는 것으로 볼 수 있다.

결과에 있어서 습득에 도달한 집단이 있는지 확인하기 위해 NK집단과 유의차 검증을 실시한 결과는 다음의 〈표117-119〉와 같다.

〈표117〉 NK와 JL, CL의 / ㄷ/에 대한 차이 검증

	J 평균(표준편차)	C 평균(표준편차)
L	54.3(14.3)	36.8(25.5)
NK	73.9(16.3)	
유의차 검증 결과	n.s.	***

*** : 유의수준 P〈 .001, ** : 유의수준 P〈 .01, * : 유의수준 P〈 .05

〈표118〉 NK와 JM, CM의 / ㄷ/에 대한 차이 검증

	J 평균(표준편차)	C 평균(표준편차)
M	44.8(18.4)	35.2(15.3)
NK	73.9(16.3)	
유의차 검증 결과	**	***

*** : 유의수준 P〈 .001, ** : 유의수준 P〈 .01, * : 유의수준 P〈 .05

〈표119〉 NK와 JH, CH의 /ㄷ/에 대한 차이 검증

	J 평균(표준편차)	C 평균(표준편차)
H	51.6(19.2)	38.3(26.4)
NK	73.9(16.3)	
유의차 검증 결과	n.s.[15]	***

*** : 유의수준 P< .001, ** : 유의수준 P< .01, * : 유의수준 P< .05

통계분석 결과를 살펴보면 JL집단은 NK와 유의미한 차이가 없는 것으로 나타났다가 JM집단은 다시 유의미한 차이가 있는 것으로, 다시 JH집단은 유의미한 차이가 없는 것으로 나타났다. 한편 C집단은 경험 기간이 증가함에도 불구하고 NK집단과의 차이를 좁히지 못하고 있는 것으로 나타났다. 이에 각 집단의 습득여부는 다음 〈표120〉 과 같이 나타낼 수 있겠다.

〈표120〉 각 집단의 /ㄷ/에 대한 산출능력 습득여부

	J	C
L	○[16]	×

---

15) 유의수준이 0.0523으로 나타났다. 따라서 여전히 차이가 존재한다고 볼 수도 있겠다. 이에 완벽한 습득으로 보기 힘들기 때문에 △으로 표시하였다.

16) 통계분석 결과를 그대로 적용하면 J집단은 L기간에 습득에 도달하였다가 다시 경험기간이 증가하면 습득에 실패한 것으로 볼 수 있다. JL집단에서 이러한 결과가 나타난 것은 이들이 초급 한국어 학습자로 한국어에 대한 경험 기간이 평균 3.5개월인 관계로 한국어 자모에 대한 교육을 집중적으로 받는 시기이기 때문에 일시적으로 비교적 잘 조음할 수 있었던 것으로 보인다. 그러나 습득이 지속적으로 이어지지 않았기 때문에 JL집단의 /ㄷ/에 대한 습득은 JH에서 비로소 완전한 습득에 도달한 것으로 보는 것이 바람직하다고 할 수 있다.

M	×	×
H	△	×

위의 〈표120〉을 보면 J집단의 JL와 JH가 /ㄷ/에 대한 산출 능력을 습득한 것으로 볼 수도 있겠으나 중간에 있는 JM는 습득에 이르지 못한 것으로 보아 JL집단의 습득이 안정적이라고 보기 힘들 듯하다. 이에 인접한 집단간에 차이가 있는지에 대해 다음의 〈표 121-122〉와 같이 유의차 검증을 실시한 결과 L-M, M-H집단 간에는 차이가 없는 것으로 나타났다. 따라서 JL의 습득은 일시적인 것이며 JH의 습득도 완벽한 습득으로 보기는 힘들겠다.

한편 어느 경험 기간에 산출 능력이 급격하게 향상되었는지 살펴보기 위해 인접한 두 집단의 결과간에 유의미한 차이가 있는지 검증한 결과는 다음 〈표 121-122〉와 같다.

〈표121〉 단기 경험자집단과 중기 경험자집단의 /ㄷ/에 대한 차이 검증

	J 평균(표준편차)	C 평균(표준편차)
L	54.3(14.3)	36.8(25.5)
M	44.8(18.4)	35.2(15.3)
유의차 검증	n.s.	n.s.

***: 유의수준 P〈 .001, **: 유의수준 P〈 .01, *: 유의수준 P〈 .05

〈표122〉 중기 경험자집단과 경험자집단의 /ㄷ/에 대한 차이 검증

	J 평균(표준편차)	C 평균(표준편차)
M	44.8(18.4)	35.2(15.3)
H	51.6(19.2)	38.3(26.4)
유의차 검증	n.s.	n.s.

***: 유의수준 P〈 .001, **: 유의수준 P〈 .01, *: 유의수준 P〈 .05

통계분석 결과를 살펴보면 모든 집단에서 인접한 집단간에 유의미한 차이는 없는 것으로 나타났다. 따라서 종성 /ㄷ/은 다음 〈표123〉과 같이 특정 기간에 산출 능력은 눈에 띄게 향상되지 않았다고 할 수 있다.

〈표123〉 /ㄷ/의 경험 기간에 따른 발달 여부(산출)

	J	C
Ⅰ - Ⅱ	×	×
Ⅱ - Ⅲ	×	×

이상의 결과를 종합해 보면 J집단이 조음한 /ㄷ/은 경험기간이 짧을 때도 C집단보다 높은 정반응률을 기록하였으며 경험 기간이 증가하면서도 NK집단과 비록 차이는 있으나 어느 정도 근접한 결과를 보여 주었다. 그러나 급격한 향상은 나타나지 않아 결국 완벽한 습득에 이르지 못한 것으로 보인다. C집단은 경험 기간이 증가하여도 향상이 나타나지 않아 결국 습득에도 이르지 못한 것으로 보아 C집단에게 /ㄷ/은 습득하기 어려운 음이라는 것을 알 수 있다.

ㄷ. 종성 /ㄱ/

다음 〈표124〉는 각 집단이 발음한 종성 /ㄱ/에 대해 한국어 모국어 화자가 정지각한 비율을 나타낸 것이다.

〈표124〉 각 집단이 발화한 /ㄱ/에 대한 결과

	J 평균(표준편차)	C 평균(표준편차)	K 평균(표준편차)
L	70.4(21.1)	49.3(32.3)	86.8(6.8)
M	64.5(21.5)	67.2(25)	
H	71.9(14.5)	82(15.3)	

단위: %

결과를 살펴보면 JL집단이 발음한 종성 /ㄱ/에 대한 정반응률은 C집단에 비해 상대적으로 높게 나타났지만 JM집단에서 일시적으로 하락했다가 JH에서 다시 약간 상승하는 U자형(U-shaped)발달[17]을 보이는 반면에, C집단의 정반응률은 경험 기간이 짧을 때는 낮게 나타나지만 경험기간이 증가함에 따라 비약적으로 발전하여 CH집단의 정반응률이 NK집단에 더 근접한 것을 알 수 있다. 한편 JH집단의 정반응률은 NK와 여전히 차이가 있는 것으로 나타났다.

각 집단의 종성 /ㄱ/에 대한 산출 능력이 습득에 도달했는지 알아보기 위해 NK집단의 결과와 유의차 검증을 실시한 결과는 다음 〈표 125-127〉과 같다.

---

17) 이에 대해 다음 〈표129〉에서 L-M집단간에 유의차 검증 결과를 살펴본 결과 두 집단간에는 유의미한 차이가 없는 것으로 보아 M집단의 결과는 조음 능력의 하락이 아니라 정체라고 보는 것이 바람직하겠다.

〈표125〉 NK와 JL, CL의 /ㄱ/에 대한 차이 검증

	J 평균(표준편차)	C 평균(표준편차)
L	70.4(21.1)	49.3(32.3)
NK	86.8(6.8)	
유의차 검증 결과	n.s.	***

***: 유의수준 P〈 .001, **: 유의수준 P〈 .01, *: 유의수준 P〈 .05

〈표126〉 NK와 JM, CM의 /ㄱ/에 대한 차이 검증

	J 평균(표준편차)	C 평균(표준편차)
M	64.5(21.5)	67.2(25)
NK	86.8(6.8)	
유의차 검증 결과	*	n.s.

***: 유의수준 P〈 .001, **: 유의수준 P〈 .01, *: 유의수준 P〈 .05

〈표127〉 NK와 JH, CH의 /ㄱ/에 대한 차이 검증

	J 평균(표준편차)	C 평균(표준편차)
H	71.9(14.5)	82(15.3)
NK	86.8(6.8)	
유의차 검증 결과	n.s.	n.s.

***: 유의수준 P〈 .001, **: 유의수준 P〈 .01, *: 유의수준 P〈 .05

통계분석 결과를 살펴보면 C집단은 CM와 CH집단이 NK집단과 유의미한 차이가 없는 것으로 나타나 CM 시기부터 습득이 이루어진 것으로 볼 수 있으며 J집단은 JL집단과 JH 집단이 유의미한 차이가 없는

것으로 나타나 각 집단의 종성 /ㄱ/의 습득 여부를 다음 〈표128〉과 같이 나타낼 수 있겠다.

〈표128〉 /ㄱ/의 집단별 산출능력 습득여부

	J	C
L	○	×
M	×	○
H	○	○

위의 〈표128〉을 살펴보면 JL집단이 습득에 이른 것으로 볼 수도 있겠으나 JL-JM집단간에 유의차 검증을 실시한 다음의 〈표129〉의 결과를 보면 두 집단간에 유의미한 차이가 없는 것으로 보아 JL집단이 습득에 도달하였다고 보기 힘들 것으로 보여 JH에서 비로소 습득에 도달한 것으로 볼 수 있겠다.

한편 어느 경험 기간에 산출능력이 현저하게 향상되었는지 알아보기 위해 인접한 집단간에 유의차 검증을 실시한 결과는 다음 〈표129-130〉과 같다.

〈표129〉 단기 경험자집단과 중기 경험자집단의 /ㄱ/에 대한 차이 검증

	J 평균(표준편차)	C 평균(표준편차)
L	70.4(21.1)	49.3(32.3)
M	64.5(21.5)	67.2(25)
유의차 검증	n.s.	n.s.

***: 유의수준 P〈 .001, **: 유의수준 P〈 .01, *: 유의수준 P〈 .05

〈표130〉 중기 경험자집단과 장기 경험자집단의 /ㄱ/에 대한 차이 검증

	J 평균(표준편차)	C 평균(표준편차)
M	64.5(21.5)	67.2(25)
H	71.9(14.5)	82(15.3)
유의차 검증	n.s.	n.s.

***: 유의수준 P〈 .001, **: 유의수준 P〈 .01, *: 유의수준 P〈 .05

통계분석 결과를 살펴보면 모든 집단에서 인접한 집단간에 유의미한 차이가 발견되지 않았다. 이것은 J, C 집단 모두 특정한 기간에 산출능력이 급격하게 향상된 것은 아니라는 것을 알 수 있다. C집단의 경우도 수치만을 놓고 봤을 때는 경험기간이 증가함에 따라 정반응률이 향상된 것으로 보이지만 통계적으로 유의미한 정도의 차이가 없는 것으로 보아 특정 기간에 비약적인 발전이 있었던 것이 아니라 전체 경험 기간 동안 서서히 향상된 것으로 볼 수 있겠다. 이에 발달여부를 다음의 〈표131〉과 같이 나타낼 수 있겠다.

〈표131〉 /ㄱ/의 경험 기간에 따른 발달 여부(산출)

	J	C
I - II	×	×
II - III	×	×

이상의 결과를 종합해 보면 종성 /ㄱ/은 C, J 두 집단 모두에게 경험 기간이 증가하면 습득에 이를 수 있는 음이며 특히 C집단에게 상대적으로 이른 시기에 습득이 이루어지는 음으로 난이도가 낮은 음이라

고 할 수 있겠다. 다만 경험 기간이 습득에 미친 영향을 살펴보면 J집단은 이미 학습초기에 NK정도에 도달한 천장 효과 (ceiling effect)가 나타난 후 경험 기간이 증가하여도 급격한 향상이 나타나지 않았다. C집단도 경험 기간이 증가함에 따라 꾸준한 향상은 나타났지만 그것이 유의미한 차이가 있는 정도는 아닌 것으로 보아 특정 시기에 급격히 향상되었다기보다는 산출 능력이 서서히 향상된 것으로 볼 수 있겠다.

(나) 비음 종성

ㄱ. 종성 / ㅁ/

다음 〈표132〉는 각 경험자 집단이 산출한 종성 / ㅁ/에 대해 한국어 모국어화자가 정지각한 결과를 나타낸 것이다.

〈표132〉 각 집단이 발화한 / ㅁ/에 대한 결과

	J 평균(표준편차)	C 평균(표준편차)	K 평균(표준편차)
L	60.8(20.3)	50.1(23.6)	88.4(8.2)
M	65.8(20.4)	45.3(22)	
H	71.7(16.2)	75.9(15.6)	

단위: %

결과를 살펴보면 J집단은 경험 기간이 증가함에 따라 약간의 향상이 나타나고 있으며 C집단은 M집단이 L에 비해 약간 하락했다가 H집단에서 다시 향상되는 U자형(U-shaped) 변화를 겪고 있다. 정반응

률은 학습 초기에는 J집단의 정반응률이 더 높게 나타나다가 경험기
간이 가장 긴 H집단에서는 C집단의 정반응률이 J집단을 앞지른 것으
로 나타났다. 이것은 C집단의 산출능력이 더 빨리 향상되었다는 것을
말해 주는 결과이다.

　다음의 〈표 133-135〉는 각 집단이 산출한 종성 /ㅁ/이 습득에 도
달하였는지를 살펴보기 위해 NK집단과 결과에 대한 유의차 검증을
실시한 것이다.

〈표133〉 NK와 JL, CL의 /ㅁ/에 대한 차이 검증

	J 평균(표준편차)	C 평균(표준편차)
L	60.8(20.3)	50.1(23.6)
NK	88.4(8.2)	
유의차 검증 결과	**	***

***: 유의수준 P〈 .001, **: 유의수준 P〈 .01, *: 유의수준 P〈 .05

〈표134〉 NK와 JM, CM의 /ㅁ/에 대한 차이 검증

	J 평균(표준편차)	C 평균(표준편차)
M	65.8(20.4)	45.3(22)
NK	88.4(8.2)	
유의차 검증 결과	*	***

***: 유의수준 P〈 .001, **: 유의수준 P〈 .01, *: 유의수준 P〈 .05

〈표135〉 NK와 JH, CH의 /ㅁ/에 대한 차이 검증

	J 평균(표준편차)	C 평균(표준편차)
H	71.7(16.2)	75.9(15.6)
NK	88.4(8.2)	
유의차 검증 결과	n.s.	n.s.

***: 유의수준 P⟨ .001, **: 유의수준 P⟨ .01, *: 유의수준 P⟨ .05

결과를 살펴보면 J집단의 경우 JL집단부터 JM집단에 이르면서 NK와의 차이가 서서히 좁혀지다가 JH에 이르러서는 NK집단과 유의미한 차이가 없는 것으로 나타났다. 반면에 C집단은 CL, CM집단 모두 NK집단과 큰 차이를 유지하다가 CH에 이르러 차이가 급격히 좁혀져 NK집단과 유의미한 차이가 없어진 것을 볼 수 있다. 이에 각 집단의 습득 여부를 표시하면 다음 〈표136〉과 같다.

〈표136〉 각 집단의 /ㅁ/에 대한 산출능력 습득여부

	J	C
L	×	×
M	×	×
H	○	○

위의 〈표136〉과 같이 JH집단과 CH집단은 종성 /ㅁ/을 산출하는 데 있어 NK의 수준에 도달한 것으로 판단할 수 있겠다.

다음 〈표137-138〉은 어느 경험기간에 산출능력이 집중적으로 향상되었는지 알아보기 위해 인접한 두 집단 간에 유의차 검증을 실시한

결과이다.

〈표137〉 단기 경험자집단과 중기 경험자집단의 /ㅁ/에 대한 차이 검증

	J 평균(표준편차)	C 평균(표준편차)
L	60.8(20.3)	50.1(23.6)
M	65.8(20.4)	45.3(22)
유의차 검증	n.s.	n.s.

***: 유의수준 P〈 .001, **: 유의수준 P〈 .01, *: 유의수준 P〈 .05

〈표138〉 중기 경험자집단과 장기 경험자집단의 /ㅁ/에 대한 차이 검증

	J 평균(표준편차)	C 평균(표준편차)
M	65.8(20.4)	45.3(22)
H	71.7(16.2)	75.9(15.6)
유의차 검증	n.s.	***

***: 유의수준 P〈 .001, **: 유의수준 P〈 .01, *: 유의수준 P〈 .05

통계분석 결과를 살펴보면 J집단은 인접한 집단간에 모두 유의미한 차이가 없는 것으로 나타났지만 C집단은 CM-CH집단간에 .001하에서 유의미한 차이가 있는 것으로 보아 다음 〈표139〉와 같이 이 기간에 급격한 향상이 있었던 것으로 볼 수 있겠다.

〈표139〉 /ㅁ/의 경험 기간에 따른 발달 여부(산출)

	J	C
I - II	×	×
II - III	×	○

이상의 결과를 살펴보면 종성 /ㅁ/은 J, C집단 모두에게 경험 기간이 증가하면 산출능력이 NK에 도달하기 어려운 음은 아니라는 것을 알 수 있다. 다만 J집단은 인접한 집단간에 유의미한 차이가 있는 정도의 급격한 발전은 나타나지 않은 반면에 C집단은 M-H 기간 동안 급격한 발전이 나타나 이 경험기간이 습득에 결정적인 역할을 한 것으로 볼 수 있겠다.

한편 지금까지 살펴본 종성 /ㅂ/, /ㄷ/, /ㄱ/, /ㅁ/은 중국어의 종성 목록에는 대응하는 음이 부재한 반면에 일본어 종성 목록에는 대응하는 음이 변이음으로 존재하는 음들이다. 이들 음들의 결과를 살펴보면 경험기간이 짧은 집단에서는 J집단의 정반응률이 높지만 경험기간이 증가함에 따라 J집단의 향상은 둔화되는 반면 C집단은 큰 폭으로 향상하여 H집단의 결과는 C집단이 더 높게 나타나고 있다는 공통점이 발견된다. 이는 대응하는 음이 모국어에 변이음으로 존재하는 것이 학습 초기에는 산출에 긍정적인 영향을 미치지만 이후에는 향상에 긍정적인 영향을 미치지 못하는 반면, 모국어 음운 목록에 없는 새로운 음은 학습초기에는 어려움을 겪지만 경험기간이 증가하면 결국 새로운 음운을 형성하여 습득에 이른다는 것을 보여주는 결과이다. 이는 새로운 음에 경험기간이 더 큰 영향을 미친다고 한 Flege(1987, 1995)와 새로운 음의 발달 속도(rate)가 빠르다고 한

Major & Kim(1996)의 주장과 일맥상통하는 것이라고 하겠다.

ㄴ. 종성 /ㄴ/

다음 〈표140〉은 각 집단이 발음한 한국어 종성 /ㄴ/에 대해 한국어 모국어화자가 정지각한 비율을 나타낸 것이다.

〈표140〉 각 집단이 발화한 /ㄴ/에 대한 결과

	J 평균(표준편차)	C 평균(표준편차)	K 평균(표준편차)
L	44(20)	64.6(20.5)	
M	58(16.7)	63(11.9)	85.8(10.2)
H	65.5(15)	77.4(14.4)	

단위: %

결과를 살펴보면 J집단은 경험 기간이 증가함에 따라 정반응률이 서서히 향상되고 있으나 C집단은 CM집단에서 약간 하락하였다가 다시 향상되는 U자형(U-shaped) 변화를 보이고 있다. 그리고 /ㄴ/의 정반응률은 앞에서 살펴본 음들과 달리 학습 초기에 C집단의 정반응률이 더 높게 나타나, 이후 상승 폭이 적음에도 불구하고 CH집단은 JH집단보다 더 높은 정반응률을 기록하고 있다. 한편 J집단은 C집단에 비해 경험 기간 증가에 따른 향상 폭이 큼에도 불구하고 처음에 벌어진 차이를 따라잡지 못하는 결과를 보이고 있다.

다음은 각 집단의 종성 /ㄴ/의 산출 능력이 습득에 도달하였는지를 다음 〈표 141-143〉에서 검증하였다.

〈표141〉 NK와 JL, CL의 /ㄴ/에 대한 차이 검증

	J 평균(표준편차)	C 평균(표준편차)
L	44(20)	64.6(20.5)
NK	85.8(10.2)	
유의차 검증 결과	***	**

***: 유의수준 P〈 .001, **: 유의수준 P〈 .01, *: 유의수준 P〈 .05

〈표142〉 NK와 JM, CM의 /ㄴ/에 대한 차이 검증

	J 평균(표준편차)	C 평균(표준편차)
M	58(16.7)	63(11.9)
NK	85.8(10.2)	
유의차 검증 결과	***	**

***: 유의수준 P〈 .001, **: 유의수준 P〈 .01, *: 유의수준 P〈 .05

〈표143〉 NK와 JH, CH의 /ㄴ/에 대한 차이 검증

	J 평균(표준편차)	C 평균(표준편차)
H	65.5(15)	77.4(14.4)
NK	85.8(10.2)	
유의차 검증 결과	**	n.s.

***: 유의수준 P〈 .001, **: 유의수준 P〈 .01, *: 유의수준 P〈 .05

통계 분석 결과를 살펴보면 J집단은 모든 집단이 NK집단과 큰 차이가 있는 것으로 나타났으며 C집단은 CL, CM집단 모두 NK집단과 큰 차이를 유지하다가 CH집단은 유의미한 차이가 없는 것으로 나타났

다. 따라서 각 집단의 종성 /ㄴ/에 대한 산출 능력의 습득 여부는 다음 〈표144〉와 같이 나타낼 수 있겠다.

〈표144〉 각 집단의 /ㄴ/에 대한 산출능력 습득여부

	J	C
L	×	×
M	×	×
H	×	○

위의 〈표144〉의 결과와 같이 종성 /ㄴ/의 산출 능력은 CH집단만이 습득에 도달한 것을 알 수 있다.

한편 어느 경험 기간에 산출 능력이 급격하게 향상되었는지 알아보기 위해 인접한 두 집단간에 차이 검증을 실시한 결과는 다음 〈표145-146〉와 같다.

〈표145〉 단기 경험자집단과 중기 경험자집단의 /ㄴ/에 대한 차이 검증

	J 평균(표준편차)	C 평균(표준편차)
L	44(20)	64.6(20.5)
M	58(16.7)	63(11.9)
유의차 검증	n.s.	n.s.

***: 유의수준 P〈 .001, **: 유의수준 P〈 .01, *: 유의수준 P〈 .05

〈표146〉 중기 경험자집단과 장기 경험자집단의 /ㄴ/에 대한 차이 검증

	J 평균(표준편차)	C 평균(표준편차)
M	58(16.7)	63(11.9)
H	65.5(15)	77.4(14.4)
유의차 검증	n.s.	n.s.

***: 유의수준 P〈 .001, **: 유의수준 P〈 .01, *: 유의수준 P〈 .05

결과를 살펴보면 모든 집단에서 인접한 집단 간에 유의미한 차이가 발견되지 않았다. 따라서 J, C집단 모두 특정 기간에 눈에 띄는 향상은 없었던 것으로 볼 수 있겠다. 또한 CL-CM집단간에 유의미한 차이가 없는 것으로 보아 두 집단의 U자형 발달은 조음 능력의 하락이 아니라 정체라고 볼 수 있겠다. 이에 경험 기간에 따른 발달 여부는 다음 〈표147〉과 같이 표시할 수 있겠다.

〈표147〉 /ㄴ/의 경험 기간에 따른 발달 여부(산출)

	J	C
I - II	×	×
II - III	×	×

이상의 결과를 종합해 보면 J집단에게 종성 /ㄴ/은 특정 기간에 유의미한 차이라고 할 수 있는 향상이 나타나지 않은 것으로 보아 습득하기 어려운 음이라고 하겠다. 반면에 C집단에게 종성 /ㄴ/은 경험 기간이 짧을 때부터 이미 한국어 모국어화자에게 잘 전달되는 정도의 조음이 가능한 습득 난이도가 낮은 음이라고 하겠다. 이러한 결과가

나타난 것은 C집단의 모국어인 중국어의 종성 목록에 /ㄴ/에 대응하는 음이 음운으로 존재한 점이 영향을 미친 것으로 보이며, 이 때문에 경험 기간이 짧을 때부터 높은 정반응률을 기록하며 이후 약간의 발전만으로도 NK의 수준에 도달할 수 있었다고 판단할 수 있겠다. 다만 학습 초기에 정반응률이 높았던 만큼 향상의 여지가 많이 남아 있지 않아 이후 경험 기간의 증가에 따른 향상 폭은 크지 않았던 것으로 보인다.

ㄷ. 종성 /ㅇ/

다음 〈표148〉은 각 집단이 발음한 종성 /ㅇ/에 대해 한국어 모국어 화자가 정지각한 결과이다.

〈표148〉 각 집단이 발화한 /ㅇ/에 대한 결과

	J 평균(표준편차)	C 평균(표준편차)	K 평균(표준편차)
L	42.9(20.6)	42.8(25.2)	
M	42.9(22.6)	61.9(20.1)	80.7(12.6)
H	51.2(24.6)	68.2(21.4)	

단위: %

결과를 살펴보면 각 집단의 종성 /ㅇ/에 대한 산출 능력은 C집단과 J집단 모두 학습 초기에 유사한 정반응률을 기록 하다가 C집단이 더 큰 향상 폭을 보여 H집단의 정반응률을 비교해 보면 C집단의 정반응률이 더 높게 나타나고 있다. 하지만 CH, JH집단 모두 아직 NK의 정반응률과는 차이가 있는 것을 발견할 수 있다.

다음 〈표149-151〉은 각 집단의 종성 /ㅇ/에 대한 산출 능력의 습득여부를 NK집단과의 차이 검증을 통해 살펴본 것이다.

〈표149〉 NK와 JL, CL의 /ㅇ/에 대한 차이 검증

	J 평균(표준편차)	C 평균(표준편차)
L	42.9(20.6)	42.8(25.2)
NK	80.7(12.6)	
유의차 검증 결과	***	***

*** : 유의수준 P〈.001, ** : 유의수준 P〈.01, * : 유의수준 P〈.05

〈표150〉 NK와 JM, CM의 /ㅇ/에 대한 차이 검증

	J 평균(표준편차)	C 평균(표준편차)
M	42.9(22.6)	61.9(20.1)
NK	80.7(12.6)	
유의차 검증 결과	***	n.s.

*** : 유의수준 P〈.001, ** : 유의수준 P〈.01, * : 유의수준 P〈.05

〈표151〉 NK와 JH, CH의 /ㅇ/에 대한 차이 검증

	J 평균(표준편차)	C 평균(표준편차)
H	51.2(24.6)	68.2(21.4)
NK	80.7(12.6)	
유의차 검증 결과	**	n.s.

*** : 유의수준 P〈.001, ** : 유의수준 P〈.01, * : 유의수준 P〈.05

통계분석 결과를 살펴보면 J집단은 JL, JM에 비해 JH 집단의 경우 NK집단과 차이가 줄기는 했지만 여전히 .01하에서 유의미한 차이가 존재하며, C집단의 경우 CM에서부터 이미 NK집단과 유의미한 차이가 없는 정도로 산출하고 있는 것으로 나타났다. 이에 각 집단의 습득 여부를 나타내면 다음 〈표152〉와 같다.

〈표152〉 각 집단의 /ㅇ/에 대한 산출능력 습득여부

	J	C
L	×	×
M	×	○
H	×	○

위의 결과를 살펴보면 C집단에게 /ㅇ/은 비교적 이른 시기에 습득되는 음이라는 것을 알 수 있다.

다음의 〈표153-154〉는 어느 경험 기간에 급격한 향상이 있었는지 살펴보기 위해 인접한 두 집단의 결과에 대해 유의차 검증을 실시한 것이다.

〈표153〉 단기 경험자집단과 중기 경험자집단의 /ㅇ/에 대한 차이 검증

	J 평균(표준편차)	C 평균(표준편차)
L	42.9(20.6)	42.8(25.2)
M	42.9(22.6)	61.9(20.1)
유의차 검증	n.s.	n.s.

***: 유의수준 P〈 .001, **: 유의수준 P〈 .01, *: 유의수준 P〈 .05

〈표154〉 중기 경험자집단과 경험자집단의 /ㅇ/에 대한 차이 검증

	J 평균(표준편차)	C 평균(표준편차)
M	42.9(22.6)	61.9(20.1)
H	51.2(24.6)	68.2(21.4)
유의차 검증	n.s.	n.s.

***: 유의수준 P〈.001, **: 유의수준 P〈.01, *: 유의수준 P〈.05

통계분석 결과를 살펴보면 모든 집단이 인접한 집단과 유의미한 차이가 발견되지 않았다. 따라서 다음 〈표155〉와 같이 어느 특정 기간에 유의미한 차이가 있는 향상은 없었다고 표시할 수 있겠다.

〈표155〉 /ㅇ/의 경험 기간에 따른 발달 여부(산출)

	J	C
I - II	×	×
II - III	×	×

이상의 결과를 종합해 보면 종성 /ㅇ/은 C집단에게 비교적 이른 시기에 습득이 이루어지는 습득 난이도가 낮은 음이라고 하겠다. 그러나 이른 시기에 NK의 수준에 도달하기 때문에 이후 향상의 여지가 많이 남아 있지 않아 습득이 이루어진 후에는 더 이상의 유의미한 차이가 있는 향상은 뒤따르지 않는 것으로 보인다.

한편 J집단에게 /ㅇ/은 JH에 가서도 NK의 수준에 도달하지 못한 습득 난이도가 높은 음으로 나타났다. 특히 경험 기간이 증가하여도 유의미한 차이가 있는 향상은 계속 발견되지 않았기 때문에 본고에서

다룬 평균 5년의 피험자보다 더 긴 경험 기간을 가지는 피험자를 대상으로 실험을 실시하여도 습득 가능성은 높지 않을 것으로 보인다.

한편 앞에서 살펴본 종성 /ㄴ/과 여기에서 살펴본 종성 /ㅇ/은 C집단의 모국어인 중국어의 종성 목록에 대응하는 음이 음소로 존재하는 음인 반면에 J집단의 모국어인 일본어에는 변이음으로 존재하는 음들이다. 결과를 살펴보면 C집단은 두 음 모두 습득에 도달한 반면 J집단은 두 음 모두 습득에 도달하지 못하였다. 특히 C집단의 경우 /ㅇ/의 조음 능력은 이미 M기간에 이미 습득에 도달한 것으로 나타났다. 이러한 차이가 나타난 데에는 한국어 종성 /ㄴ/과 /ㅇ/이 C집단의 모국어인 중국어에 음소로 존재한 점이 긍정적 전이(positive transfer)를 일으킨 반면에 J집단의 모국어에는 비음 종성의 변이음으로 존재한다는 점이 긍정적인 영향을 미치지 못했기 때문으로 보인다.

(다) 유음 종성 /ㄹ/

다음 〈표156〉은 각 집단이 발음한 종성 /ㄹ/에 대해 한국어 모국어 화자가 정지각한 결과를 나타낸 것이다.

〈표156〉 각 집단이 발화한 /ㄹ/에 대한 결과

	J 평균(표준편차)	C 평균(표준편차)	K 평균(표준편차)
L	88.3(9.7)	85.9(18.7)	
M	92.4(11.1)	85(14.5)	90.3(7.8)
H	88.4(8.9)	93.9(6.5)	

단위:%

결과를 살펴보면 J, C집단 모두 경험 기간이 짧은 집단도 이미 높은 수준의 정반응률을 보이고 있는 것을 관찰할 수 있다. 그 결과는 NK 집단과도 차이가 없는 것으로 보인다.

이러한 각 집단의 결과가 습득에 도달하였는지 확인하기 위해 다음 〈표157-159〉와 같이 유의차 검증을 실시하였다.

〈표157〉 NK와 JL, CL의 /ㄹ/ 에 대한 차이 검증

	J 평균(표준편차)	C 평균(표준편차)
L	88.3(9.7)	85.9(18.7)
NK	90.3(7.8)	
유의차 검증 결과	n.s.	n.s.

***: 유의수준 P〈 .001, **: 유의수준 P〈 .01, *: 유의수준 P〈 .05

〈표158〉 NK와 JM, CM의 /ㄹ/ 에 대한 차이 검증

	J 평균(표준편차)	C 평균(표준편차)
M	92.4(11.1)	85(14.5)
NK	90.3(7.8)	
유의차 검증 결과	n.s.	n.s.

***: 유의수준 P〈 .001, **: 유의수준 P〈 .01, *: 유의수준 P〈 .05

〈표159〉 NK와 JH, CH의 /ㄹ/ 에 대한 차이 검증

	J 평균(표준편차)	C 평균(표준편차)
H	88.4(8.9)	93.9(6.5)

NK	90.3(7.8)	
유의차 검증 결과	n.s.	n.s.

***: 유의수준 P⟨ .001, **: 유의수준 P⟨ .01, *: 유의수준 P⟨ .05

　결과를 살펴보면 모든 집단이 NK집단과 유의미한 차이가 없는 것으로 나타나 다음 〈표160〉과 같이 모든 집단이 종성 /ㄹ/에 대한 산출 능력이 습득에 도달한 것으로 판단할 수 있겠다.

〈표160〉 각 집단의 /ㄹ/에 대한 산출능력 습득여부

	J	C
L	○	○
M	○	○
H	○	○

　한편 종성 /ㄹ/을 산출하는 데 경험 기간이 긍정적인 영향을 미쳤는지 살펴보기 위해 인접한 집단간에 정반응률을 비교한 것이 다음의 〈표 161-162〉이다.

〈표161〉 단기 경험자집단과 중기 경험자집단의 /ㄹ/에 대한 차이 검증

	J 평균(표준편차)	C 평균(표준편차)
L	88.3(9.7)	85.9(18.7)
M	92.4(11.1)	85(14.5)
유의차 검증	n.s.	n.s.

***: 유의수준 P⟨ .001, **: 유의수준 P⟨ .01, *: 유의수준 P⟨ .05

〈표162〉중기 경험자집단과 장기 경험자집단의 /ㄹ/에 대한 차이 검증

	J 평균(표준편차)	C 평균(표준편차)
M	92.4(11.1)	85(14.5)
H	88.4(8.9)	93.9(6.5)
유의차 검증	n.s.	n.s.

***: 유의수준 P< .001, **: 유의수준 P< .01, *: 유의수준 P< .05

결과를 살펴보면 모든 집단이 인접한 집단과 유의미한 차이가 없는 것으로 나타났다. 따라서 각 경험 기간에 /ㄹ/에 대한 산출 능력이 발달했는지를 표시하면 다음〈표163〉과 같다.

〈표163〉/ㄹ/ 의 경험 기간에 따른 발달 여부(산출)

	J	C
Ⅰ - Ⅱ	×	×
Ⅱ - Ⅲ	×	×

이상의 결과를 종합해 보면 종성 /ㄹ/은 C, J집단 모두에게 경험기간이 짧을 때부터 이미 천장 효과(ceiling effect)가 나타나 한국어 모국어화자가 알아듣는 데 전혀 문제가 없을 정도로 조음하고 있는 산출 난이도가 낮은 음이라고 볼 수 있다. 다만 학습 초기에 이미 높은 산출 능력을 보이기 때문에 향상의 여지가 남아 있지 않아 경험기간이 증가하여도 더 이상의 향상은 나타나지 않는 음이라고 할 수 있다.

다. 종성 산출능력의 습득 양상 Ⅰ

본 절에서는 이상에서 기술한 각 집단의 피험자가 산출한 한국어 종성에 대한 모국어 화자를 대상으로 한 지각실험 결과를 바탕으로 각 집단의 종성 산출 능력에 대해 살펴보고자 한다. 기술의 순서는 먼저 C, J집단의 산출 실험 결과를 비교해 보고 각 종성의 산출 능력이 습득에 이를 가능성을 알아보기 위해 한국어에 대한 경험기간이 짧아도 잘 조음할 수 있는 음이 어떤 음인지와 경험기간의 증가에 따른 향상 정도가 큰 음이 어떤 음인지 살펴보고자 한다. 다음으로는 모국어와의 대응관계와 경험기간이 습득에 어떠한 영향을 미쳤는지 살펴보고자 한다. 마지막으로는 한국어 종성의 산출 난이도를 설정해 보고자 한다.

산출실험의 전체 결과를 국적별로 살펴보면 NK(82.6%)〉J(62.8%)〉C(62.7%)의 순으로 나타났다. 그러나 경험기간에 따른 결과를 살펴보면 J는 L집단이 59.2%에서 시작하여 H집단은 67%에 도달하였고 C는 L집단이 J보다 낮은 54.9%에서 시작하였지만 H집단은 J보다 높은 73.5%에 도달하여 NK와 더 근접한 것으로 나타났다. 각 모국어집단의 경험기간의 증가에 따른 향상이 어느 기간이 두드러지게 나타났는지 살펴본 결과 J집단은 L-M, M-H 기간 동안 미미한 향상에 그친 반면 C집단은 L-M기간 동안은 발전이 거의 없다가 M-H 기간 동안 크게 향상된 것으로 나타났다.

결과를 조음방식에 따라 폐쇄음, 비음, 유음으로 나누어 먼저 폐쇄음의 결과를 살펴보면 J집단은 M(53.1%)〈L(56.6%)〈H(59.5%)로 U자형 발달을 보였으며 경험 기간이 증가하여도 미미한 향상밖에 나타나지 않았다. 반면에 C집단은 L(41.4%) 〈 M(49%) 〈 H(60.3%)로 L집단의 결과는 J보다 낮지만 H집단은 J보다 약간 높게 나타났다. 그리고 JH, CH집단 모두 폐쇄음의 조음에 있어서는 NK(73.6%)와 차이가 있는 것으로 나타났다. 비음의 결과는 J집단이 L(49.2%)〈 M(55.6%)〈 H(62.8%)로 향상되었고, C집단은 L(52.5%)〈 M(56.7%)〈 H(73.9%)로 L집단부터 J집단보다 높게 시작하여 H집단도 NK(84.9%)에 더 근접한 것으로 나타났다. 한편 각 모국어집단의 폐쇄음 종성과 비음 종성의 지각 결과를 비교해 보면 J는 L집단에서는 비음을 조음하는 데 더 어려움을 겪었지만 경험기간이 증가하면서 폐쇄음보다 비음을 더 잘 조음하게 된 것으로 나타났다. 따라서 경험 기간이 증가하는 데 따른 향상이 비음쪽에서 더 컸다는 것을 알 수 있다. 한편 C집단은 모든 경험 기간에서 비음을 폐쇄음보다 월등히 잘 산출한 것으로 나타났는데, 이는 한국어 비음 종성 /ㄴ/과 /ㅇ/에 대응하는 음이 모국어에 음소로 존재하는 점이 긍정적인 전이(positive transfer)를 일으킨 것으로 볼 수 있겠다. 한편 유음은 모든 집단의 산출 능력이 85%이상으로 NK(90.3%)와 아주 근접한 결과를 보여 유음 /ㄹ/은 모국어와 경험 기간에 상관없이 모국어화자에게 의도대로 전달되기 쉬운 음이라는 것을 알 수 있었다.

각 종성에 대한 결과를 살펴보면 C, J 집단이 발음한 종성 대부분이 경험 기간이 증가함에 따라 향상되었지만 J집단의 /ㄷ/, /ㄱ/, C집단의 /ㄷ/, /ㅁ/, /ㄴ/에서 U자형(U-shaped)의 발달 형태가 발견되었다. 특히 두 모국어집단 모두에게 /ㄷ/은 U자형(U-shaped)의 발달 형태가 발견되었는데 이는 /ㄷ/의 조음 난이도가 높은 것과 함께 이 음이 청자에게 지각되기 힘들다는 점이 함께 영향을 미쳤다고 할 수 있겠다. 한편 위의 음들의 경험 기간이 증가함에도 불구하고 나타난 산출 능력의 하락에 대해 인접한 집단간에 유의차 검증을 실시해 본 결과 모두 유의미한 차이가 없는 것으로 보아 조음 능력의 하락이 아니라 정체라고 볼 수 있겠다.

　다음으로는 각 집단이 발화한 음 가운데 한국어모국어화자에게 더 잘 의도대로 전달된 음이 무엇인지 순서대로 나타내면 다음과 같다. JL집단은 ㄹ〉ㄱ〉ㅁ〉ㄷ〉ㅂ〉ㄴ〉ㅇ의 순이며, JM집단은 ㄹ〉ㅁ〉ㄱ〉ㄴ〉ㅂ〉ㄷ〉ㅇ, JH집단은 ㄹ〉ㄱ〉ㅁ〉ㄴ〉ㅂ〉ㄷ〉ㅇ의 순으로, 모든 J집단에서 정반응율이 가장 높은 음은 /ㄹ/이며 그 다음으로 잘 전달된 음은 /ㄱ/, /ㅁ/인 것으로 나타났다. 한편 가장 의도와 다른 음으로 전달된 음은 /ㅇ/으로 나타나, J집단이 /ㅇ/을 조음하는 데 어려움을 겪고 있다고 할 수 있겠다.

　한편 C집단 가운데 CL집단의 발화는 ㄹ〉ㄴ〉ㅁ〉ㄱ〉ㅇ〉ㅂ〉ㄷ의 순으로 잘 전달되었고 CM집단은 ㄹ〉ㄱ〉ㄴ〉ㅇ〉ㅁ〉ㅂ〉ㄷ, CH집단은 ㄹ〉ㄱ〉ㄴ〉ㅁ〉ㅇ〉ㅂ〉ㄷ의 순으로 잘 전달된 것으로 나타났다. 이 결과를 종합해 보면 한국어모국어화자는 C집단이 발화한 /ㄹ/을 가장 의도대로 이해했으며 /ㄷ/은 가장 이해하기 힘든 조음을 하고 있다는 것을 알 수 있다.

　한편 한국어 모국어화자에게 더 잘 전달된 음과 그렇지 않은 음의 결과에서 C, J집단이 아주 유사한 모습을 보이고 있는데 이는 목표어인 한국어 종성마다 조음 난이도가 다르다는 것을 보여 주는 결과이며 각 집단의 산출 능력에는 모국어의 영향과 함께 목표어의 조음 난이도가 영향을 미친다고 하겠다.

　다음으로는 경험기간이 짧음에도 불구하고 한국어 모국어화자에

게 의도대로 잘 전달될 정도로 잘 조음하고 있어 습득에 이를 가능성
이 높은 음이 어떤 음인지를 살펴보고자 한다. 다음 〈표164〉는 JL, CL
집단이 발화한 종성에 대해 정반응률이 높은 순서대로 나열한 것이
다.

〈표164〉 L집단의 발화에 대한 정반응률 순위

순위	1	2	3	4	5	6	7
L1	J	C	J	C	J	J	C
산출음	ㄹ	ㄹ	ㄱ	ㄴ	ㅁ	ㄷ	ㅁ
정반응률	88.3	85.9	70.4	64.6	60.8	54.3	50.1
순위	8	9	10	11	12	13	14
L1	C	J	J	J	C	C	C
산출음	ㄱ	ㅂ	ㄴ	ㅇ	ㅇ	ㅂ	ㄷ
정반응률	49.3	44.9	44	42.9	42.8	37.9	36.8

위의 결과를 살펴보면 C, J가 조음한 /ㄹ/에 대한 모국어화자의 정
반응률이 아주 높게 나타났다. 이들의 한국어에 대한 경험 기간이 3.5
개월임에도 불구하고 이러한 결과를 보일 수 있었던 것은 앞 장에서
도 언급한 것처럼 한국어 종성 목록 내부에서 /ㄹ/의 특수성때문으로
보인다. 다음으로 높은 정반응률을 보인 음은 J가 발화한 /ㄱ/으로 나
타났는데 JM집단에서 /ㄱ/의 정반응률을 살펴본 결과 하락이 나타나
고 있어 JL에서 높은 결과는 일시적인 현상으로 보인다. 한편 그 다음
으로는 C집단의 /ㄴ/이 높은 정반응률을 보이고 있는데 모국어에 대
응하는 음이 음소로 존재한 것이 조음에도 긍정적인 영향을 미친 것

으로 보인다.

다음에는 비록 경험 기간이 짧을 때는 산출에 어려움을 겪지만 경험 기간이 증가하면 빠르게 향상되어 습득에 이를 가능성이 높은 음이 어떤 것인지 알아보기 위해 L-M-H로 가는 동안 향상 폭이 큰 음들을 살펴보고자 한다.

〈표165〉 경험 기간 증가에 따른 정반응률 향상도

순위	1	2	3	4	5	6	7
모국어	C	C	C	C	J	C	J
산출음	/ㄱ/	/ㅁ/	/ㅇ/	/ㅂ/	/ㄴ/	/ㄴ/	/ㅁ/
변화폭	32.7	25.8	25.4	22.5	21.5	12.8	10.9
순위	8	9	10	11 = 12		13	14
모국어	J	J	C	J	C	J	J
산출음	/ㅂ/	/ㅇ/	/ㄹ/	/ㄱ/	/ㄷ/	/ㄹ/	/ㄷ/
변화폭	10	8.3	8	1.5	1.5	0.1	-2.7

단위: %

결과를 살펴보면 전체적으로 C집단이 산출한 음의 향상 폭이 J집단이 산출한 음의 향상 폭보다 큰 것을 알 수 있다. 그리고 큰 폭의 향상을 보인 음들을 살펴보면 모국어에 대응하는 음운이 존재하지 않는 음인 C집단의 /ㄱ/, /ㅁ/, /ㅂ/이 앞 쪽에 위치하고 있다. 이러한 결과는 새로운 음에 경험 기간이 더 큰 영향을 미칠 것이라고 한 Flege(1987, 1995)와 새로운 음의 발달 속도(rate)가 빠를 것이라고 한 Major & Kim(1996)의 주장과 일맥상통하는 것이라고 하겠다. 위의 음들 다음으로는 모국어에 대응하는 음이 음소로 존재하는 /ㄴ/,

/ㅇ/이 나타나고 있다. 이를 통해 모국어에 대응하는 음이 음소로 존재하는 음과 음소로 존재하지 않는 음이 경험 기간에 따른 향상 폭이 커 습득에 이를 가능성이 높다는 것을 알 수 있다. 또한 J집단의 결과를 살펴보면 비음이 폐쇄음보다 향상 폭이 큰 것으로 보아 상대적으로 J집단의 음 가운데 습득에 이를 가능성이 높다고 하겠다.

다음으로는 모국어와의 대응관계가 습득에 어떠한 영향을 미쳤는지 살펴보고자 한다. 다음〈표166〉은 학습자 모국어와 한국어의 대응관계에 따른 종성 산출 능력의 습득 여부를 나타낸 것이다.

〈표166〉 모국어와의 대응관계에 따른 습득(산출) 여부

대응	음운으로 존재하는 종성		음운으로 존재하지 않는 종성						변이음으로 존재하는 종성					
L1	C	C	C	C	C	C	C	J	J	J	J	J	J	J
산출음	/ㄴ/	/ㅇ/	/ㅂ/	/ㄷ/	/ㄱ/	/ㅁ/	/ㄹ/	/ㄹ/	/ㅂ/	/ㄷ/	/ㄱ/	/ㅁ/	/ㄴ/	/ㅇ/
습득	○	○	○	×	○	○	○	○	○	△[18]	○	○	×	×

결과를 살펴보면 대응하는 음이 모국어에 음운으로 존재하는 음과 모국어에 대응하는 음이 음운으로 존재하지 않는 음은 C집단의 /ㄷ/을 제외하고는 모두 NK정도의 산출 능력에 도달한 것을 알 수 있다. 반면에 대응하는 음이 모국어에 변이음으로 존재하는 음들의 산출 능력은 6개 음 중 반은 습득에 이르렀지만 반은 습득에 이르지 못한 것

---

18) 유의수준이 0.0523으로 나타나 여전히 NK집단과 유의미한 차이가 있는 것으로 판단할 수 있겠다.

으로 나타났다. 따라서 대응하는 음이 모국어에 음운으로 존재하거나 모국어에 대응하는 음이 음운으로 존재하지 않는 경우는 습득에 유리하지만 변이음으로 존재하는 경우는 습득에 이르기 어렵다는 것을 알 수 있다.

한편 J, C 집단 모두 종성 /ㄷ/의 습득에 실패하였는데 이 음은 A의 지각 실험에서도 습득에 이르지 못한 음으로, 지각과 산출 모두에서 난이도가 높은 음이라고 판단된다. 또한 지각하기 어려운 음은 산출하기도 어렵다는 지각과 산출의 관련성을 부분적으로 확인해 주는 결과라고 하겠다. 또한 J, C집단 모두가 /ㄷ/의 산출 능력이 습득에 이르지 못한 것은 앞 장에서도 언급한 바와 같이 산출 능력도 모국어와의 대응관계뿐만 아니라 목표어 자체의 조음난이도가 영향을 미친다는 것을 다시 한 번 확인할 수 있는 결과이다. 그 밖에도 /ㄷ/은 종성 가운데 출현 빈도가 가장 낮은 음으로 이러한 점도 영향을 미쳤다고 하겠다.

이상의 결과를 바탕으로 각 집단의 종성 산출능력이 각각 어느 시기에 습득에 도달하였는지를 나타낸 것이 다음 〈그림31-32〉이다.

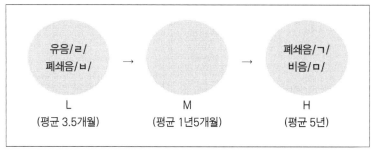

〈그림31〉 J 집단의 종성 산출 능력의 습득 순서와 시기

〈그림31〉을 보면 J집단은 먼저 /ㄹ/과 /ㅂ/이 습득에 도달하며, 폐쇄음은 /ㅂ/이 습득된 이후 경험기간이 증가함에 따라 /ㄱ/이 습득되고 비음 종성은 가장 나중에 /ㅁ/부터 습득이 이루어진다고 하겠다.

이로써 J집단은 평균 5년의 경험 기간을 통해 종성 7개 음 가운데 4개의 음의 산출 능력이 NK집단에 도달한 것을 알 수 있다. 한편 평균 5년의 경험 기간을 통해서도 습득에 이르지 못한 음은 비음인 /ㄴ/, /ㅇ/과 /ㄷ/[19]이다. 이를 통해 J집단은 유음, 폐쇄음, 비음 가운데 비음의 산출에서 가장 큰 어려움을 겪는다는 것을 알 수 있고 이러한 결과가 나타난 데에는 이 두 종성이 모국어인 일본어에서는 하나의 음소로만 존재하기 때문에 한국어 종성으로 각각 조음하는 데 어려움을 겪기 때문으로 보인다. 따라서 이 음들의 습득은 더 긴 경험 기간을 통해 이루어지거나 화석화(fossilization)되어 습득에 이르지 못할 가능성도 있는 것으로 보인다.

이번에는 C집단의 종성 산출능력의 습득 순서와 시기를 다음 〈그림32〉와 같이 나타낼 수 있다.

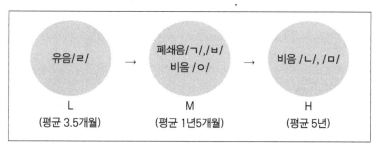

〈그림32〉 C 집단의 종성 산출 능력의 습득 순서와 시기

---

19) 각주 18에서 밝힌 바와 같이 완벽한 습득이라고 보기 힘들다고 판단하여 습득에 도달한 음에서 제외하였다.

결과를 살펴보면 C집단은 가장 먼저 유음인 /ㄹ/의 산출 능력이 NK집단 수준에 도달하며 CM 기간에 폐쇄음과 비음의 습득이 시작되는데, 폐쇄음은 먼저 /ㄱ/과 /ㅂ/이, 비음은 /ㅇ/이 습득에 이르는 것을 알 수 있다. 그리고 CH 기간이 되면 비음이 추가로 습득되어 /ㄴ/과 /ㅁ/이 습득에 이르는 것을 알 수 있다.

위의 그림을 보면 C집단은 5년이라는 경험 기간을 통해 7개의 종성 가운데 /ㄷ/을 제외한 6개의 음의 산출 능력이 NK 수준에 도달한 것을 알 수 있다. 본고의 경험 기간을 통해 습득하지 못한 종성 /ㄷ/이 습득에 이르기 위해서는 더 긴 경험 기간이 필요하거나 화석화(fossilization)되어 습득에 이르지 못할 가능성도 있는 것으로 보인다.

이 결과를 앞에서 살펴본 J집단의 것과 비교해 보면 J, C 집단 모두 공통적으로 /ㄹ, ㅂ, ㄱ, ㅁ/이 습득에 이른 반면에 /ㄷ/은 J, C집단 모두 습득에 이르지 못하였다. 이는 한국어 종성간에 조음 난이도 차이가 있으며 그것이 산출 능력의 발달에 영향을 미쳤다고 할 수 있겠다. 한편 J, C 집단 모두 /ㄹ/을 가장 먼저 습득하였는데 이는 앞 장에서도 기술한 것처럼 /ㄹ/의 특수성과 연관이 있을 것으로 보인다. /ㄹ/의 경우 한국어 종성 내부에 조음방식이 유사한 음이 존재하지 않는 음이라는 것에 주목할 필요가 있다. 이것은 달리 말하면 종성 /ㄹ/은 한국어학습자가 /ㄹ/을 모국어화자와 차이가 있는 조음을 하더라도 한국어 모국어화자가 그 발음을 다른 음으로 잘못 알아들을 가능성이 아주 낮으며 이 점이 /ㄹ/이 높은 정반응률을 기록하는 데 큰 영향을 미친 것으로 판단된다. 한편 C집단과 J집단이 습득한 음을 비교해 보면 C집단은 /ㄴ, ㅇ/을 습득한 반면 J집단은 습득에 도달하지 못하였다. 이 결과는 모국어에 대응하는 음이 음소로 존재한 것이 습득에 긍정적인 영향을 미쳤음을 보여주는 결과라고 하겠다. 한편 J, C집단이 /ㄷ/의 습득에 실패한 것에 대해서는 이주현(2004)에서 /ㄷ/은 한국 아동의 한국어 종성 발달 순서에서도 폐쇄음 종성 가운데 가장 마지막에 발달한다고 한 것과 관련성을 생각해 볼 수 있겠다. 따라서 종성 /ㄷ/은 L1 습득에서나 L2 습득에서 모두 마지막에 발달하는 음일 가능성이 있겠다. 이상의 결과를 종합해 보면 산출 능력의 습득 여부에는 목표어 자체의 조음 난이도, 모국어와의 대응관계, 목표어 내부에 전달되는 데 혼동을 일으킬 음이 있는지 여부와 언어보편적인 발달 과정 등이 영향을 미친다고 할 수 있겠다.

이상의 결과를 종합했을 때 한국어 종성의 산출 난이도는 다음 〈표 167〉과 같다고 하겠다.

〈표167〉 종성의 산출 난이도

모국어와 목표어 음의 대응관계		예		Stockwell, Bowen & Martin(1965)의 난이도 위계
		L1	L2 음	
4	대응하는 음이 모국어에 변이음으로 존재하는 음	일본어	/ㅂ,ㄷ,ㄱ, ㅁ,ㄴ,ㅇ/	분기(split)
3	대응하는 음이 모국어에 음소로 존재하지 않는 음	중국어	/ㅂ,ㄷ,ㄱ, ㅁ/	부재(absent)
2	대응하는 음이 모국어에 음소로 존재하는 음	중국어	/ㄴ,ㅇ/	대응(correspondence)
1	목표어 내부에 조음방식이 유사한 음이 없는 음		/ㄹ/	

* 숫자가 클수록 난이도가 높음

〈표167〉과 같이 각 모국어와의 대응관계를 Stockwell, Bowen & Martin (1965)이 주장한 난이도 위계의 범주에 대입시키면 산출 실험의 결과와 예측이 대체적으로 일치한다고 하겠다.

2. 한국어학습자가 산출한 종성에 대한 정확성 평가 실험

본 실험은 각 집단이 발화한 종성이 해당음의 발음으로 어느 정도의 정확성을 가지고 있는지를 알아보는 실험으로, 앞에서 기술한 지각(이해명료도) 실험과 동시에 실시되었다. 앞서 실시한 지각실험에서 각 집단이 조음한 자극음이 한국어 모국어화자에게 의도대로 지각된다는 것은 그 발음이 의사소통에 장애를 초래하지 않을 정도의 이해 가능한 발음이라는 의미가 될 수 있다. 그러나 그것이 곧 해당 발음이 한국어 종성 발음으로 정확한 발음이라는 것을 의미하는 것은 아니기 때문에 본 절에서 실시할 정확성 평가 실험을 통해 한국어 학습자의 종성 발음에 대한 정확성의 정도를 다시 한 번 검증할 필요가 있다고 판단하였다. 이러한 과정을 통해 한국어학습자의 종성 발음이 모국어화자의 정확성에 어느 정도 근접했는지 가늠해 볼 수 있으리라 본다. 요컨대 앞서 실시된 지각 실험을 통해서는 정(正)지각이 가능한 발음인지 여부만을 알 수 있기 때문에 다른 음으로 오(誤)지각될 경우만 아니라면 제대로 발음을 했다고 판단해 버릴 수 있으므로 지각실험은 평가 기준이 상대적으로 허용적인 편이라고 할 수 있다. 이에 반해 정확성 평가실험은 청자인 한국어 모국어화자들이 정확한 한국어 종성 발음에 대한 직관적인 기준을 설정하여 그 기준에 따라 평가할 것이기 때문에 한국어 학습자의 해당 발음에 대해서 더 엄밀한 평가가 이루어질 것이다.

가. 실험 방법

(1) 실험 절차

정확성 평가실험은 앞에서 기술한 지각실험과 동시에 진행되었으며 동일한 청자가 동일한 자극음에 대해 평가하였다. 청자로 참여한 피험자들은 자극음을 듣고 먼저 어느 음으로 들리는지 선택한 후 들은 자극음의 종성발음이 해당 한국어 종성 발음으로 얼마나 정확하다고 생각하는지 아래와 같이 1-5의 척도로 평가하였다.

〈표168〉 정확성 평가 실험 문항의 예시

*다음 발음을 듣고 받침 발음이 한국어의 해당 발음으로 얼마나 정확하다고 생각하는지 다음 숫자 중에 하나를 골라 ○하십시오. 1. (5, 4, 3, 2, 1)

한편 실험에 앞서 피험자들에게는 각 척도가 가지는 의미에 대해 다음과 같은 기준이 제시되었다.

〈표169〉 정확성[20] 평가 기준

5- 한국인의 발음과 전혀 차이가 없을 만큼 정확한 발음이다
4- 해당 받침(종성) 발음으로 비교적 정확하다
3- 해당 받침 발음으로 정확하다고는 할 수 없지만 무슨 발음인지 이해할 수
   는 있다
2- 여러 번 듣지 않으면 이해하기 힘들 것 같다
1- 이해가 불가능하다

---

20) 제2언어 음운을 습득하는 데 있어 도달해야 하는 목표를 어디로 설정할 것인가
   하는 문제는 아주 중요한 부분이라고 할 수 있다. 이러한 발음 교육의 목표는 외
   국어교수법의 변천과 함께 변화를 겪어 왔다. 1800년대 말부터 1900년 초에 유행
   한 직접 교수법(Direct Method)에서 구두 언어를 강조하면서 원어민과 같은 정확
   한 발음 습득을 중시한 이래 1940년대에서 50년대에 걸쳐 주목을 받았던 청화식
   교수법(Audiolingual Method)에 이르기까지 정확성은 중요한 기준이었다. 그러
   나 1960년대에 등장한 인지주의적 접근법(Cognitive Approach)에서는 언어 학
   습이 습관 형성이라는 주장에 반대하여 발음 교육에 있어서도 모국어화자와 같은
   발음은 절대 달성될 수 없는 목표라고 여겨 정확한 발음 습득에 대한 관심을 거
   두게 되었다. 이후 1980년대에 이르러 정확성(Nativeness 혹은 Accuracy)보다는
   유창성(Fluency)을 강조하는 의사소통 중심 교수법(communicative Approach)
   이 대두되었다. 이 교수법에서 영어가 모국어가 아닌 영어 학습자의 발음은 의사
   소통을 위한 최소한의 단계(threshold level)를 달성시킨 것으로 충분하다고 보
   기 시작하면서 발음 지도의 목표가 종전의 정확한 발음 습득에서 이해 가능한
   (comprehensible) 또는 명료한(intelligibility) 발음의 습득으로 대변혁을 맞이하
   게 된 것이다(한종임, 2001). 이처럼 영어교육에서 발음 교육의 목표가 과거의 정
   확성에 중점을 두던 것에서 최근에는 명료도로 무게중심이 이동하게 된 데에는
   국제어로서의 영어의 위상이 높아졌기 때문으로 보인다. 즉, 다양한 모국어배경
   을 가진 사람들이 영어로 의사소통을 하고자 하는 상황에서 더 이상 모국어화자
   같은(native-like)이라는 개념은 발음 교육의 목표로서 의미를 상실하게 되었기
   때문이다. 그러나 한국어는 좀 상황이 다를 것으로 판단된다. 즉, 한국어는 한정
   된 지역에서 한정된 인구의 사람들이 사용하는 언어이기 때문에 정확성과 명료도
   의 판단 기준이 영어와 같을 것이라고 장담할 수 없다.
   또한 발음 교육의 목표는 이상에서 기술한 것처럼 교수자의 시각에서 정해지는
   목표가 있는가 하면 학습자의 요구(needs)에 따라서도 발음 교육의 목표가 결정
   될 수 있다. 이에 대해 허용 외(2009)에서는 전문직에 종사하거나 강의를 해야 하
   는 사람이거나 외교관과 같은 사람들은 모국어화자 수준의 정확한 발음을 습득하

(2) 결과 분석

본 실험은 각 집단이 한국어종성을 얼마나 정확하게 산출(조음)할 수 있는지를 살펴보기 위한 것으로 한국어학습자가 발음한 종성을 한 국어 모국어화자가 듣고 더 높은 척도의 점수를 준다면 그 한국어학 습자의 해당 발음은 그렇지 않은 경우보다 더 정확한 편이라고 판단 할 수 있을 것이다. 이러한 결론에 도달하기 위해 다음과 같은 세 가 지에 대해 중점적으로 관찰하였다. 첫째, 실험 결과를 국적에 따라 비 교하였다. 이러한 비교를 통해 모국어가 다른 두 집단의 결과가 정확 성면에서 어떠한 공통점과 차이점이 있는지 알아보고자 한다. 둘째, 각 집단이 산출한 해당음의 정확성이 어느 정도인지 알아보기 위해 한국어 모국어화자(NK)집단의 결과와 유의미한 차이가 있는지 검증 하였다. 즉, 한국인의 결과와 각 집단의 결과를 비교하여 유의미한 차 이가 없을 경우 해당음의 정확성이 습득에 도달하였다고 판정할 수 있을 것이다. 둘째, 어느 경험 기간에 해당음의 정확성이 현저하게 향상되었는지 살펴보기 위해 각 언어권별로 L(단기 경험자)집단과 M(중기 경험자)집단, M(중기 경험자)집단과 H(장기 경험자)집단간 에 정확성 점수에서 유의미한 차이가 있는지 검증하였다. 즉, 인접한 두 집단의 결과를 비교하여 유의미한 차이가 있을 경우 해당 기간 동

는 데 목표를 두게 된다. 한편 여성 결혼 이민자들은 한국 사회에서 생활하게 되
므로 한국인에 준하는 의사소통이 가능한 정도의 능력을 필요로 한다고 하였다.
이상의 여러 관점을 고려할 때 한국어발음 습득의 도달 목표를 설정하는 데 있어
정확성과 이해명료성은 서로 대치되는 개념이 아니라 같은 선상에 놓여 있으면서
정도에서만 차이가 나는 연속성이 있는 개념으로 보아야 하며, 평가에 있어서도
두 개념을 모두 다루어야 한다고 판단하여 본고에서는 두 가지 산출 실험을 실시
하였다.

안 정확성의 급격한 향상이 있었다고 볼 수 있으며, 유의미한 차이가 없을 경우 해당 기간 동안 정확성의 두드러진 향상이 나타나지 않았다고 판단할 수 있을 것이다.

한편 본 실험은 먼저 논한 B. 1.의 지각 실험과 밀접한 관련이 있는데 지각실험에서 해당 음으로 정지각한 문항의 정확성 점수만을 각 피험자의 정확성 점수에 포함시켰다. 즉, 지각 실험에서 오지각한 후에 그 음에 대해 점수를 매긴 오지각 문항의 점수는 제외하여 환산하였다. 한편 정확성 수치는 다른 실험과의 비교의 편의를 위해 백분율로 나타내었다. 수식은 다음과 같다.

〈표170〉 정확성 산정 방식

$$\text{발음 정확도 백분율 (\%)} = \frac{\text{전제 문항의 정확성 점수} - \text{오지각 문항의 정확성 점수}}{\text{전체문항수(50)}} \times 20$$

나. 실험 결과

(1) 국적별 결과

다음 〈그림33〉은 각 집단에 속한 피험자의 정확성 평가 점수가 어디에 분포하고 있는지 나타낸 것이다.

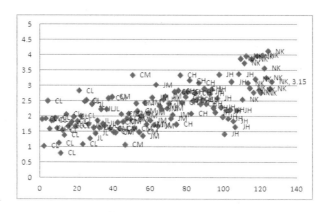

〈그림33〉 집단별 정확성 점수 분포

〈그림33〉을 보면 NK집단은 대체적으로 2.8-4.3점 사이에 분포[21]하고 있는데 외국인 피험자의 정확성 점수도 경험기간이 증가함에 따라 NK집단에 근접해 가고 있음을 알 수 있다. 각 경험기간별로 비교해 보면 L집단에서는 C가 J에 비해 더 아래쪽에 위치하고 있고 M집단에서는 C와 J가 비슷하게 위치하고 있다. 그리고 H집단에서는 C가 J보다 높게 위치하고 있는 것을 볼 수 있다. 구체적으로 수치를 살펴보면 CL집단은 0.8-2.5사이에, JL집단은 1-3사이에, CM집단은 1-3.5사이에, JM집단은 1.3-3사이에, CH집단은 1.7-3.5사이에, JH집단은 1.5-3.5사이에 분포하고 있는 것을 관찰할 수 있다. 이 정확성 평가 결과를 비교의 편의를 위해 백분율로 환산한 결과가 다음 〈표171〉, 〈그림34〉와 같다.

---

21) 이러한 한국어 모국어화자의 결과를 통해서도 정확성이라는 개념이 모국어화자도 도달하기 힘든 지나치게 이상적인 목표라는 것을 간접적으로 확인할 수 있다.

〈표171〉 전체 종성에 대한 집단별 정확성 평가 결과

	J 평균(표준편차)	C 평균(표준편차)	K 평균(표준편차)
L	38.6(8.6)	34.1(7.6)	
M	43.7(7.9)	39.4(10.2)	67.7(9.7)
H	48.2(10.5)	53.5(7)	

단위:%

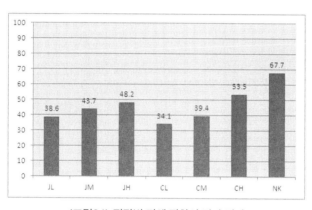

〈그림34〉 집단별 전체 정확성 평가 결과

　결과를 살펴보면 J, C집단 모두 경험 기간이 증가함에 따라 정확성이 소폭이지만 향상되고 있는 것을 발견할 수 있다. 향상 폭은 C집단이 약간 큰 편으로 경험기간이 짧을 때는 더 낮은 정확성에서 출발하지만 H집단의 결과는 J집단보다 약간 높은 것으로 나타났다. 그러나 두 집단 모두 NK의 정확성 정도와는 차이가 있는 것으로 보인다.

　다음 〈그림35〉는 집단별 결과를 국적별로 나누어 평균을 나타낸 것이다.

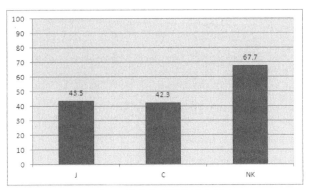

〈그림35〉 국적별 정확성 평가 결과

정확성 평가 결과를 국적 별로 비교해 보면 J집단이 약간 높지만 C 집단과 J집단의 차이는 미미한 것으로 나타났다. 외국인 피험자의 결과는 NK와 비교해 보면 J집단은 64.2%, C집단이 62.4% 정도에 도달한 것으로 보인다.

다음〈그림36〉은 J, C집단의 정확성이 어느 기간에 특히 향상되었는지를 알아보기 위해 경험 기간에 따른 변화 추이를 나타낸 것이다.

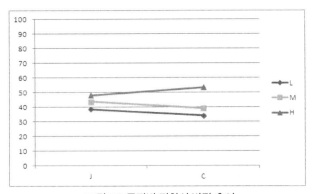

〈그림36〉 국적별 정확성 반달 추이

　　결과를 보면 J집단은 경험기간이 짧을 때에는 C집단보다 높게 출발하지만 경험 기간이 증가하여도 큰 폭의 향상이 나타나지 않는 반면 C집단은 처음에는 J집단보다 정확성이 떨어지지만 경험 기간이 증가하면서 J집단보다 상대적으로 향상 폭이 커 CH집단은 JH집단보다 높은 정확성을 보이는 것으로 나타났다. 따라서 C집단의 정확성은 M-H기간 동안 집중적으로 향상된다는 것을 알 수 있다.

　　다음〈표172〉와 〈그림37〉은 각 집단이 조음한 폐쇄음에 대해 한국어 모국어화자가 정확성을 평가한 결과이다.

〈표172〉 각 집단의 폐쇄음에 대한 정확성 평가 결과

	J 평균(표준편차)	C 평균(표준편차)	K 평균(표준편차)
L	37.3(8.9)	26.5(9)	
M	36.8(7.5)	33.1(12.7)	59(10.4)
H	42.5(9.7)	43.6(10.2)	

단위:%

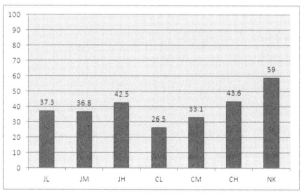

〈그림37〉 각 집단의 폐쇄음에 대한 정확성 평가 결과

결과를 살펴보면 C집단은 학습 초기에는 J집단보다 낮은 정확성을 기록하지만 경험기간이 증가함에 따라 조금씩 향상되어 CH집단의 정확성은 JH집단의 정확성보다 높게 나타났다. 한편 J집단은 L기간에 C집단보다 높게 나타나다가 M기간에 약간 하락했다가 H에서 다시 향상되는 U자형(U-shaped)의 발달 형태를 보이고 있다. J집단과 C집단간에 이러한 차이가 발생한 원인으로는 폐쇄음 종성의 경우 C집단의 모국어인 중국어에는 대응하는 음이 존재하지 않는 반면 J집단의 모국어인 일본어에는 촉음인 /ツ/의 변이음으로 [p], [t], [k]가 존재하기 때문으로 보인다. 즉, 모국어에 대응하는 음이 변이음으로 존재할 경우 학습 초기에는 정확한 조음을 하는 데 긍정적인 영향을 미쳐 JL집단이 상대적으로 높은 정확성 평가를 받았다면 대응하는 음이 모국어에 부재한 CL집단은 정확하게 조음하는 데 어려움을 겪은 것으로 보인다. 이 같은 모국어와의 대응 관계는 경험 기간이 증가함에 따라 향상 속도에 영향을 미쳐 변이음으로 존재하는 모국어집단의 학습자는 향상이 둔화된 반면 대응하는 음소가 부재한 모국어집단의 학습자는 더 빨리 향상되는 결과를 가져온 것으로 보인다.

다음 〈표173〉과 〈그림38〉은 각 집단이 발음한 비음 종성에 대해 한국어모국어화자가 정확성을 평가한 결과를 나타낸 것이다.

〈표173〉 각 집단의 비음에 대한 정확성 평가 결과

	J 평균(표준편차)	C 평균(표준편차)	K 평균(표준편차)
L	31.1(10.2)	31.9(9.9)	68.4(11.3)
M	37.8(11.3)	36.5(10.3)	

| H | 43.8(13.3) | 52.5(8.5) | 68.4(11.3) |

단위:%

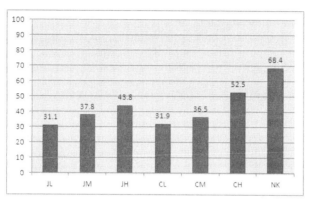

〈그림38〉 각 집단의 비음에 대한 정확성 평가 결과

결과를 살펴보면 L-M기간에 C, J집단이 공통적으로 미미한 향상을 보이는 점으로 보아 비음의 정확성은 통상적인 한국어 학습기간(0-1년 반)동안에는 큰 발전이 없는 것으로 보인다. 한편 J집단은 그 이후에 경험 기간이 증가하여도 향상 정도가 크지 않지만 C집단은 M-H 기간 동안 상대적으로 큰 폭으로 향상된 것을 발견할 수 있다. 이러한 결과가 나타난 것은 C집단의 모국어에 종성 /ㄴ/과 /ㅇ/에 대응하는 음소가 존재하는 것이 긍정적인 영향을 미친 것으로 보인다. 그러나 JH, CH집단 모두 NK의 정확성과는 차이가 있는 것으로 나타났다.

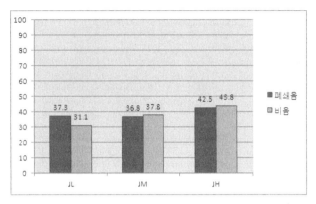

〈그림39〉 J의 폐쇄음 · 비음에 대한 정확성 평가

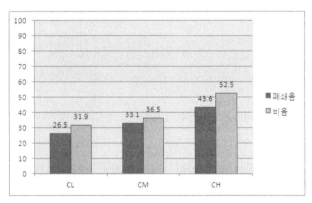

〈그림40〉 C의 폐쇄음 · 비음에 대한 정확성 평가

　　결과를 살펴보면 J집단은 L단계에서 폐쇄음의 정확성이 더 높게 나
타나다가 경험 기간이 증가하면서 비음의 정확성이 폐쇄음의 정확성
을 추월하는 것으로 나타났다. 한편 C집단은 시종일관 비음의 정확성
이 폐쇄음의 정확성을 웃도는 것으로 나타나고 있다. 이러한 결과가
나타난 데에는 C집단의 모국어인 중국어 종성 목록에 비음 음소인 /
n/과 /ŋ/이 존재하는 반면 폐쇄음에 대응하는 음소가 부재하기 때문

으로 보이며 이 점이 정확한 조음을 하는 데 영향을 미친 것으로 보인다.

다음〈표174〉와 〈그림41〉은 각 집단이 발화한 한국어 종성 /ㄹ/에 대해 한국어 모국어화자가 정확성 정도를 평가한 결과이다.

〈표174〉 각 집단의 유음에 대한 정확성 평가 결과

	J 평균(표준편차)	C 평균(표준편차)	K 평균(표준편차)
L	59.1(11.6)	54.9(13.3)	
M	69.3(10.6)	56.7(12.3)	80.8(7.6)
H	67.9(11.2)	72.9(9)	

단위:%

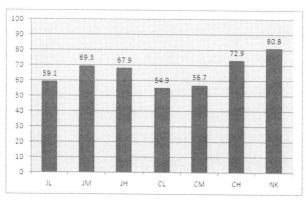

〈그림41〉 각 집단의 유음에 대한 정확성 평가 결과

이 정확성 평가 결과를 앞에서 실시한 지각실험의 결과와 비교해 보면, 지각 실험에서 모든 집단이 90%에 가까운 정반응률을 기록했던 것과 달리 /ㄹ/의 정확성에 대한 평가에서는 수치가 크게 낮아진 것으로 나타났다. 이것은 한국어학습자의 종성 /ㄹ/ 발음이 다른 음으로 잘못 이해되어 의사소통에 장애가 발생할 정도는 아니지만 정확한 한국어 발음을 기준으로 봤을 때는 여전히 외국인 말투 (foreign accent)가 남아 있는, 다시 말해 정확성에 있어서는 완벽하게 정확한 발음은 아니라는 것을 보여 주는 결과이다. 결과를 구체적으로 살펴보면 J집단은 M에서 소폭 상승했다가 H에서 다시 하락하였고 C집단은 L과 M은 거의 차이를 보이지 않다가 H의 정확성이 크게 향상된 것을 볼 수 있다.

다음〈175-176〉과 〈그림 42-43〉은 각 집단의 정확성 평가 결과와 경험기간에 따른 발달 추이를 종성별로 나타낸 것이다.

〈표175〉 J집단의 각 종성에 대한 정확성 평가 결과

	폐쇄음			비음			유음
	/ㅂ/	/ㄷ/	/ㄱ/	/ㅁ/	/ㄴ/	/ㅇ/	/ㄹ/
JL	27.1	35.3	49.6	39.5	26.8	27	59.1
JM	31.8	30.1	48.4	46.3	38	29	69.3
JH	36.3	36	55.3	51	44.8	35.5	67.9

〈표176〉 C집단의 각 종성에 대한 정확성 평가 결과

	폐쇄음			비음			유음
	/ㅂ/	/ㄷ/	/ㄱ/	/ㅁ/	/ㄴ/	/ㅇ/	/ㄹ/
CL	21.7	24	33.7	31.5	40.3	24	54.9
CM	28.3	24.6	46.4	29.8	41.2	38.3	56.7
CH	41.2	25.8	63.9	54.6	55.5	47.4	72.9

결과를 살펴보면 C, J 집단 모두 가장 높은 정확성을 기록한 음은 /
ㄹ/이며 가장 낮은 정확성을 기록하고 있는 음은 /ㅂ/, /ㄷ/, /ㅇ/이라
는 공통점을 발견할 수 있다. 이는 한국어 종성을 정확하게 조음하는
데 있어 목표어 자체에 정확하게 조음하기 더 어려운 음과 쉬운 음이
존재한다는 것을 시사해 주는 결과이며 제2언어 음운을 습득하는 데
있어 모국어의 영향뿐만 아니라 목표어 자체의 조음 난이도가 습득에
영향을 미친다는 것을 보여 주는 결과이다. 그리고 대부분의 음이 경
험기간이 증가함에 따라 정확성도 함께 향상되었지만 J집단의 /ㄷ/, /
ㄱ/은 U자형(U- shaped)의 발달 형태를 보이고 있다. 한편 C집단에
서는 /ㅁ/이 U자형(U- shaped) 발달 양상을 보이고 있다. 이러한 결
과를 하락한 것이라고 볼 수 있는지에 대해서는 인접한 집단간에 유
의차 검증을 실시하여 다시 한 번 확인할 필요가 있겠다. 이 밖의 음
들은 경험 기간이 증가함에 따라 정확성도 함께 향상되었다.

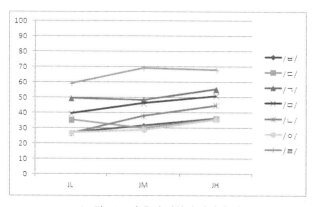

〈그림42〉 J의 음별 정확성 발달 추이

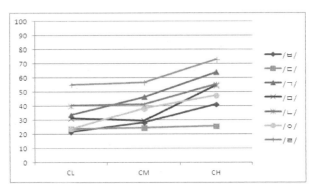

〈그림43〉 C의 음별 정확성 발달 추이

〈그림42-43〉을 살펴보면 J, C모두 /ㄹ/이 가장 상위에 위치하고 있으며 J집단은 아래쪽에 /ㅂ/, /ㄷ/, /ㅇ/이 위치하고 있으며 C집단은 /ㄷ/이 가장 아래쪽에 위치하고 있다. 한편 경험 기간 증가에 따른 발달 추이를 살펴보면 C집단이 J집단보다 경험기간 증가에 따른 향상이 더 두드러진 것을 알 수 있다. 따라서 경험 기간은 C집단의 정확성 향상에 더 긍정적인 영향을 미쳤다고 할 수 있다.

다음〈그림44-45〉은 각 집단의 각 음에 대한 정확성 평가 결과를 폐쇄음과 비음으로 나누어 나타낸 것이다.

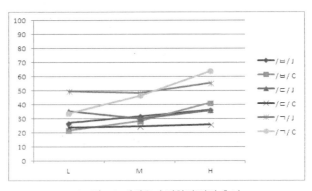

〈그림44〉 폐쇄음의 정확성 발달 추이

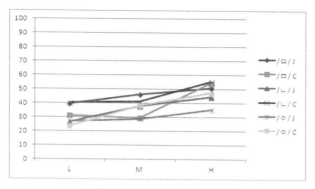

〈그림45〉 비음의 정확성 발달 추이

결과를 살펴보면 폐쇄음에서는 상위에 J집단과 C집단의 /ㄱ/이 위치하고 있어 /ㄱ/이 상대적으로 폐쇄음 가운데 정확하게 조음하고 있는 음이라는 것을 알 수 있다. 그리고 가장 아래쪽에는 C집단의 /ㄷ/이 위치하고 있어 C집단에게 종성 /ㄷ/은 가장 정확하게 조음하기 어려운 음이라는 것을 짐작하게 해 준다. 한편 비음에서는 위쪽에 C, J의 /ㅁ/이 위치하고 있어 비음가운데 /ㅁ/을 상대적으로 정확하게 조음하고 있다는 것을 알 수 있고 아래쪽에는 J의 /ㅇ/이 위치하고 있어 J집단에게 비음 /ㅇ/은 가장 정확한 조음이 어려운 음이라고 할 수 있겠다.

(2) 각 종성의 정확성 습득 여부 판정

지금부터는 각 집단이 발화한 종성이 정확성면에서 습득에 도달하였는지 유의차 검증을 실시하여 판단하고자 한다.

(가) 폐쇄음 종성
ㄱ. 종성 /ㅂ/

다음 〈표177〉은 각 경험자 집단이 발음한 종성 /ㅂ/에 대해 발음의 정확성이 어느 정도인지 한국어모국어화자가 평가한 결과이다.

〈표177〉 각 집단의 /ㅂ/에 대한 정확성 평가 결과

	J 평균(표준편차)	C 평균(표준편차)	K 평균(표준편차)
L	27.1(14.6)	21.7(13.5)	
M	31.8(11)	28.3(11.6)	44.6(15.6)
H	36.3(17.2)	41.2(16.9)	

단위: %

결과를 살펴보면 C, J집단 모두 경험 기간이 증가함에 따라 미미하지만 정확성이 향상된 것을 관찰할 수 있다. 그러나 C집단의 향상 폭이 더 큰 편으로 경험 기간이 짧을 때는 J집단보다 정확성이 낮게 나타나지만 경험 기간에 증가함에 따라 향상 정도가 더 커 CH집단은 JH집단보다 높은 정도의 정확성을 보이고 있다.

한편 /ㅂ/의 정확성평가에서 흥미로운 점은 앞에서 실시된 지각실험과 같은 맥락으로 NK집단의 종성 /ㅂ/의 정확성이 다른 음에 비해 현저하게 낮다는 것이다. 이러한 결과가 나타난 것은 NK집단의 /ㅂ/에 대해 /ㄱ/이나 /ㄷ/으로 오지각한 비율이 여전히 높아 오지각한 문항에 대한 정확성 점수가 결과에서 제외되었기 때문으로 보인다. 이러한 점을 고려해 볼 때 종성 /ㅂ/은 한국어학습자가 상대적으로 NK의 수준에 도달하기 어렵지 않은 음이라고 볼 수 있겠다.

다음 〈표178-180〉은 각 집단의 /ㅂ/에 대한 정확도가 NK집단에 도달하였는지를 살펴보기 위해 NK집단과 유의차 검증을 실시한 결과

이다.

〈표178〉 NK와 JL, CL의 /ㅂ/에 대한 정확성 차이 검증

	J 평균(표준편차)	C 평균(표준편차)
L	27.1(14.6)	21.7(13.5)
NK	44.6(15.6)	
유의차 검증 결과	*	***

***: 유의수준 P⟨ .001, **: 유의수준 P⟨ .01, *: 유의수준 P⟨ .05

〈표179〉 NK와 JM, CM의 /ㅂ/에 대한 정확성 차이 검증

	J 평균(표준편차)	C 평균(표준편차)
M	31.8(11)	28.3(11.6)
NK	44.6(15.6)	
유의차 검증 결과	n.s.	*

***: 유의수준 P⟨ .001, **: 유의수준 P⟨ .01, *: 유의수준 P⟨ .05

〈표180〉 NK와 JH, CH의 /ㅂ/에 대한 정확성 차이 검증

	J 평균(표준편차)	C 평균(표준편차)
H	36.3(17.2)	41.2(16.9)
NK	44.6(15.6)	
유의차 검증 결과	n.s.	n.s.

***: 유의수준 P⟨ .001, **: 유의수준 P⟨ .01, *: 유의수준 P⟨ .05

결과를 살펴보면 J집단에서는 M와 H가 NK집단과 유의미한 차이가 없는 것으로 나타났고 C집단에서는 H집단이 유의미한 차이가 없어 다음 〈표181〉과 같이 표시할 수 있겠다.

〈표181〉 각 집단 / ㅂ /에 대한 산출능력(정확성) 습득여부

	J	C
L	×	×
M	○	×
H	○	○

다음〈표 182-183〉은 어느 경험 기간에 / ㅂ /에 대한 정확성이 향상되었는지를 알아보기 위해 인접한 집단간에 유의차 검증을 실시한 결과이다.

〈표182〉 단기 경험자집단과 중기 경험자집단의 / ㅂ /에 대한 정확성 차이 검증

	J 평균(표준편차)	C 평균(표준편차)
L	27.1(14.6)	21.7(13.5)
M	31.8(11)	28.3(11.6)
유의차 검증	n.s.	n.s.

***: 유의수준 P〈 .001, **: 유의수준 P〈 .01, *: 유의수준 P〈 .05

〈표183〉 중기 경험자집단과 장기 경험자집단의 /ㅂ/에 대한 정확성 차이 검증

	J 평균(표준편차)	C 평균(표준편차)
M	31.8(11)	28.3(11.6)
H	36.3(17.2)	41.2(16.9)
유의차 검증	n.s.	n.s.

***: 유의수준 P〈 .001, **: 유의수준 P〈 .01, *: 유의수준 P〈 .05

통계분석 결과를 살펴보면 어느 집단도 인접한 집단과 유의미한 차이가 발견되지 않았다. 따라서 종성 /ㅂ/의 정확성은 어느 경험 기간에도 다음 〈표184〉와 같이 현저하게 향상되지 않았다는 것을 알 수 있다.

〈표184〉 /ㅂ/의 경험 기간에 따른 발달 여부(정확성)

	J	C
Ⅰ - Ⅱ	×	×
Ⅱ - Ⅲ	×	×

이상의 결과를 살펴보면 종성 /ㅂ/에 대해 J집단은 이미 M기간에, C집단은 H기간에 NK집단 정도로 정확하게 조음할 수 있는 음이며 특히 J집단에게 비교적 이른 시기에 습득이 이루어지는 음이라는 것을 알 수 있다. 그러나 경험 기간에 따른 변화 추이를 살펴본 결과 어느 경험 기간에도 급격한 향상이 발견되지 않아, 습득이 가능했던 원인이 경험기간이 증가하면서 각 피험자들의 정확성이 큰 폭으로 향상되었기 때문이 아니라 NK집단의 정확성이 상대적으로 높지 않았기

때문에 가능했다고 봐야 할 것이다.

ㄴ. 종성 /ㄷ/

다음 〈표185〉는 각 집단이 발음한 종성 /ㄷ/에 대해 한국어 모국어 화자가 정확성을 평가한 결과를 나타낸 것이다.

〈표185〉 각 집단의 /ㄷ/에 대한 정확성 평가 결과

	J 평균(표준편차)	C 평균(표준편차)	K 평균(표준편차)
L	35.3(11.3)	24(17.1)	
M	30.1(13.2)	24.6(20)	59.6(14.5)
H	36(14.6)	25.8(18.9)	

단위: %

결과를 살펴보면 J, C집단 모두 경험 기간이 증가하여도 정확성에 미미한 향상밖에 나타나지 않았으며 특히 J집단은 L-M 기간 동안 오히려 정확성 정도가 하락했다가 향상되는 U자형 발달형태를 보이고 있다. 그러나 아래의 〈표190〉에서 JL-JM집단간에 유의차 검증을 실시한 결과 두 집단의 결과에 유의미한 차이가 없는 것으로 보아 조음 능력의 하락이 아니라 정체로 보는 편이 옳을 것으로 보인다. 한편 CH, JH집단의 정확성 정도는 NK집단과 여전히 큰 차이를 보이고 있다.

다음〈표186-188〉은 각 집단의 정확성이 NK집단에 근접하였는지 유의차 검증을 실시한 결과이다.

〈표186〉 NK와 JL, CL의 /ㄷ/에 대한 정확성 차이 검증

	J 평균(표준편차)	C 평균(표준편차)
L	35.3(11.3)	24(17.1)
NK	59.6(14.5)	
유의차 검증 결과	***	***

***: 유의수준 P〈 .001, **: 유의수준 P〈 .01, *: 유의수준 P〈 .05

〈표187〉 NK와 JM, CM의 /ㄷ/에 대한 정확성 차이 검증

	J 평균(표준편차)	C 평균(표준편차)
M	30.1(13.2)	24.6(20)
NK	59.6(14.5)	
유의차 검증 결과	***	***

***: 유의수준 P〈 .001, **: 유의수준 P〈 .01, *: 유의수준 P〈 .05

〈표188〉 NK와 JH, CH의 /ㄷ/에 대한 정확성 차이 검증

	J 평균(표준편차)	C 평균(표준편차)
H	36(14.6)	25.8(18.9)
NK	59.6(14.5)	
유의차 검증 결과	**	***

***: 유의수준 P〈 .001, **: 유의수준 P〈 .01, *: 유의수준 P〈 .05

통계분석 결과를 살펴보면 JL, CL, JM, CM, CH 모두 .001하에서 NK
집단과 차이를 보이고 있으며 JH집단도 .01하에서 유의미한 차이가
있는 것으로 나타났다. 따라서 종성 /ㄷ/에 있어서는 다음 〈표189〉와

같이 어느 집단도 NK집단의 정확성에 도달하지 못했다고 할 수 있다.

〈표189〉 각 집단의 /ㄷ/에 대한 산출(정확성)능력 습득여부

	J	C
L	×	×
M	×	×
H	×	×

다음〈표190-191〉은 종성 /ㄷ/의 정확성이 어느 경험 기간에 두드러지게 향상되었는지 알아보기 위해 인접한 집단간에 유의차 검증을 실시한 결과이다.

〈표190〉 단기 경험자집단과 중기 경험자집단의 /ㄷ/에 대한 정확성 차이 검증

	J 평균(표준편차)	C 평균(표준편차)
L	35.3(11.3)	24(17.1)
M	30.1(13.2)	24.6(20)
유의차 검증	n.s.	n.s.

***: 유의수준 P〈 .001, **: 유의수준 P〈 .01, *: 유의수준 P〈 .05

〈표191〉 중기 경험자집단과 장기 경험자집단의 /ㄷ/에 대한 정확성 차이 검증

	J 평균(표준편차)	C 평균(표준편차)
M	30.1(13.2)	24.6(20)
H	36(14.6)	25.8(18.9)

유의차 검증	n.s.	n.s.

***: 유의수준 P〈 .001, **: 유의수준 P〈 .01, *: 유의수준 P〈 .05

통계 분석 결과를 살펴보면 어느 집단도 인접한 집단과 정확성 정도에서 유의미한 차이가 발견되지 않아, 다음 〈표192〉와 같이 어느 기간에도 정확성의 급격한 향상은 나타나지 않았다고 할 수 있겠다.

〈표192〉/ㄷ/의 경험 기간에 따른 발달 여부(정확성)

	J	C
Ⅰ - Ⅱ	×	×
Ⅱ - Ⅲ	×	×

이상의 결과를 종합해 보면 J, C의 모든 집단이 종성 /ㄷ/의 정확성에서 NK정도의 습득에 실패하였으므로 조음의 정확성 면에서 /ㄷ/은 NK에 근접하기 아주 어려운 음이라는 것을 알 수 있다. 뿐만 아니라 경험 기간이 증가하여도 정확성의 두드러진 향상이 발견되지 않는 것으로 보아 경험 기간이 더 증가하여도 NK의 정확성에는 영향을 미치기 힘들 것으로 보인다.

ㄷ. 종성 /ㄱ/

다음의 〈표193〉은 각 집단이 발음한 종성 /ㄱ/에 대해 한국어 모국어화자가 정확성을 평가한 결과이다.

〈표193〉 각 집단의 /ㄱ/에 대한 정확성 평가 결과

	J 평균(표준편차)	C 평균(표준편차)	K 평균(표준편차)
L	49.6(16.9)	33.7(22.8)	
M	48.4(17.2)	46.4(19)	72.6(8.4)
H	55.3(13.8)	63.9(14.6)	

단위: %

결과를 살펴보면 C집단은 학습 초기에 J집단보다 낮은 정확도에서 출발하지만 경험 기간이 증가함에 따라 정확성이 점차 향상되는 것을 관찰할 수 있다. 반면에 J집단은 학습 초기에 C집단보다 높은 정확도를 보이지만 L-M 기간 동안 정확도가 약간 떨어졌다가 M-H기간에 다시 향상되는 U자형 발달 형태를 보이지만 결국 JH집단도 CH집단보다는 정확성 평가 점수가 낮은 것으로 나타났다. 한편 CH, JH집단의 정확성은 NK집단과 차이를 보이며 낮게 나타나고 있다.

다음의 〈표194-196〉은 각 집단이 발음한 /ㄱ/의 정확성에 대해 NK집단과 유의미한 차이가 있는지 검증한 결과이다.

〈표194〉 NK와 JL, CL의 /ㄱ/에 대한 정확성 차이 검증

	J 평균(표준편차)	C 평균(표준편차)
L	49.6(16.9)	33.7(22.8)
NK	72.6(8.4)	
유의차 검증 결과	**	***

***: 유의수준 P〈 .001, **: 유의수준 P〈 .01, *: 유의수준 P〈 .05

〈표195〉 NK와 JM, CM의 /ㄱ/에 대한 정확성 차이 검증

	J 평균(표준편차)	C 평균(표준편차)
M	48.4(17.2)	46.4(19)
NK	72.6(8.4)	
유의차 검증 결과	**	***

***: 유의수준 P〈 .001, **: 유의수준 P〈 .01, *: 유의수준 P〈 .05

〈표196〉 NK와 JH, CH의 /ㄱ/에 대한 정확성 차이 검증

	J 평균(표준편차)	C 평균(표준편차)
H	55.3(13.8)	63.9(14.6)
NK	72.6(8.4)	
유의차 검증 결과	n.s.	n.s.

***: 유의수준 P〈 .001, **: 유의수준 P〈 .01, *: 유의수준 P〈 .05

　통계분석 결과를 살펴보면 JL, JM 집단은 .01하에서 유의미한 차이
가 있는 것으로 나타났고 CL, CM집단은 .001하에서 유의미한 차이가
있는 것으로 나타났다. 이처럼 아직 한국어를 학습하고 있는 피험자
들은 NK집단과 차이를 보이는 반면에 한국어 학습이 끝난 후 부가적
인 경험 기간을 가진 JH, CH집단은 NK와 유의미한 차이가 없어지는
것으로 나타났다. 따라서 CH, JH집단은 종성 /ㄱ/에 대한 조음 정확
성이 아래 〈표197〉과 같이 습득에 이르렀다고 판단할 수 있겠다.

〈표197〉 /ㄱ/의 집단별 산출능력(정확성) 습득여부

	J	C
L	×	×
M	×	×
H	△[22]	○

한편 CH, JH집단이 습득에 이르기까지 어느 경험 기간에 급격한 향상이 있었는지를 알아보기 위해 인접한 두 집단의 결과에 대해 유의차검증을 실시한 결과는 다음 〈표 198-199〉와 같다.

〈표198〉 단기 경험자집단과 중기 경험자집단의 /ㄱ/에 대한 정확성 차이 검증

	J 평균(표준편차)	C 평균(표준편차)
L	49.6(16.9)	33.7(22.8)
M	48.4(17.2)	46.4(19)
유의차 검증	n.s.	n.s.

***: 유의수준 P〈 .001, **: 유의수준 P〈 .01, *: 유의수준 P〈 .05

〈표199〉 중기 경험자집단과 장기 경험자집단의 /ㄱ/에 대한 정확성 차이 검증

	J 평균(표준편차)	C 평균(표준편차)
M	48.4(17.2)	46.4(19)
H	55.3(13.8)	63.9(14.6)
유의차 검증	n.s.	n.s.

***: 유의수준 P〈 .001, **: 유의수준 P〈 .01, *: 유의수준 P〈 .05

---

22) JH집단에 대한 유의확률이 0.0617로 나타나, JH집단은 여전히 NK집단에 완전히 근접했다고 보기 힘들어 △로 표시하였다.

통계분석 결과를 살펴보면 J, C집단 모두 인접한 두 집단간에 유의미한 차이가 없는 것으로 나타났다. 이것은 C, J 집단 모두 L-M, M-H 기간 동안 정확성에서 향상이 없었다는 의미가 아니라, 각 기간 동안 서서히 정확성이 향상되었다고 볼 수 있을 것이다. 따라서 각 기간의 발달 여부는 다음의 〈표200〉과 같이 나타낼 수 있겠다.

〈표200〉 /ㄱ/의 경험 기간에 따른 발달 여부 (정확성)

	J	C
Ⅰ - Ⅱ	×	×
Ⅱ - Ⅲ	×	△[23]

이상의 결과를 종합해 보면 종성 /ㄱ/의 정확성은 J, C 집단 모두에게 경험 기간이 증가하면서 서서히 향상되어 결국에는 습득에 도달할 가능성이 있는 음이라고 할 수 있겠다.

(나) 비음 종성

ㄱ. 종성 /ㅁ/

다음의 〈표207〉은 각 집단이 발음한 종성 /ㅁ/에 대해 한국어모국어화자가 그 정확성을 평가한 결과를 나타낸 것이다.

---

23) 이 부분의 유의확률이 0.0561로 나타났다. 따라서 이 기간에 유의미한 차이에 가까운 정도의 향상이 발생했다고 볼 수도 있겠다.

〈표201〉 각 집단의 /ㅁ/에 대한 정확성 평가 결과

	J 평균(표준편차)	C 평균(표준편차)	K 평균(표준편차)
L	39.5(14.5)	31.5(17.1)	
M	46.3(16.1)	29.8(16.7)	71.8(9.8)
H	51(14.4)	54.6(12.4)	

단위: %

결과를 살펴보면 J집단은 경험기간이 증가함에 따라 정확성이 근소하나마 향상되고 있는 반면 C집단은 M기간에 약간 하락하였다가 H에서 다시 향상되는 U자형(U-shaped) 발달형태를 보이고 있다. 그러나 아래 〈표206〉에서 CL-CM집단간에 유의차 검증을 실시한 결과 유의미한 차이가 없는 것으로 보아, 조음 능력의 하락이 아니라 정체라고 볼 수 있겠다. 또한 경험 기간이 짧은 집단에서는 C집단이 낮은 정확성을 보이지만 경험 기간이 증가하면서 J집단보다 높은 정확성에 도달하는 것으로 나타났다. 하지만 JH, CH 집단 모두 NK집단과는 차이가 있는 것으로 나타났다.

다음 〈표 202-204〉는 각 집단의 종성 /ㅁ/에 대한 정확도가 습득에 도달하였는지를 살펴보기 위해 유의차 검증을 실시한 결과이다.

〈표202〉 NK와 JL, CL의 /ㅁ/에 대한 정확성 차이 검증

	J 평균(표준편차)	C 평균(표준편차)
L	39.5(14.5)	31.5(17.1)
NK	71.8(9.8)	

| 유의차 검증 결과 | *** | *** |

***: 유의수준 P〈 .001, **: 유의수준 P〈 .01, *: 유의수준 P〈 .05

〈표203〉 NK와 JM, CM의 /ㅁ/에 대한 정확성 차이 검증

	J 평균(표준편차)	C 평균(표준편차)
M	46.3(16.1)	29.8(16.7)
NK	71.8(9.8)	
유의차 검증 결과	***	***

***: 유의수준 P〈 .001, **: 유의수준 P〈 .01, *: 유의수준 P〈 .05

〈표204〉 NK와 JH, CH의 /ㅁ/에 대한 정확성 차이 검증

	J 평균(표준편차)	C 평균(표준편차)
H	51(14.4)	54.6(12.4)
NK	71.8(9.8)	
유의차 검증 결과	**	**

***: 유의수준 P〈 .001, **: 유의수준 P〈 .01, *: 유의수준 P〈 .05

통계분석 결과를 살펴보면 J, C집단 모두 L, M집단의 정확성 정도는 NK집단과 큰 차이를 보이고 있으며 JH, CH집단 또한 이 차이를 줄이지 못하고 모두 .01하에서 유의미한 차이가 있는 것으로 나타났다. 결국 다음 〈표205〉와 같이 어느 집단도 NK집단의 정확성에 도달하지 못하는 것으로 나타났다.

〈표205〉각 집단의 /ㅁ/에 대한 산출능력(정확성) 습득여부

	J	C
L	×	×
M	×	×
H	×	×

다음 〈표206-207〉은 한국어학습자가 발음한 종성 /ㅁ/의 정확성이 어느 기간에 두드러지게 향상되었는지 살펴보기 위해 인접한 두 집단간에 유의차 검증을 실시한 결과이다.

〈표206〉단기 경험자집단과 중기 경험자집단의 /ㅁ/에 대한 정확성 차이 검증

	J 평균(표준편차)	C 평균(표준편차)
L	39.5(14.5)	31.5(17.1)
M	46.3(16.1)	29.8(16.7)
유의차 검증	n.s.	n.s.

***: 유의수준 P< .001, **: 유의수준 P< .01, *: 유의수준 P< .05

〈표207〉중기 경험자집단과 장기 경험자집단의 /ㅁ/에 대한 정확성 차이 검증

	J 평균(표준편차)	C 평균(표준편차)
M	46.3(16.1)	29.8(16.7)
H	51(14.4)	54.6(12.4)
유의차 검증	n.s.	***

***: 유의수준 P< .001, **: 유의수준 P< .01, *: 유의수준 P< .05

　결과를 살펴보면 J집단은 인접한 집단간에 유의미한 차이가 전혀 발견되지 않은 반면에 C집단은 M집단과 H집단간에 유의미한 차이가 있는 것으로 나타났다. 이에 경험기간별 발달 여부를 나타내면 다음 〈표208〉과 같다.

〈표208〉 /ㅁ/의 경험 기간에 따른 발달 여부(정확성)

	J	C
Ⅰ - Ⅱ	×	×
Ⅱ - Ⅲ	×	○

　이상의 결과를 종합해 보면 J, C 집단 모두에게 종성 /ㅁ/은 NK정도의 정확성에 도달하는 데 어려움이 있는 음이라는 것을 알 수 있다. 그러나 경험 기간과 관련하여 C집단은 M-H기간 동안 큰 폭의 향상이 발견된 것으로 보아 본고에서 다룬 평균 5년보다 긴 경험기간이 추가되면 습득에 이르게 될 가능성이 열려 있는 음이라고 할 수 있겠다.

　한편 이상에서 기술한 /ㅂ/, /ㄷ/, /ㄱ/, /ㅁ/는 C집단의 모국어인 중국어에는 종성 목록에 대응하는 음이 존재하지 않는 반면 J집단의 모국어인 일본어에는 변이음으로 존재하는 음이다. 이들의 결과를 종합적으로 비교해 보면 학습 경험기간이 짧은 집단에서는 J집단이 C집단에 비해 높은 정확성을 보이지만 J집단은 경험 기간이 증가하여도 유의미한 차이가 있는 향상이 나타나지 않은 반면에 C집단은 향상 폭이 커 H집단의 결과는 C집단이 J집단의 정확성을 추월하는 것으로 나타났다. 따라서 대응하는 음이 모국어 음운 목록에 존재하지 않는 경우 학습 초기에는 곤란을 겪지만 경험 기간이 증가함에 따라 정확성이 빠르게 향상된다고 볼 수 있다. 그러나 대응하는 음이 모국어에 변이음으로 존재하는 경우에는 학습초기에는 긍정적인 영향을 미치지만 더 이상의 발달을 방해하여 경험 기간이 증가하여도 큰 폭의 향상은 나타나지 않아 습득에 도달하기 어렵다고 하겠다.

ㄴ. 종성 /ㄴ/

다음의 〈표209〉는 각 집단이 발음한 종성 /ㄴ/에 대해 한국어 모국어화자가 정확성을 평가한 결과이다.

〈표209〉 각 집단의 /ㄴ/에 대한 정확성 평가 결과

	J 평균(표준편차)	C 평균(표준편차)	K 평균(표준편차)
L	26.8(12.2)	40.3(14.2)	
M	38(11.7)	41.2(10.2)	67.8(13.1)
H	44.8(13.2)	55.5(10.9)	

단위: %

결과를 살펴보면 C, J 집단 모두 경험 기간이 증가함에 따라 정확성이 서서히 향상되고 있는 것을 알 수 있다. J집단과 C집단을 비교해 보면 C집단이 학습초기부터 더 높은 정확성으로 출발하여 H집단에서도 여전히 J집단보다 높은 정확성을 유지하고 있는 것을 알 수 있다. 그러나 CH, JH 집단 모두 NK집단과는 차이를 보이는 것을 알 수 있다.

각 집단의 정확성이 습득에 도달하였는지 알아보기 위해 다음 〈표

210-212〉와 같이 유의차 검증을 실시하였다.

〈표210〉 NK와 JL, CL의 /ㄴ/에 대한 정확성 차이 검증

	J 평균(표준편차)	C 평균(표준편차)
L	26.8(12.2)	40.3(14.2)
NK	67.8(13.1)	
유의차 검증 결과	***	***

***: 유의수준 P〈 .001, **: 유의수준 P〈 .01, *: 유의수준 P〈 .05

〈표211〉 NK와 JM, CM의 /ㄴ/에 대한 정확성 차이 검증

	J 평균(표준편차)	C 평균(표준편차)
M	38(11.7)	41.2(10.2)
NK	67.8(13.1)	
유의차 검증 결과	***	***

***: 유의수준 P〈 .001, **: 유의수준 P〈 .01, *: 유의수준 P〈 .05

〈표212〉 NK와 JH, CH의 /ㄴ/에 대한 정확성 차이 검증

	J 평균(표준편차)	C 평균(표준편차)
H	44.8(13.2)	55.5(10.9)
NK	67.8(13.1)	
유의차 검증 결과	***	n.s.

***: 유의수준 P〈 .001, **: 유의수준 P〈 .01, *: 유의수준 P〈 .05

결과를 살펴보면 J의 세 집단은 모두 동일하게 NK와 .001하에서 유의미한 차이가 있는 것으로 나타나 차이가 전혀 좁혀지지 않은 것으로 나타났으나 C집단은 CL, CM 집단은 NK와 큰 차이를 보이다가 CH에 이르러서는 NK과 유의미한 차이가 없는 것으로 나타났다. 따라서 다음 〈표213〉과 같이 CH집단만이 NK 정도의 정확성에 도달한 것으로 나타낼 수 있다.

〈표213〉 각 집단의 /ㄴ/에 대한 산출능력(정확성) 습득여부

	J	C
L	×	×
M	×	×
H	×	○

한편 다음〈표214-215〉는 인접한 두 집단의 결과에 대해 유의차 검증을 실시하여 어느 기간 동안 정확성이 현저하게 향상되었는지를 살펴본 것이다

〈표214〉 단기 경험자집단과 중기 경험자집단의 /ㄴ/에 대한 정확성 차이 검증

	J 평균(표준편차)	C 평균(표준편차)
L	26.8(12.2)	40.3(14.2)
M	38(11.7)	41.2(10.2)
유의차 검증	n.s.	n.s.

***: 유의수준 P〈 .001, **: 유의수준 P〈 .01, *: 유의수준 P〈 .05

〈표215〉중기 경험자집단과 경험자집단의 /ㄴ/에 대한 정확성 차이 검증

	J 평균(표준편차)	C 평균(표준편차)
M	38(11.7)	41.2(10.2)
H	44.8(13.2)	55.5(10.9)
유의차 검증	n.s.	*

***: 유의수준 P〈 .001, **: 유의수준 P〈 .01, *: 유의수준 P〈 .05

통계분석 결과를 살펴보면 J집단은 L-M, M-H집단간에 유의미한 차이가 나타나지 않았으나 C집단은 M-H집단간에 유의미한 차이가 있는 것으로 나타났다. 따라서 C집단의 조음 정확성은 이 기간에 현저하게 향상된 것으로 볼 수 있겠다. 따라서 향상이 나타난 기간을 표시하면 다음 〈표 216〉과 같다.

〈표216〉/ㄴ/의 경험 기간에 따른 발달 여부(정확성)

	J	C
Ⅰ - Ⅱ	×	×
Ⅱ - Ⅲ	×	○

이상의 결과를 종합해 보면 J집단에게 종성 /ㄴ/은 NK정도의 정확성에 도달하기 어려운 음이며 경험 기간이 증가하여도 유의미한 차이가 있는 향상이 발견되지 않는 것으로 보아 경험 기간도 습득에 영향을 미치지 못하는 음으로 보인다. 반면에 C집단은 M-H기간 동안 두드러지는 향상이 나타난 것으로 보아 이 경험 기간이 습득에 긍정적인 영향을 미쳐 결국 NK정도의 정확한 조음이 가능했다고 하겠다.

ㄷ. 종성 /ㅇ/

다음의 〈표217〉은 각 집단이 발음한 종성 /ㅇ/에 대해 한국어 모국어화자가 정확성을 평가한 결과이다.

〈표217〉 각 집단의 /ㅇ/에 대한 정확성 평가 결과

	J 평균(표준편차)	C 평균(표준편차)	K 평균(표준편차)
L	27(13.6)	24(14.7)	65.7(13.9)
M	29(17.6)	38.3(14.6)	
H	35.5(18.6)	47.4(17)	

단위: %

결과를 살펴보면 C, J 집단 모두 경험 기간이 증가함에 따라 정확성이 약간씩 향상되고 있다. 학습 초기에는 C집단의 정확성이 약간 낮게 나타나지만 경험 기간이 증가함에 따라 H에 가서는 C집단의 정확성이 J집단의 정확성을 웃도는 것으로 나타나 C집단의 향상 폭이 더 큰 것을 알 수 있다. 하지만 CH, JH 모두 여전히 NK의 정확성 정도와는 차이가 있는 것으로 나타났다.

다음 〈표 218-220〉은 종성 /ㅇ/에 대한 각 집단의 정확성 정도가 NK의 수준에 도달하였는지 그 차이를 검증한 결과이다.

〈표218〉 NK와 JL, CL의 /ㅇ/에 대한 정확성 차이 검증

	J 평균(표준편차)	C 평균(표준편차)
L	27(13.6)	24(14.7)

NK	65.7(13.9)	
유의차 검증 결과	***	***

***: 유의수준 P〈 .001, **: 유의수준 P〈 .01, *: 유의수준 P〈 .05

〈표219〉 NK와 JM, CM의 /ㅇ/에 대한 정확성 차이 검증

	J 평균(표준편차)	C 평균(표준편차)
M	29(17.6)	38.3(14.6)
NK	65.7(13.9)	
유의차 검증 결과	***	***

***: 유의수준 P〈 .001, **: 유의수준 P〈 .01, *: 유의수준 P〈 .05

〈표220〉 NK와 JH, CH의 /ㅇ/에 대한 정확성 차이 검증

	J 평균(표준편차)	C 평균(표준편차)
H	35.5(18.6)	47.4(17)
NK	65.7(13.9)	
유의차 검증 결과	***	n.s.

***: 유의수준 P〈 .001, **: 유의수준 P〈 .01, *: 유의수준 P〈 .05

통계분석 결과를 살펴보면 J의 세 집단은 모두 NK와 유의미한 차이
가 있는 것으로 나타난 반면에 C집단은 CL, CM집단은 NK집단과 큰
차이를 보이다가 CH집단은 유의미한 차이가 없는 것으로 나타났다.
이에 각 집단의 정확성이 NK에 도달하였는지를 표시하면 다음 〈표
221〉과 같다.

〈표221〉 각 집단의 /ㅇ/에 대한 산출능력(정확성) 습득여부

	J	C
L	×	×
M	×	×
H	×	○

다음〈표 222-223〉은 /ㅇ/의 정확성이 어느 기간에 향상되었는지 알아보기 위해 인접한 두 집단간에 차이를 검증한 것이다.

〈표222〉 단기 경험자집단과 중기 경험자집단의 /ㅇ/에 대한 정확성 차이 검증

	J 평균(표준편차)	C 평균(표준편차)
L	27(13.6)	24(14.7)
M	29(17.6)	38.3(14.6)
유의차 검증	n.s.	n.s.

***: 유의수준 P〈.001, **: 유의수준 P〈.01, *: 유의수준 P〈.05

〈표223〉 중기 경험자집단과 장기 경험자집단의 /ㅇ/에 대한 정확성 차이 검증

	J 평균(표준편차)	C 평균(표준편차)
M	29(17.6)	38.3(14.6)
H	35.5(18.6)	47.4(17)
유의차 검증	n.s.	n.s.

***: 유의수준 P〈.001, **: 유의수준 P〈.01, *: 유의수준 P〈.05

분석 결과를 살펴보면 모든 집단의 정확성이 인접한 집단과 유의미

한 차이가 없는 것으로 나타났다. 따라서 J, C집단 모두 /ㅇ/의 정확성은 특정 경험 기간에 급격하게 향상된 것은 아니라고 할 수 있겠다. 이에 기간별 향상 여부를 표시한 것이 다음 〈표224〉와 같다.

〈표224〉 /ㅇ/의 경험 기간에 따른 발달 여부(정확성)

	J	C
Ⅰ - Ⅱ	×	×
Ⅱ - Ⅲ	×	×

이상의 결과를 종합해 보면 종성 /ㅇ/은 J집단에게 NK정도의 정확도에 도달하기 어려운 음이며 이러한 결과가 나타난 것은 경험 기간이 증가하여도 정확성이 크게 향상되지 않았기 때문이다. 한편 C집단은 비록 L-M, M-H 경험 기간 동안 유의미한 차이가 있는 급격한 향상은 나타나지 않았지만 각 기간 동안 꾸준히 향상되어 NK 집단 정도에 도달한 음이라고 할 수 있겠다.

먼저 기술한 종성/ㄴ/과 여기에서 살펴본 종성 /ㅇ/은 C집단의 모국어인 중국어에 대응하는 음이 음소로 존재하는 반면 J집단의 모국어인 일본어에는 변이음으로 존재한다는 차이가 있는 음들이다. 이에 이들 결과를 종합적으로 살펴보면 J집단은 /ㄴ/, /ㅇ/ 모두 경험 기간이 증가하여도 유의미한 차이가 있는 향상이 나타나지 않았고 JH집단은 결국 두 음의 습득에 이르지 못하였다. 반면 C집단은 /ㄴ/은 M-H 기간에 급격한 향상이 나타났고 /ㅇ/도 급격한 향상은 나타나지 않았지만 J집단보다는 큰 폭으로 향상되며 결국 두 음 모두 습득에 도달하였다. 따라서 이 결과는 모국어에 대응하는 음이 음소로 존재하는 경우 정확한 조음에 긍정적인 영향을 미친다는 것을 보여 주는 결과라고 하겠다.

(다) 유음 종성 /ㄹ/

다음 〈표225〉는 각 집단이 발음한 종성 /ㄹ/에 대해 한국어 모국어 화자가 정확성을 평가한 결과이다.

〈표225〉 각 집단의 /ㄹ/에 대한 정확성 평가 결과

	J 평균(표준편차)	C 평균(표준편차)	K 평균(표준편차)
L	59.1(11.6)	54.9(13.3)	
M	69.3(10.6)	56.7(12.3)	80.8(7.6)
H	67.9(11.2)	72.9(9)	

단위:%

결과를 살펴보면 C집단은 경험 기간이 증가함에 따라 정확성이 향상된 모습을 관찰할 수 있으나 J집단은 L-M에서는 향상되었지만 JH집단에서 다시 하락하는 모습을 관찰할 수 있다. 이와 관련해 아래의 〈표230-231〉의 유의차 검증 결과를 살펴본 결과 L-M, M-H집단의 결과에서 유의미한 차이가 없는 것으로 나타났다. 따라서 J집단의 조음 능력이 경험 기간이 증가하면서 하락한 것이 아니라 정체되고 있다고 볼 수 있겠다. 한편 J집단과 C집단을 비교해 보면 L에서는 C집단의 정확성이 더 낮게 나타나다가 H에 가서는 C집단의 정확성이 더 높게 나타나고 있다. 이것은 C집단의 향상 폭이 J집단에 비해 크다는 것을 말해 주는 결과이다. 한편 JH집단과 CH집단의 결과는 NK집단과

여전히 차이가 있는 것으로 보인다.

다음의 〈표226-228〉은 각 집단이 발음한 /ㄹ/ 종성의 정확성이 NK에 근접했는지 알아보기 위해 결과에 대해 유의차검증을 실시한 것이다.

〈표226〉 NK와 JL, CL의 /ㄹ/에 대한 정확성 차이 검증

	J 평균(표준편차)	C 평균(표준편차)
L	59.1(11.6)	54.9(13.3)
NK	80.8(7.6)	
유의차 검증 결과	***	***

*** : 유의수준 P< .001, **: 유의수준 P< .01, *: 유의수준 P< .05

〈표227〉 NK와 JM, CM의 /ㄹ/에 대한 정확성 차이 검증

	J 평균(표준편차)	C 평균(표준편차)
M	69.3(10.6)	56.7(12.3)
NK	80.8(7.6)	
유의차 검증 결과	n.s.[24]	***

*** : 유의수준 P< .001, **: 유의수준 P< .01, *: 유의수준 P< .05

---

24) 유의확률이 0.0570으로 나타났다. 따라서 습득에 도달하지 못했다고 볼 수도 있을 것이다.

〈표228〉 NK와 JH, CH의 /ㄹ/에 대한 정확성 차이 검증

	J 평균(표준편차)	C 평균(표준편차)
H	67.9(11.2)	72.9(9)
NK	80.8(7.6)	
유의차 검증 결과	*	n.s.

***: 유의수준 P〈 .001, **: 유의수준 P〈 .01, *: 유의수준 P〈 .05

통계 분석 결과를 살펴보면 C집단은 CL, CM 모두 NK집단과 큰 차이를 보이며 유의미한 차이가 있는 것으로 나타났지만 CH집단은 유의미한 차이가 없는 것으로 나타났다. 한편 J집단은 JL집단이 큰 차이를 보이다가 JM집단이 유의미한 차이가 없는 것으로 나타났지만 다시 JH집단은 유의미한 차이가 있는 것으로 나타나고 있다. 이에 각 집단의 습득 여부를 표시하면 다음 〈표229〉와 같다.

〈표229〉 각 집단의 /ㄹ/에 대한 산출능력(정확성) 습득여부

	J	C
L	×	×
M	○	×
H	×	○

결과를 살펴보면 C집단은 CH집단에서 NK에 도달한 반면에 J집단은 JM단계에서 습득에 도달했다가 다시 정확성이 떨어진 것으로 나타났다. 이와 같은 J집단의 결과에 대해 아래의 〈표231〉에서 유의차 검증을 실시한 결과 유의미한 차이가 없는 것으로 보아 JM집단은 습

득에 도달하였다고 보기 힘들다고 판단할 수 있겠다.

다음 〈표230-231〉은 각 경험 기간 동안 두드러진 발전이 있었는지를 알아보기 위해 인접한 집단간에 차이를 검증한 결과이다.

〈표230〉 단기 경험자집단과 중기 경험자집단의 /ㄹ/에 대한 정확성 차이 검증

	J 평균(표준편차)	C 평균(표준편차)
L	59.1(11.6)	54.9(13.3)
M	69.3(10.6)	56.7(12.3)
유의차 검증	n.s.	n.s.

***: 유의수준 P⟨ .001, **: 유의수준 P⟨ .01, *: 유의수준 P⟨ .05

〈표231〉 중기 경험자집단과 장기 경험자집단의 /ㄹ/에 대한 정확성 차이 검증

	J 평균(표준편차)	C 평균(표준편차)
M	69.3(10.6)	56.7(12.3)
H	67.9(11.2)	72.9(9)
유의차 검증	n.s.	**

***: 유의수준 P⟨ .001, **: 유의수준 P⟨ .01, *: 유의수준 P⟨ .05

통계 분석 결과를 살펴보면 J집단은 L-M, M-H집단간에 모두 유의미한 차이가 없는 것으로 나타났다. 그러나 C집단은 L-M집단간에는 유의미한 차이가 없었지만 M-H집단간에는 유의미한 차이가 있는 것으로 보아 이 기간동한 큰 폭의 향상이 있었던 것으로 볼 수 있다. 이에 각 기간의 발전 여부를 표시하면 다음 〈표232〉와 같다.

〈표232〉 /ㄹ/ 의 경험 기간에 따른 발달 여부(정확성)

	J	C
I - II	×	×
II - III	×	○

이상의 결과를 종합해 보면 종성 /ㄹ/은 C집단에게 학습 초기에는 정확한 조음이 어려운 음이지만 M-H기간 동안 급격한 향상이 나타나 결국에는 NK의 정확성에 도달할 수 있는 음이라고 할 수 있다. 그러나 J집단에게는 경험 기간이 증가하여도 유의미한 차이가 있는 향상이 나타나지 않아 습득에도 이르기 힘든 음이라고 할 수 있겠다.

다. 종성 산출 능력(정확성) 습득 양상 II

본 절에서는 이상에서 기술한 각 집단의 피험자가 산출한 한국어 종성에 대한 모국어 화자의 정확성 평가 결과를 바탕으로 각 집단의 종성 산출 능력을 정확성면에서 살펴보고자 한다. 기술의 순서는 먼저 C, J집단의 발화에 대한 정확성 평가 결과를 비교해 보고 각 종성의 산출 능력이 정확성면에서 습득에 이를 가능성이 있는지 알아보기 위해 한국어에 대한 경험기간이 짧은 집단도 정확하게 조음할 수 있는 음이 어떤 음인지와 경험기간의 증가에 따른 향상 정도가 큰 음이 어떤 음인지 살펴보고자 한다. 다음으로는 모국어와의 대응관계와 경험기간이 습득에 어떠한 영향을 미쳤는지 살펴보고자 한다. 마지막으로는 한국어 종성의 정확성면에서의 산출 난이도를 설정해 보고자 한다.

평가실험 결과를 국적별로 살펴보면 NK(67.7%)〉J(43.5%) 〉 C(42.3%)의 순으로 나타났다. 그러나 경험기간에 따른 결과를 살펴 보면 J는 L집단이 38.6%에서 시작하여 H집단은 48.2%에 도달하였고 C는 L집단이 J보다 낮은 34.1%에서 시작하였지만 H집단은 J보다 높 은 53.5%에 도달하여 NK와 더 근접한 것으로 나타났다. 각 모국어집 단의 경험기간의 증가에 따른 향상이 어느 기간이 두드러지게 나타났 는지 살펴본 결과 J집단은 L-M, M-H 기간 동안 미미한 향상에 그친 반면 C집단은 L-M기간 동안은 발전이 거의 없다가 M-H기간 동안 크게 향상된 것으로 나타났다.

결과를 조음방식에 따라 폐쇄음, 비음, 유음으로 나누어 먼저 폐 쇄음의 결과를 살펴보면 J집단은 M(36.8%)〈 L(37.3%)〈 H(42.5%) 로 U자형 발달을 보였다. 그러나 L-M집단의 결과에 대해 유의차 검 증을 실시한 결과 유의미한 차이가 없는 것으로 나타나 조음 능력 의 하락이 아니라 정체라고 볼 수 있겠다. 한편 C집단은 L(26.5%) 〈 M(33.1%) 〈 H(43.6%)로 L집단의 결과는 J보다 낮지만 H집단은 J 보다 약간 높게 나타났다. 그리고 JH, CH집단 모두 NK(59%)와는 차이가 있는 것으로 나타났다. 비음의 결과는 J집단이 L(31.1%)〈 M(37.8%)〈 H(43.8%)로 향상되었고 C집단은 L(31.9%)〈 M(36.5%)〈 H(52.5%)로 L집단부터 J집단보다 약간 높게 시작하여 H집단도 NK(68.4)에 더 근접한 것으로 나타났다. 한편 각 모국어집단의 폐쇄 음 종성과 비음 종성의 지각 결과를 비교해 보면 J는 L집단에서는 비 음을 조음하는 데 더 어려움을 겪었지만 경험기간이 증가하면서 폐쇄 음보다 비음을 더 잘 조음하게 된 것으로 나타났다. 따라서 경험 기간 이 증가하는 데 따른 향상이 비음쪽에서 더 컸다는 것을 알 수 있다.

한편 C집단은 모든 경험 기간에서 비음을 폐쇄음보다 월등히 잘 산출한 것으로 나타났는데, 이는 한국어 비음 종성 /ㄴ/과 /ㅇ/에 대응하는 음이 C집단의 모국어인 중국어에 음소로 존재하는 점이 긍정적인 전이(positive transfer)를 일으킨 것으로 볼 수 있겠다. 한편 유음은 앞의 두 번의 실험에서 높은 정답률을 보인 것과는 달리 정확성 평가 결과는 JL(59.1%) 〈 JH(67.9%)〈 JM(69.3%), C집단이 CL(54.9%)〈 CM(56.7%) 〈 CH(72.9%)로 앞의 두 번의 실험 결과보다 낮게 나타났다. 또한 유음의 정확성 평가 결과는 C집단이 NK(80.8%)와 더 근접한 것으로 나타났다.

각 종성에 대한 결과를 살펴보면 C, J 집단이 발음한 종성의 정확성은 대부분이 경험 기간이 증가함에 따라 향상되었지만 J집단의 /ㄷ/, /ㄱ/, C집단의 /ㅁ/에서 U자형(U-shaped)의 발달 형태가 발견되었다. 그러나 이러한 결과가 나온 음에 대한 인접한 집단간에 유의차 검증을 실시한 결과 비교 집단간에 유의미한 차이가 없어 이들 음에 대한 조음 능력이 하락한 것이 아닌 정체되고 있다고 볼 수 있겠다.

다음으로는 각 집단이 발화한 음 가운데 한국어모국어화자에게 더 정확하다고 평가를 받은 음부터 순서대로 나타내면 다음과 같다. JL집단은 ㄹ〉ㄱ〉ㅁ〉ㄷ〉ㅂ〉ㅇ〉ㄴ의 순이며, JM집단은 ㄹ〉ㄱ〉ㅁ〉ㄴ〉ㅂ〉ㄷ〉ㅇ, JH집단은 ㄹ〉ㄱ〉ㅁ〉ㄴ〉ㅂ〉ㄷ〉ㅇ의 순으로, 모든 J집단에서 가장 정확한 발음이라고 평가 받은 음은 /ㄹ/이며 그 다음으로는 /ㄱ/, /ㅁ/의 정확성이 높게 평가 받았다. 그리고 JM, JH집단에서 가장 정확성이 낮게 평가 받은 음은 /ㅇ/으로 나타났다.

한편 C집단 가운데 CL집단의 발화는 ㄹ〉ㄴ〉ㄱ〉ㅁ〉ㅇ, ㄷ〉ㅂ의 순으로 정확하다는 평가를 받았고 CM집단은 ㄹ〉ㄱ〉ㄴ〉ㅇ〉ㅁ〉ㅂ〉

ㄷ, CH집단은 ㄹ〉ㄱ〉ㄴ〉ㅁ〉ㅇ〉ㅂ〉ㄷ의 순으로 더 정확한 것으로 평가 받았다. 이 결과를 종합해 보면 한국어모국어화자는 C집단이 발화한 /ㄹ/을 가장 정확하다고 생각하는 것을 알 수 있으며 그 다음으로는 /ㄴ/, /ㄱ/을 정확하다고 생각하는 것으로 나타났다. 그리고 CM, CH집단에서 정확성이 가장 낮은 것으로 나타난 음은 /ㄷ/인 것으로 나타났다.

　이상의 J집단과 C집단의 결과를 비교해 보면 더 정확하다고 평가 받은 순서가 대체적으로 유사하게 나타난 것을 알 수 있는데 이것은 한국어 학습자가 한국어 종성을 더 정확하게 조음하는 데 목표어인 한국어 종성 자체의 조음 난이도가 영향을 미친 것이라고 할 수 있겠다. 다만 /ㄴ/과 /ㅇ/의 결과에서는 C, J집단간에 차이를 보였는데 이것은 C집단의 모국어에 해당 음에 대응하는 음이 음소로 존재하는 것이 긍정적인 영향을 미쳤기 때문으로 볼 수 있겠다.

　다음으로는 경험기간이 짧음에도 불구하고 한국어 모국어화자에게 높은 정확성 평가를 받아 먼저 습득에 이를 가능성이 높은 음이 어떤 음인지를 살펴보기 위해 JL, CL의 결과를 비교해 본 결과 C, J모두 /ㄹ/만 50%이상의 정확도에 도달한 것으로 나타났다. 이 결과는 경험기간이 짧은 L집단의 피험자가 /ㄹ/을 제외한 다른 음들은 아직 NK에 비해 정확성에서 떨어지는 조음을 하고 있다는 것을 보여 주는 결과이다.

　이번에는 경험 기간이 가장 긴 H집단의 정확성 평가 결과를 점수가 높은 순서대로 나열한 것이다.

〈표233〉 JH, CH의 정확성 평가 결과 순위

순위	1	2	3	4	5	6	7
평가음	C /ㄹ/	J /ㄹ/	C /ㄱ/	J /ㄱ/	C /ㄴ/	C /ㅁ/	J /ㅁ/
정확성	72.9	67.9	63.9	55.3	55.	54.6	51
순위	8	9	10	11	12	13	14
평가음	C /ㅇ/	J /ㄴ/	C /ㅂ/	J /ㅂ/	J /ㄷ/	J /ㅇ/	C /ㄷ/
정확성	47.4	44.8	41.2	36.3	36	35.5	25.8

결과를 살펴보면 CH집단과 JH집단이 정확하게 산출한 음과 그렇지 않은 음의 순서가 /ㄴ/과 /ㅇ/을 제외하고는 거의 일치하는 것을 발견할 수 있다. 공통적으로 더 정확하다고 평가받은 음부터 나열하면 /ㄹ/ 〉 /ㄱ/, /ㅁ/ 〉 /ㅂ/ 〉 /ㄷ/의 순으로 평가 점수가 높게 나타났다. 이것은 한국어 종성을 정확하게 조음하는 데 있어 학습자의 모국어보다는 한국어 종성 자체에 조음 난이도 차이가 영향을 미친 것이라고 할 수 있다. 이 결과는 NK의 결과[25]와도 거의 일치하는 것으로 보아 목표어인 한국어 종성간에 정확하게 조음하기 더 쉬운 음과 그렇지 않은 음이 존재한다는 것을 보여주는 것이라고 하겠다. 한편 /ㄴ/과 /ㅇ/의 정확성 평가에서 C집단은 더 높은 점수를 받은 반면 J집단은 더 낮은 평가를 받았는데, 이것은 C집단의 모국어인 중국어에는 이 두 음에 대응하는 음이 음소로 존재하는 반면에 J집단의 모국어인

---

25) NK의 결과

순위	1	2	3	4	5	6	7
평가음	/ㄹ/	/ㄱ/	/ㅁ/	/ㄴ/	/ㅇ/	/ㄷ/	/ㅂ/
정확성	80.8	72.6	71.8	67.8	65.7	59.6	44.2

일본어에는 이 음들이 변이음으로 존재하기 때문으로 보인다.

이 밖에도 비음 종성의 정확성 평가 결과를 살펴보면 / ㅁ/, / ㄴ/ ⟩ /ㅇ/의 순서로 나타나고 있는데 이는 박기영(2001)에서도 언어보편성과 관련이 있다고 한 바 있으며[26] 본고의 Ⅱ.장에서 언어유형론적 보편성을 논할 때 언급한 것처럼 언어 보편적인 발달 과정과 일치하는 결과라고 하겠다.

다음으로는 비록 경험 기간이 짧을 때는 정확하게 조음하지 못하지만 경험기간이 증가하면 향상 폭이 커 습득에 이를 가능성이 높은 음이 무엇인지 알아보기 위해 L-M-H로 가는 동안 정확성 평가 결과의 향상 폭이 큰 음의 순서대로 나열한 것이 다음 〈표234〉이다.

〈표234〉 경험 기간 증가에 따른 정확성 향상도 순위

순위	1	2	3	4	5		7
평가음	C / ㄱ	C / ㅇ	C / ㅁ	C / ㅂ	C / ㄹ	J / ㄴ	C / ㄴ
변화폭	30.2	23.4	23.1	19.5	18		15.2
순위	8	9	10	11	12	13	14
평가음	J / ㅁ	J / ㅂ	J / ㄹ	J / ㅇ	J / ㄱ	C / ㄷ	J / ㄷ
변화폭	11.5	9.2	8.8	7.5	5.7	1.8	0.7

결과를 살펴보면 C집단이 산출한 음의 정확성 평가 결과가 J집단이

---

26) 즉 / ㅁ/이 먼저 습득되는 것은 한국어 L1 습득에서도 동일하게 일어나는 현상으로 조음 위치 가운데 양순음의 습득이 다른 조음 위치의 음을 앞서는 것은 언어보편적인 현상이라고 하였다. 그리고 / ㄴ/이 / ㅇ/을 앞서는 것에 대해서도 언어보편적으로 가장 일반적인 비음은 / ㄴ/이며, 상대적으로 / ㅇ/은 덜 보편적인 비음이기 때문에 습득 순서에 있어 / ㄴ/이 / ㅇ/을 앞서는 것이라고 하였다.

산출한 음에 대한 정확성 평가결과보다 훨씬 큰 폭으로 향상된 것을 알 수 있다. 따라서 경험 기간의 증가는 C집단에게 더 긍정적인 영향을 미친 것으로 보인다. 향상 폭은 모국어에 대응하는 음이 존재하지 않는 C집단의 /ㄱ, ㅁ, ㅂ, ㄹ/이 가장 큰 것으로 나타났다. 이는 '새로운' 음의 습득 속도(rate)가 더 빠르다고 한 Major & Kim(1999)의 주장과도 일치하는 결과이며 '유사한' 음보다는 '새로운' 음에 경험기간이 더 큰 영향을 미친다고 한 Flege(1987, 1955)의 주장과도 일맥상통하는 부분이라고 하겠다. 다음으로 향상이 큰 음은 모국어에 대응하는 음이 음소로 존재하는 C집단의 /ㅇ, ㄴ/인 것으로 나타났다. 반면에 J집단은 /ㄴ, ㅁ/이 10%정도의 향상을 보인 것 외에는 다른 음들은 향상 폭이 크지 않은 것으로 나타났다. 이 결과를 통해 모국어와 목표어의 음이 어떻게 대응되는가가 정확성의 향상에 영향을 미치며 모국어에 대응하는 음소가 없는 음의 향상이 가장 크다고 하겠다.

다음으로는 모국어와의 대응관계가 산출능력(정확성)의 습득에 어떠한 영향을 미쳤는지 살펴보고 각 음의 산출 능력이 습득에 도달하는데 어느 경험 기간이 결정적인 영향을 미쳤는지 살펴보고자 한다. 〈표235〉는 각 음의 습득 여부와 각 경험기간에 현저한 향상이 있었는지 여부를 표시한 것이다.

〈표235〉 모국어와의 대응관계에 따른 정확성 습득 여부와 발달여부

대응	음운으로 존재하는 종성		음운으로 존재하지 않는 종성						변이음으로 존재하는 종성					
L1	C	C	C	C	C	C	C	J	J	J	J	J	J	J
평가음	/ㄴ/	/ㅇ/	/ㅂ/	/ㄷ/	/ㄱ/	/ㅁ/	/ㄹ/	/ㄹ/	/ㅂ/	/ㄷ/	/ㄱ/	/ㅁ/	/ㄴ/	/ㅇ/
Ⅰ	×	×	×	×	×	×	×	×	×	×	×	×	×	×
Ⅱ	○	×	×	×	△27)	○	○	×	×	×	×	×	×	×
습득	○	○	○	×	○	×	○	×	○	×	△28)	×	×	×

위의 결과를 살펴보면 한국어 종성에 대응하는 음이 모국어에 음운으로 존재하는 음은 모두 습득에 도달하였으며, 한국어 종성에 대응하는 음이 모국어에 음소로 존재하지 않는 음은 6개의 음 가운데 반인 3개가 습득에 도달하였다. 반면에 한국어 종성에 대응하는 음이 모국어에 변이음으로 존재하는 음은 6개의 음 가운데 하나만 완전한 습득에 이른 것으로 나타났다. 대응하는 음이 모국어에 음운으로 존재하는 경우 모두 습득에 도달한 것은 중국어의 비음 종성 /n/과 /ŋ/이 한국어 종성 /ㄴ/, /ㅇ/과 아주 유사한 음이라는 반증이며 이 덕분에 C집단의 피험자들은 모국어의 음가를 그대로 전이시키는 것만으로 NK 정도의 정확한 조음이 가능했다고 볼 수 있다. 다음으로 한국어 종성에 대응하는 음이 모국어에 부재한 경우에도 반 정도가 습득

---

27) 유의확률이 0.0561로 나타나 유의미한 발전이 없었다고 볼 수 있겠으나 유의미한 차이에 가까운 발전도 분명히 있었다고 볼 수 있겠다.

28) 유의확률이 0.0617로 나타나 NK집단과 차이가 없는 것으로 볼 수도 있겠으나 유의미한 차이에 가까운 수치이기 때문에 완전한 습득이라고는 보기 힘들겠다.

에 도달하였는데 이러한 음들이 습득에 도달할 수 있었던 데에는 II의 경험 기간이 결정적인 역할을 한 것으로 보인다. C의 /ㄱ, ㅁ, ㄹ/은 이 기간 동안 비약적인 향상이 나타났고 C의 /ㅂ/도 유의미한 차이가 있는 정도의 발달은 아니었지만 이 기간 동안 19.5%라는 상당한 발전이 관찰되었다. 따라서 경험 기간의 증가는 모국어 음에 대응하는 음이 부재한 경우에 가장 큰 영향을 미쳤다고 할 수 있다. 반면에 한국어 종성에 대응하는 음이 모국어에는 변이음으로 존재하는 경우, 습득에 실패한 음이 많았으며 이 음들은 각 경험 기간에 두드러진 향상도 관찰되지 않았다. 이는 일본어를 모국어로 하는 한국어학습자가 모국어의 정보를 계속 적용시켜 모국어에서는 하나의 음소인 음을 목표어인 한국어에서 세 개의 음으로 구별해서 조음하지 못했기 때문으로 보인다. 이상의 결과를 통해 모국어와의 대응관계는 습득에 영향을 미치며 대응하는 음이 모국어에 변이음의 형태로 존재하는 것보다 음소로 존재하거나 음소로 존재하지 않을 때 더 습득에 유리하다는 것을 확인하였다.

한편 J, C 집단이 공통적으로 습득에 이르지 못한 음은 /ㄷ/과 /ㅁ/인데 두 집단에서 같은 결과를 보인 것으로 보아 이 두 음은 목표어인 한국어 종성 자체의 조음 난이도가 상대적으로 높은 음일 것이라고 짐작할 수 있다. 따라서 한국어 종성의 조음 능력이 정확성 면에서 습득에 이르는 데 모국어와의 대응관계뿐만 아니라 목표어 자체의 조음 난이도도 영향을 미친다고 하겠다.

이상의 결과를 바탕으로 각 집단의 각 종성에 대한 산출(정확성) 능력이 어느 시기에 습득에 도달하였는지를 나타내면 다음 〈그림46〉과 같다.

<그림46> J집단의 산출 능력(정확성)의 습득 순서와 시기

위의 그림을 살펴보면 J집단은 먼저 /ㅂ/에서 정확한 조음에 도달한 것을 알 수 있다. 그리고 /ㅂ/의 습득 이후 경험 기간이 증가하면 폐쇄음 /ㄱ/이 습득에 도달한 것을 알 수 있다. 그러나 J집단에서 두 음 이외에 습득에 도달한 음이 추가적으로 나타나지 않았는데 특히 비음 종성은 평균 5년의 경험기간 동안 하나도 출현하지 않은 것으로 보아 J집단에게 비음 종성은 특히 정확하게 산출하기 어려운 음이라는 것을 알 수 있다. 위의 그림에 출현하지 않은 음들은 추가적인 경험 기간을 통해 습득에 이를 수도 있겠으나 경험 기간의 증가에 따른 발달이 거의 나타나지 않은 것으로 보아 그러한 가능성이 낮다고 하겠다. 이는 J집단의 피험자가 경험기간이 증가하여도 외국인 말투(foreign accent)가 남아 있는 발음으로 구사할 가능성이 있다는 것을 보여 주는 결과라고 하겠다.

이번에는 C집단이 해당 종성의 산출(정확성)에서 습득에 이른 시기를 나타내면 다음 <그림47>과 같다.

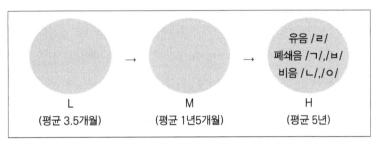

L
(평균 3.5개월)

M
(평균 1년5개월)

유음 /ㄹ/
폐쇄음 /ㄱ/,/ㅂ/
비음 /ㄴ/,/ㅇ/

H
(평균 5년)

〈그림47〉 C집단의 산출 능력(정확성)의 습득 순서와 시기

위의 그림처럼 C집단은 종성 /ㄷ/과 /ㅁ/을 제외한 음들이 평균 5년 정도의 시기에 동시에 습득에 도달하는 것을 알 수 있다. 이처럼 C집단의 습득이 비교적 늦은 시기에 동시에 일어나는 것으로 보아 본고의 경험 기간 동안에는 습득에 이르지 못한 /ㄷ/과 /ㅁ/도 추가적인 경험기간을 통해 NK정도에 도달할 수 있는 가능성이 열려 있는 것으로 보인다. 특히 /ㅁ/은 Ⅱ기간에 비약적인 발전이 발견되었는데 이러한 결과가 발전 가능성을 보여 준다고 하겠다.

한편 C집단과 J집단의 습득 결과를 살펴보면 폐쇄음의 습득에 있어 /ㅂ/과 /ㄱ/이 먼저 습득에 도달한 것을 관찰할 수 있는데 이와 관련하여 김현(2001)에서는 /ㅂ/이 먼저 나타나는 현상이 한국 유아의 L1습득에도 동일하게 나타나므로 언어보편적인 것으로 보아야 한다고 주장한 바 있다. 또한 이주현(2004)에서도 한국 아동의 폐쇄음 종성의 발달 순서가 'ㅂ〉ㄱ〉ㄷ'라고 한 바 있다. 본고의 결과도 이들 주장과 일치하는 것이며 L1으로서의 한국어와 L2로서의 한국어의 발달 과정에 공통점이 있다고 할 수 있겠다.

이상에서 살펴본 결과를 바탕으로 정확성 면에서의 종성 산출 난이도를 다음 표〈236〉과 같이 나타낼 수 있다.

〈표236〉 종성의 산출(정확성) 난이도

	모국어와 목표어 음의 대응관계	예		Stockwell, Bowen & Martin(1965)의 난이도 위계
		L1	L2 음	
3	대응하는 음이 모국어에 변이음으로 존재하는 음	일본어	/ㅂ,ㄷ, ㄱ,ㅁ,ㄴ, ㅇ/	분기(split)
2	대응하는 음이 모국어에 음소로 존재하지 않는 음	중국어	/ㅂ,ㄷ, ㄱ,ㅁ,ㄹ/	부재(absent)
		일본어	/ㄹ/	
1	대응하는 음이 모국어에 음소로 존재하는 음	중국어	/ㄴ,ㅇ/	대응 (correspondence)

* 숫자가 클수록 난이도가 높음

〈표236〉과 같이 각 모국어와 목표어인 한국어 종성의 대응관계를 Stockwell, Bowen&Martin (1965)이 주장한 난이도 범주에 대입시키면 산출(정확성) 실험의 결과와 예측이 일치한다는 것을 확인할 수 있다.

V

결론 및 교육적 시사점

결론 및 교육적 시사점

본고는 모국어가 일본어와 중국어로 서로 다르며 한국어에 대한 경험 기간이 서로 다른 한국어학습자를 대상으로 한국어 종성에 대한 지각과 산출 실험을 실시하여 종성의 지각과 산출 능력의 발달 과정에 모국어가 어떠한 영향을 미치며 모국어 이외에 영향을 미치는 요인이 무엇인지 밝히는 것을 목적으로 삼았다. 그리고 대조분석가설의 주장 가운데 하나인 Stockwell, Bowen & Martin (1965)의 난이도 위계가 한국어 학습자의 한국어 종성 습득 난이도를 설명하는 데에도 타당성을 가지는지 실증적으로 검증하고자 하였다.

이를 위해 각 장은 다음과 같이 구성되었다. 먼저 I 장에서는 연구의 목적을 밝히고 선행 연구의 검토를 통해 연구의 필요성을 피력하였다. II 장에서는 제2언어 음운 습득에 영향을 미치는 언어적 요인과 비언어적 요인과 관련 이론들에 대해 살펴봄으로써 본고의 결론을 분석하는 데 있어 기준을 마련하고자 했다. III 장에서는 한국어 학습자의 모국어인 일본어와 중국어의 음절 구조와 종성을 대조함과 동시에

Ⅱ장에서 다룬 이론을 바탕으로 종성의 습득난이도를 예측하였다.

Ⅳ 장에서는 학습자의 모국어와 목표어인 한국어 종성의 대응관계가 한국어 종성을 습득하는 데 어떠한 영향을 미치는지 알아보기 위해 지각 실험과 산출 실험을 실시하였다. 지각실험은 한국어 모국어화자가 발화한 한국어 종성에 대해 한국어학습자가 어떤 음으로 지각하는지를 알아보는 실험이었으며 산출 실험은 한국어학습자가 발화한 한국어 종성이 한국어 모국어화자에게 얼마나 의도대로 전달되는지를 알아본 지각실험(이해명료도실험)과 한국어학습자가 해당 종성을 얼마나 정확하게 발음하고 있는가를 평가하는 정확성 평가 실험 등으로 구성되었다.

지각실험과 산출 실험에 참여한 피험자는 일본어(J)와 중국어(C)를 모국어로 하며 한국어를 학습중이거나 학습을 마친 후에도 한국에 거주하며 다양한 사회활동을 하고 있는 자들로 구성되었다. 이들은 한국어에 대한 경험기간(거주기간)이 각각 다른 자들로 단기 경험자집단(L)은 한국어 학습기간과 경험기간이 모두 6개월 미만이며, 중기 경험자 집단(M)은 한국어 학습과 경험 기간이 모두 1년에서 2년 사이인 자들이다. 마지막으로 장기 경험자집단(H)은 1년 정도의 한국어 학습을 마친 후에도 계속 한국에서 체류하며 한국어를 사용하여 학업이나 경제활동을 하고 있는 자들로 학습기간을 포함한 경험기간이 3년 이상인 자들로 이 집단의 평균 경험(거주 혹은 체류)기간은 5년이었다.

본 연구의 결과를 연구질문의 순서대로 정리해 보면 첫째, 일본어를 모국어로 하는 집단과 중국어를 모국어로 하는 집단의 종성 발달과정을 비교하면 전체 종성의 지각과 산출 실험 결과에서 C집단이 J

집단보다 더 높은 지각능력과 산출 능력에 도달하였으며 NK에 더 근접한 것으로 나타났다. 한편 경험 기간 증가에 따른 발달 정도를 살펴보면 J집단은 지각, 산출 실험 모두에서 L(평균 3.5개월)-M(평균 1년 반), M-H(평균 5년)의 기간 동안 모두 미미한 향상에 그친 반면 C집단은 L-M기간에는 거의 향상이 나타나지 않았지만 M-H기간 동안에는 비약적으로 발전한 것으로 나타났다. 지각과 산출 실험 결과를 폐쇄음, 비음으로 나누어 살펴보면 폐쇄음은 J집단과 C집단이 큰 차이가 나타나지 않았지만 비음에서는 C집단이 J집단보다 월등하게 지각하고 산출한 것으로 나타났다. 특히 C집단의 모국어에 대응하는 음이 음소로 존재하는 /ㅇ/과 /ㄴ/은 더욱 잘 지각하고 산출한 것으로 나타나 모국어가 긍정적인 영향을 미쳤다고 볼 수 있다. 이상이 모국어가 서로 다른 두 집단의 종성 발달에서 상이한 점이라면 두 집단 사이에 유사점도 발견되었다. 먼저 유음은 C, J모두 L집단에서부터 이미 NK 수준의 지각능력과 산출능력을 보여 두 집단 모두에게 습득난이도가 높지 않은 음이라는 것을 알 수 있었다. 그리고 더 잘 지각한 음과 더 잘 산출한 음의 순서에 있어서도 C집단의 모국어에 대응하는 음이 음소로 존재하는 /ㄴ, ㅇ/을 제외하고는 C, J집단은 지각 실험에서는 ㄹ〉ㅂ, ㄱ〉ㅁ〉ㄷ, 산출 실험에서는 ㄹ〉ㄱ〉ㅁ〉ㅂ〉ㄷ의 순으로 일치하는 결과를 보여 주었다. 따라서 이상의 결과를 종합해 볼 때 모국어가 서로 다른 두 집단의 한국어 종성 발달 과정에 모국어의 영향과 함께 목표어인 한국어 종성 자체의 지각, 조음 난이도도 동시에 영향을 미친 것이라고 하겠다.

  두 번째 모국어와 목표어인 한국어 종성이 어떻게 대응되는 것이 습득에 유리한가에 대해 살펴본 결과 지각실험과 산출 실험에서 대응하는 음이 모국어에 음소로 존재하는 음은 모두 습득에 도달하였다. 따라서 모국어에 대응하는 음소가 존재하는 것이 습득에 가장 유리하다고 하겠다. 한편 대응하는 음이 모국어에 음소로 존재하지 않는 음은 지각 실험과 이해명료도 실험에서는 C집단의 /ㄷ/을 제외한 5개의 음이, 정확성 판정 실험에서는 6개 가운데 3개가 습득에 도달하였다. 따라서 모국어에 대응하는 음이 음소로 존재하지 않는 음도 모국어에 대응하는 음이 있는 경우만큼은 아니지만 습득에 도달할 가능성이 열려 있다고 하겠다. 한편 모국어에 대응하는 음이 변이음으로 존재하는 경우 지각 실험과 이해명료도 실험에서는 6개 가운데 3개의 음이, 정확성 평가 실험에서는 6개 음 가운데 1개의 음만이 습득에 도달하였다. 따라서 모국어에 대응하는 음이 변이음으로 존재할 때 가장 습득에 도달하기 어렵다고 하겠다. 이러한 결과를 통해 모국어와 목표어의 음이 어떻게 대응되느냐는 습득과 깊은 관련성이 있다고 할 수 있겠다. 한편, 목표어 음에 대응하는 음이 모국어에 부재한 종성의 경우 경험기간이 짧을 때는 지각과 산출에 어려움이 겪지만 Ⅱ(M-H)경험 기간 동안 비약적인 향상이 나타나며 대부분 습득에 도달할 수 있었다. 따라서 경험 기간의 증가는 대응하는 음이 모국어에 존재하지 않는 경우에 가장 긍정적인 영향을 미치며 이러한 음들의 습득 속도가 빠르다고 할 수 있다. 이러한 결과는 Flege(1995), Major & Kim(1996)의 주장과 일맥상통하는 것이다.

셋째, 각 집단의 종성에 대한 지각 능력과 산출 능력이 어느 시기에 습득에 도달하였는지 살펴보면 먼저 지각 능력에서 J집단은 L(평균 3.5개월)기간에 /ㄹ/과 /ㅂ/이 습득에 도달하였고 H(평균 5년)기간에는 /ㄱ/과 /ㅁ/이 습득에 도달하였다. C집단은 L기간에 /ㄹ/과 /

ㅂ/, /ㄴ/이 습득에 도달하였고 H기간에는 /ㄱ/과 , /ㅇ/, /ㅁ/이 습득에 도달하였다. 이해명료도를 알아보는 산출실험에서는 J집단이 L기간에 /ㄹ/과 /ㅂ/이 습득에 도달하였고 H(평균 5년)기간에는 /ㄱ/과 /ㅁ/이 습득에 도달하였다. C집단은 L기간에 /ㄹ/이 습득에 도달하였고 M기간에 /ㄱ/과 /ㅂ/, /ㅇ/이 습득에 도달하였고 H기간에는 /ㄴ/, /ㅁ/이 습득에 도달하였다. 한편 정확성 평가 실험에서 J집단은 M기간에 /ㅂ/을 습득하였고 H기간에 /ㄱ/을 습득하였다. C집단은 H기간에 /ㄹ, ㄱ, ㅂ, ㄴ, ㅇ/이 함께 습득에 도달한 것으로 나타났다. 이러한 결과를 종합해 보면 습득 시기에 있어서는 상대적으로 C집단이 J집단에 비해 더 늦게 습득에 도달하였으나 습득한 음의 수에 있어서는 J집단에 비해 /ㄴ, ㅇ/을 더 습득한 것으로 나타났다. 따라서 한국어 종성 습득에 있어 모국어는 긍정적이든 부정적이든 영향을 미쳤다고 할 수 있다. 그러나 J, C집단은 습득에 이른 음과 이르지 못한 음이 유사하게 나타났는데 이것은 목표어인 한국어 종성 자체에 지각, 산출 난이도 차이가 존재함을 보여 주는 것이며 그러한 점도 습득 여부에 영향을 미쳤다고 할 수 있겠다. 한편 C, J집단은 습득 순서에 있어서도 유사한 모습을 보였는데 폐쇄음은 ㅂ, ㄱ〉ㄷ의 순으로 비음은 ㅁ, ㄴ〉ㅇ의 순으로 습득에 도달하였다. 이러한 발달은 언어보편적인 순서이면서 한국 유아와 아동의 한국어 자음(종성) 습득과정에서도 동일하게 관찰되는 현상으로, L1으로서의 한국어와 L2로서의 한국어 습득이 유사한 점이 있다는 것을 보여 주는 결과라고 하겠다.

　이상의 결과를 바탕으로 한국어 종성의 지각과 산출 난이도를 상정해 보면 궁극적인 지각능력과 산출능력은 '목표어 내부에 조음방식이 유사한 음이 없는 음〉대응하는 음이 모국어에 음소로 존재하는 음〉

대응하는 음이 모국어에 음소로 존재하지 않는 음〉대응하는 음이 모국어에 변이음으로 존재하는 음'의 순으로 더 잘 지각하고 산출할 수 있다고 하겠다. 그리고 습득 속도는 '대응하는 음이 모국어에 음소로 존재하지 않는 음〉대응하는 음이 모국어에 음소로 존재하는 음〉대응하는 음이 모국어에 변이음으로 존재하는 음'의 순으로 향상 정도가 커서 습득 속도가 빠르다고 하겠다. 또한 습득에 도달할 가능성은 '대응하는 음이 모국어에 음소로 존재하는 음〉대응하는 음이 모국어에 음소로 존재하지 않는 음〉대응하는 음이 모국어에 변이음으로 존재하는 음'의 순으로 습득에 이를 가능성이 크다고 하겠다. 이것은 Stockwell, Bowen & Martin(1965)이 주장한 난이도 위계를 바탕으로 한국어 종성의 습득 난이도에 대해 Ⅲ장에서 예측한 것과 일치하는 결과이며, Stockwell, Bowen & Martin(1965)이 주장한 모국어와 목표어 음의 대응관계에 따른 난이도 위계가 한국어 종성의 습득난이도를 설명하는 데에도 타당성이 있음을 보여 주는 결과라고 하겠다.

이상의 연구 결과를 바탕으로 한국어 종성을 교수하는 데 있어 교육적 시사점을 제시하면 다음과 같다.

첫째, 학습자 모국어에 존재하는 변이음 정보를 활용한 교수를 지양하는 것이 바람직하겠다. 정명숙·이경희(2000), 최은정(2001), 양순임(2005), 권현주(2006) 등에서 중국어와 일본어를 모국어로 하는 한국어 학습자에게 모국어의 변이음 정보를 활용한 교육을 제안하였는데 본고의 연구 결과 변이음 정보는 학습 초기에는 긍정적인 영향을 미칠 수 있지만 경험기간의 증가에 따른 향상이 뒤따르지 않아 궁극적으로 습득에 부정적인 영향을 미친 것으로 나타났기 때문에 이러한 정보를 활용한 교육은 바람직하지 않은 것으로 보인다.

 둘째, 한국어 종성을 교육하는 데 있어 학습자의 모국어와 한국어 종성간에 비교 · 대조를 통한 교육보다는 목표어인 한국어 종성 내부에서 조음 방식이 유사한 음끼리의 차이를 집중적으로 교육하는 것이 더 효과적이겠다. 즉 본고의 실험 결과 한국어 모국어화자가 외국인의 발음을 지각하는 데 있어 폐쇄음 종성간에, 비음 종성간에 혼동을 겪고 있으므로 조음방식이 유사한 한국어 종성들의 차이를 집중적으로 교육한다면 의사소통의 상대인 한국어 모국어화자와 더 원활한 의사소통이 가능할 것으로 본다.

 셋째, 발음을 교수하는 데 있어 국적에 따른 분반이 필수적인 것은 아닐 수도 있겠다. 이것은 앞에서도 기술한 것처럼 종성 습득에 학습자의 모국어뿐만 아니라 목표어 자체의 난이도도 영향을 미치기 때문이다. 또한 모국어의 부정적인 영향은 학습 초기에 주로 나타나다가 이내 사라지는 반면 경험 기간이 증가하면 조음방식이 유사한 목표어 음끼리의 혼동이 문제가 된다는 것을 확인하였으므로 특히 중, 고급반에서 발음을 교수하는 데 있어 모국어에 따른 분반이 반드시 필수적인 것은 아니라고 하겠다.

 넷째, 유음 종성 /ㄹ/의 경우 한국어의 발음과 모국어의 유음 발음의 차이를 비교하며 교수하는 게 좋겠다. /ㄹ/을 제외한 다른 종성들은 목표어인 한국어 종성 내부에서 조음방식이 유사한 음들간에 차이를 집중적인 훈련하는 것이 필요하다면 종성 /ㄹ/은 한국어 종성 목록 안에 조음 방식이 유사한 음이 존재하지 않기 때문에 모국어화자가 다른 음으로 잘못 이해한 비율은 낮게 나타났다. 그러나 발음의 정확성을 평가한 결과에서는 정확하지 않다는 평가가 많았으므로 정확한 한국어 /ㄹ/의 음가에 대한 집중적인 훈련이 필요하겠다.

본 연구는 오류 분석 중심이었던 한국어 발음교육 연구의 흐름에서 경험 기간의 변화에 따른 음운 습득 양상을 밝혔다는 데 의의가 있으며 한국어 음운 습득 난이도와 관련하여 유일한 기준이었던 '음성적 유사성'에서 벗어나 모국어와의 대응관계라는 새로운 관점을 제시하였다는 데 의의가 있다고 하겠다. 이 밖에도 한국어 학습자의 발음을 평가하는 데 있어 한국어교육과 관련 없는 다수의 한국어 모국어화자의 평가를 반영함으로써 의사소통의 도구로써의 한국어 발음 교육의 목적에 더 부합한 결과를 이끌어 낼 수 있었다고 본다.

그러나 본고의 결론이 더 일반화되기 위해서는 더 다양한 모국어를 배경으로 하는 한국어 학습자에 대한 연구와 더 다양한 경험 기간을 가지는 피험자에 대한 연구가 뒤따라야 할 것으로 보인다. 또한 본고는 한국어 모국어화자로부터 더 좋은 평가를 받은 발화와 그렇지 않은 발화의 특징과 차이점에 대해 밝히지 못하였으며 습득에 영향을 미친다고 알려져 있는 제2언어 환경에 도착한 나이, 한국어 사용량, 모국어 사용량, 학습 동기 등과 같은 학습자 변인의 영향에 대해 밝히지 못하였다. 그 밖에도 종성이 출현하는 위치 즉, 선행 모음, 후행 자음의 종류 등 환경에 따른 습득 양상의 차이 등에 대해서도 다루지 못하였다. 이러한 부분에 대해서는 후속 연구를 기대하고자 한다.

참/고/문/헌/

- 고혜정(2011), 한국인의 일본어 음절말 자음에 관한 음향적 특징, 일본어교육56집: 117-126
- 권병로, 박시균(1999), 영어화자에 대한 한국어 음성 교육의 문제점-유음과 겹자음을 중심으로, 한국 국어교육 연구회, 524호:153-171
- 권성미(2007), 한국어 단모음 습득에 대한 실험음성학적 연구, 이화여자대학교 대학원 박사학위논문
- 권현주(2006), 특수음소의 변이음을 이용한 한국어 종성 발음 인지 교육 방안, 일본어문학 제 31권: 35-54
- 김기훈(2010), 중국어 성조를 활용한 한국어 평음, 경음 교육방안 연구, 한국외국어대학교 교육대학원 석사학위논문
- 김길동(2008), 중국어권 학습자를 위한 발음 교육, 단국대학교 박사 학위논문
- 김상수 · 송향근(2006), 한국어 발음 교육 연구 동향 분석, 한국어학 33:156-183
- 김선정(2003), 어말 음절구조의 특성과 한국어 교육적 접근, 언어과학연구 24:23-40
- 김선정 · 허용(2005), 한국어발음 교육의 역사와 변천사, 한국어교육론2, 한국문화사
- 김선정(2009), 한국어 음운론과 한국어 교육. 한국언어문화교육학회 제 11차 전국학술대회 발표요지
- 김소야(2006), "한국어 평음/경음/기음에 대한 중국인의 지각적

범주 연구, 이중언어학 32호:57-79

• 김용렬(2008), 중국인 학습자를 위한 발음 교육 방안- 자음동화 현상을 중심으로, 부산대학교 대학원 석사학위 논문

• 김은애(2004), 언어권별로 본 한국어 자음 습득 순서에 관한 연구, 2004 Seoul Linguistics Forum 발표논문집

• 김은애(2006), 한국어 학습자의 발음 오류 진단 및 평가에 관한 연구, 한국어교육 17-1호:71-97

• 김정윤(2007), 영어권 학습자의 한국어 자음 발음 연구, 한국외국어대학교 교육대학원 석사학위논문

• 김정희(2010), 베트남 결혼이주여성의 한국어 발음 오류와 발음 교육: 평음, 격음, 경음을 중심으로, 군산대학교 교육대학원 석사학위 논문

• 김지혜(2004), 중국어권 학습자를 위한 한국어 종성 발음 교육 방안, 고려대학교 교육대학원 석사학위논문

• 김태경 · 김명희 · 안미리(2009),『국어의 음운 체계 습득 과정』, 한국학술정보원 (주)

• 김태경, 백경미(2010), 학령적 아동의 발음 오류에 관한 연구, 국제어문 제 49집: 7-34

• 김태경(2010), 제1언어와 제2언어로서의 한국어 습득, 국어교육연구 24집:235-268

• 김현(2001), 일본어 모어화자의 한국어 장애음 오류 분석, 관악어문연구 제 26집: 177-201

• 란샤오샤(2004), 방언권에 따른 중국인 학습자를 위한 한국어 종성 발음 교육 연구, 서울대학교 대학원 석사학위 논문

- 민광준(2002),『일본어 음성학 입문』, 건국대학교 출판부
- 민광준(2004),『한・일 양 언어 운율의 음향음성학적 대조 연구』, J&C
- 박경자(1997),『언어습득 연구방법론』, 고려대학교 출판부
- 박경자(1999),『영어습득론』, (주)영풍문고
- 박기영(2001), 일본어 모어화자의 한국어 발음 오류에 대한 일고찰, 관학어문연구 제 26집:225-245
- 박기영(2010), 한국어 발음 교재와 한국어 발음 교육 과정에 대한 관견, 국제한국어교육학회 제34차국내 추계학술대회 발표 요지
- 박선희(2007), 영어권 한국어 학습자의 지시어 의미 기능 습득 연구, 이화여자대학교 대학원 박사학위 논문
- 박시균(1998), 영어화자가 제대로 발음하지 못하는 한국어 음운과 한국어 음운 교육 개선 방안, 한글 242호:119-143
- 박지연(2010), 중국인 한국어학습자의 한국어 단모음 산출과 지각 관계 연구, 고려대학교 석사학위 논문
- 박창원・오미영・오은진 (2004),『한・영・일 음운 대비』, 한국문화사
- 박창원(2007), 한국어 고급 학습자료의 기본 조건 몇 가지, 이화여자대학교 한국문화연구원 제1차 워크숍 발표문
- 범류(2005), 한국어와 중국어의 닿소리 음소 및 그 변이음에 대한 조음음성학적 대조 연구, 연세대학교 대학원 석사학위 논문
- 범류(2010), 중국어권 학습자를 위한 한국어 발음 교육 연구 -'ㄹ'발음을 중심으로, 연세대학교 대학원 박사학위논문

- 배주채(1996),『국어음운론 개설』, 한국문화사
- 비강강(2010), 중국인 학습자를 위한 한국어 겹받침 발음 교육 방안 연구, 한남대학교 대학원 석사학위논문
- 서정목(2002), 대조분석이론에 대한 연구, 언어과학연구 23:67-88
- 손가연(2008), Production and Perception of English vowel Categories by Native Korean Speakers, 이화여자대학교 석사 학위 논문
- 손호민(2008), 한국어의 유형적 특징, 한글 282호:61-95
- 신지영·차재은(2006),『우리말 소리의 체계』, 한국문화사
- 신지영(2007),『말소리의 이해』, 한국문화사
- 신지영(2008), 성인 자유 발화 자료 분석을 바탕으로 한 한국어 음소 및 음절 관련 빈도, 언어청각장애연구, 13권 2호:193-215
- 신지영(2008), 성인 자유 발화 자료 분석을 바탕으로 한 한국어 음소 전이 빈도, 언어청각장애연구 13권 3호:477-502
- 신지영(2010), 한국어 사전 표제어 발음의 음소 및 음절 빈도, 한국언어청각장애연구 15:95-107
- 안나 이자벨라(2002), 폴란드인의 한국어 모음의 발음과 청취에 대한 실험음성학적 연구, 서울대학교 대학원 박사학위 논문
- 안연희(2007), 중국인 학습자의 한국어 종성 발음 교육 연구, 충남대학교 대학원 석사학위 논문
- 양순임(2005), 한국어 음절 종성의 발음교육, 국어교육 117:493-519
- 양순임(2006), 중국인 학습자언어에 나타나는 한국어 종성에 대

한 음향·청취 음성학적 오류분석, 한국어교육 17-3:163-183

- 요시나가 이쿠요(2002), 한국어와 일본어의 자음 앞 비음에 관한 음성학적 비교 연구, 서울대학교 대학원 석사학위 논문
- 유재선(2009), 러시아어권 한국어 초급학습자를 위한 자음 발음 교육 방안, 부산외국어대학교 교육대학원 석사학위 논문
- 윤민(2008), 국어 자음 연쇄와 청취 판단, 서울대학교 대학원 석사학위논문
- 윤은경(2010), 한국어 단모음 습득 연구, 한국외국어대학교 박사학위 논문
- 윤은미(2008), 영어권 화자를 위한 한국어 발음 교육연구 의성어, 의태어를 통한 평음, 격음, 경음 발음 교육, 선문대학교 교육대학원 석사학위 논문
- 이기문·김진우·이상억(2006),『국어음운론』, 학연사
- 이영숙(2007), 한국어와 러시아어의 자음 음소 및 변이음의 대조분석, 연세대학교 교육대학원 석사학위논문
- 이원(2010), 중국어권 학습자의 한국어 종성 발음의 오류 양상 분석 및 교육 방안 연구, 인천대학교 대학원 석사학위논문
- 이원일(2006), 한국어 음운규칙이 영어발음에 미치는 영향 연구, 성균관대학교 교육대학원 석사학위논문
- 이한섭(1994),『일어학 개설』, 한신문화사
- 이향(2002), 중국어권 학습자를 위한 발음 교재 개발 방안, 이화여자대학교 교육대학원 석사학위 논문
- 이주현(2004), 2-4세 정상 아동의 종성 파열음 발달, 이화여자대학교 대학원 석사학위 논문

- 이중진(2012), 몽골인 학습자의 한국어 발음 교육 연구: 단순 모음과 폐쇄음에 관한 실험음성학적 방법을 기반으로, 전북대학교 대학원 석사학위 논문
- 이현복·심소희(1999),『중국어 음성학』, 교육과학사
- 이현아(2008), 한국어 음운변동규칙의 효율적인 발음교육 방안 연구, 동아대학교 대학원 석사학위 논문
- 이호영(1996),『국어 음성학』, 태학사
- 이희찬(2000), 제2언어 습득에서 유형론적 보편성과 유표성의 역할, 서울대학교 대학원 석사학위 논문
- 임미화(2002), 영어권 화자의 한국어 발음 교수법 연구, 건국대학교 교육대학원 석사학위논문
- 장려(2011), 중국인 학습자의 한국어 파열음 오류 연구, 한양대 대학원 석사학위논문
- 장우군(2009), 중국인 초급 학습자를 위한 한국어 종성 발음 교육 방안 연구, 한국외국어대학교 대학원 석사학위논문
- 장향실(2002), 중국어 모국어 화자의 한국어 학습시 나타나는 발음상의 오류와 그 교육 방안, 한국어학 제 15집:211-228
- 장향실(2009), 중국인 학습자의 한국어 음절 오류와 교육방안, 우리어문연구 34집:349-371
- 정명숙·이경희(2000), 학습자 모국어의 변이음 정보를 이용한 한국어 발음교육의 효과 -일본인 학습자를 대상으로-, 한국어교육11-2:151-167
- 정명숙(2008), 한국어 학습자를 위한 전략적 발음교육- 중국인 학습자를 중심으로, 한국어학38:345-369

- 정미지(2000), 일본인 한국어학습자의 평음, 격음, 경음 발음에 관한 연구, 이화여자대학교 교육대학원 석사학위 논문
- 정미지 · 권성미(2010), 한국어 학습자의 음성 변별과 음소 지각에 대한 연구, 말소리와 음성과학23-32:23-32
- 정미지(2011), 한국어 음절 종성 지각에 모국어가 미치는 영향에 대한 연구- 일본어 · 중국어권 학습자를 중심으로, 한국어교육 22권 4호:247-271
- 정상훈(2007), 한국어 음성 인지를 위한 음성학적 정보에 대한 고찰, 한국어문학연구 제49집: 135-160
- 정애란(2008), 한국 중학생 영어 학습자의 영어 발음 및 인지에 관한 연구: 정확성과 명료도의 측면에서, 이화여자대학교 교육대학원 석사학위 논문
- 정지은(2008), 중국어권 학습자의 한국어 자음 습득연구, 한국외국어대학교 교육대학원 석사학위논문
- 조남민(2007), 한국어 학습자의 어중자음군 폐쇄지속성에 대한 연구, 이화여자대학교 대학원 박사학위논문
- 조민하(2005), 일본어와 영어권 학습자들의 어두 폐쇄음 발음 오류 유형 연구: 평음, 경음, 기음의 실현 여부를 중심으로, 한국어학 29호:237-255
- 조정호(2003), 영어와 한국어의 동화작용에 대한 연구, 한남대학교 교육대학원 석사학위 논문
- 조혜란(2011), 베트남인 학습자를 위한 한국어 자음 발음 교육방안: 장애음을 중심으로, 서울여자대학교 대학원 석사학위 논문
- 주명진(2006), 중국인 학습자의 한국어 발음 교수 방안 연구-발

음 오류와 변이음을 중심으로- 경희대학교 교육대학원 석사학
위 논문

- 지화숙(2005), 한국어 운율 교육에 대한 연구, 경희대학교 교육
대학원 석사학위논문
- 최은정(2001), 일본어 모국어 학습자를 위한 한국어 종성 발음
교육 방안, 고려대학교 교육대학원 석사학위 논문
- 한국일본학회 편(1998), 『일본어학의 이해』, 시사일본어사
- 한종임(2001), 『영어음성학과 발음지도』, 한국문화사
- 허용(2004), 중간언어 음운론에서의 간섭 현상에 대한 대조언어
학적 고찰, 한국어교육 15-1:233-257
- 허용(2005), 한국어 화자의 영어 발음에 나타나는 간섭현상에 대
한 중간언어 음운론적 고찰, 이중언어학 제 28호:415-437
- 허용 · 김선정(2006), 『외국어로서의 한국어 발음 교육론』, 박이
정
- 허용(2007), 음절 구조 제약의 조정 현상에 대한 음운론적 유형
연구, 이중언어학 제 33호:298-315
- 허용(2008), 한국어교육에서의 대조언어학과 보편 문법의 필요
성 연구, 이중언어학 제 36호:1-24
- 허용 외(2009), 『한국어교육의 이해』, 한국문화사
- 허용(2010a), 음성적 유표성 위계와 보편적 모음과의 상관관계
연구, 이중언어학, 제42호:307-330
- 허용(2010b), 자음의 보편성과 음성적 유표성의 상관관계 연구:
장애음을 중심으로, 언어와 문화 제 6권 제 3호, 한국언어문화교
육학회:307-330

- 허용(2010c), 자음 체계 대조 연구: 한국어, 영어, 일본어, 중국어를 대상으로, 언어과학 연구55: 305-332
- 허용(2011), 한국어 자음 체계의 유형적 보편성 연구, 이중언어학 제 45호:331-351
- 홍진희 · 배소영(2002), 2세부터 5세 아동의 종성 발달에 관한 연구: 낱말 내 음절 위치와 어중 초성의 마찰음을 고려하여, 언어청각장애 연구, 7(2):294-304
- 황종배(2006), 『제2언어 습득론개관』, 경진문화사
- Anderson J.(1987), The Markedness Diffferential Hypothesis and syllable structure difficulty. In G.Ioup & S. H. Weinberger(Eds), Interlanguage phonology: The acquisition of a second language sound system. New York: Newbury House/ Harper& Row.
- Baris Kabak (2003a), The Processing of Second language consonant clusters, dissertation of University of Delaware
- Baris Kabak & William Idsardi(2003b), Syllabically Conditioned Perceptual Epenthesis, proceeding of the berkely linguistic society 29: 233-245
- Bohn, O.-S. &Flege J. E.(1992), The production of new and similar vowels by adult German learners of English, Studies in Second Language Acquisition 14: 131-158
- Broselow E.(1984), An investigation of Transfer in second language acquisition, International Review of Applied Linguistics 22: 253-269
- Broselow E., Chen S.&Wang C.(1998), The emergence of the

unmarked in second language phonology, Studies in Second Language Acquisition 20: 261-280

- D.H.Whalen(1997), Lexical effects in the perception and production of American English /p/allophones, Journal of Phonetics 25 : 501-528

- Eckman F.R.(1977), Markedness and the contrastive analysis hypothesis, Language Learning 27: 315-330

- Eckman F.R.(1981), On Prediction phonological difficulty in second language acquisition, Studies in Second Language Acquisition 4: 18-30

- Eckman F.R., Gregory K. Iverson(2000), Contrast and hypercontrast in interlanguage, Studies in Phonetics, Phonology and Morphology 6-2: 213-247

- Eckman F.R., Abdullah Elreyes, Gregory K. Iverson(2001) Allophonic Splits in L2 Phonology: The Question of Learnability, International Journal of English Studies vol.1(1):21-51

- Eckman F.R., Abdullah Elreyes, Gregory K. Iverson(2003), Some principles of second language phonolgy, Second Language Research 19-3: 169-208

- Eckman F.R.(2004), From Phonemic Differences to Constraint Rankings: Research on Second Language Phonology, Studies in Second Language Acquisition 26: 513-549

- Ellis Rod(1994), 『The Study Second Language Acquisition』, Oxford University Press

• Eun-kyung Yoon(2008), The Rate of the Acquisition of L2 Speech, Language and Linguistics 41: 329-348

• Gierut, J. (1986), Sound change: a phonemic split in a misarticulating child, Applied Psycholinguistics 7: 57-68

• Gussenhoven & Jacobs(1998), 『Understanding Phonology』, ARNOLD

• H. Douglas Brown(1997), 『Principle of Language Learning and Teaching 외국어 교수·학습의 원리』신성철역, 한신문화사

• Hansen-Bhatt B., Bhatt R.M., (1997), Optimal L2 Syllables: Interactions of transfer and developmental effects, Studies on Second Language Acquisition 19: 331-378

• Hammerly, H.(1982), Contrastive phonology and error analysis, International Review of Applied linguistics 20: 17-32

• Hardy, J.(1993), Phonological Learning and Retention in second language acquisition. In Eckman, F. R., editor, Confluence; linguistics, L2 acquisition, speech pathology. Amsterdam and Philadelphia: John Benjamins

• Henly, E., and Sheldon, A.(1986), Duration and context effects on the perception of English /r/ and /l/: A comparison of cantonese and Japanese speakers, Language Learning 36: 505-521

• Ingram, J. C. L., Park, S-G, Mylne, T.(1997), Studies in cross-language speech perception, Asia Pacific Journal of Speech, Language and Hearing 2: 1-23

• James Emil Flege & Hillenbrand, J.(1984), Limits on Phonetic Accuracy in Foreign Language Speech Production. Journal of Acoustical Society of America 76-3: 323-347

• James Emil Flege(1987). The production 'new' and 'similar' phones in a foreign language : evidence for the effect of equivalence classification, Journal of phonetics 15: 47-65

• James Emil Flege(1995), Second- language speech learning: Theory, findings, and problems, in W. Strange(Eds.) Speech Perception and Linguistic Experience: Theoretical and Methodological Issues: 229-273, York Press

• James Emil Flege, Elaina M. Frieda, Takeshi Nozawa(1997a), Amount of native-language use affects the pronunciation of an L2, Journal of phonetics 25: 169-186

• James Emil Flege, Ocke-Schwen Bohn, Sunyoung Jang(1997b), Effects of experience on non-native speaker'pronunciation and perception of English vowels, Journal of phonetics 25: 437-470

• James Emil Flege, David Birdsong, Ellen Bialystock, Molly Mack, Hyekyung Sung, Kimiko Tsukada(2006), Degree of foreign cccent in English sentence produced by Korean children and adults, Journal of Phonetics 34 :153-175

• Jette G. Hnasen(2001), Linguistics Constraints on the Acquisition of English Syllable Codas by Native Speakers of Mandarin Chinese, Applied Linguistics, Vol 22- No.3:338-365

- Jette G. Hnasen(2004), Developmental Sequences in the acquisition of English L2 Codas: A Preliminary Study, Studies on Second Language Acquisition 26: 85-124

- Jette G. Hnasen(2006), 『Acquiring a Non-native Phonology』, continuum

- John C. L. Ingram and See-Gyoon Park(1998), Language, context, and speaker effects in identification and diascrimination of English /r/ and /l/ by Japanese and Korean listener, Acoustic Society of America 103(2): 1161-1174

- John Local(2003), Variable domains and variable relevance:interpreting phonetic exponents, Journal of Phonetics 31: 321-339

- Juli Cebrian(2000), Transferability and Productivity of L1 rules in CATALAN- ENGLISH Interlanguage, Studies in Second Language Acquisition 22 : 1-26

- Katsura Aoyama, James Emil Flege, Susan G. Guion, Reiko Akahane- Yamada, Tsuneo Yamada(2004), Percieved phonetics dissimilarity and L2 speech learning: the case of Japanese /r/ and English /l/ and /r/, Journal of Phonetics 32 : 233-250

- Kimiko T., David B., Molly M., Hyekyung S., Ellen B., James F.(2004), Release Bursts in English Word-final Voiceless Stops Produced by Native English and Korean Adults and Children, Phonetica 61:67-83

- Kimiko T., David B., Ellen B., Molly M., Hyekyung S.James F.(2005), A developmental study of English vowel production and perception by native Korean adults and children, Journal of Phonetics, 33 : 263-290

- Li Lianhua(2005), A Study on Mandarin Chinese Speakers producing Both English & Korean Codas, 한양대학교 대학원 석사학위 논문

- Lado, R.(1957). Linguistics across culture. Ann Arbor: The University of Michigan Press

- Lisa Davidson(2006), Phonology, phonetics, or frequency: Influence on the production of non-native sequences, Journal of Phonetics 34:104-137

- Long, M.(1990), Maturational constraints on language development, Studies in second language acquisition:251-286

- Lydia White(1997), 『보편문법과 제2언어 습득』, 서진희, 이기정, 이다미 역, 동인

- Major R.C.(1987), Phonological Similarity, markedness, and Rate of L2 Acquisition, Studies in Second Language Acquisition, 9: 63-82

- Major R. C.ㆍEunyi Kim(1996), The Similarity Differential Rate Hypothesis, Language Learning 46:151-183

- Major R.C.(1998), Interlanguage Phonetics and Phonology, Studies in Second Language Acquisition 20:131-137

- Major R. C.(2001), 『Foreign Accent』, L. Erlbaum

- M. Helen Southwood, James E. Flege(1999), Scaling foreign accent: direct magnitude estimation versus interval scaling, Clinical linguistics & Phonetics, vol.13-5: 335-349

- Milla Chappell(2008), First language Transfer and Universal Markedness in second-language production and perception of word-final Obstruents and Obstruent Clusters, Master of Arts, University of Florida

- Moyer, A.(1999), Ultimate attainment in L2 phonology. Studies in Second Language Acquisition 21: 81-108

- Noam Chomsky, Morris Halle, 『THE SOUND PATTERN OF ENGLISH』The MIT Press

- Ocke-Schwen Bohn & Murray J. Munro (2007), 『Language Experience in Second Language Speech Learning -In honor of James Emil Flege』, John Benjamins Publishing Company:Amsterdam

- Oh Mira(2002), Place Perception in Korean Consonants, 음성과학 9권 4호: 131-142

- Oller, J. W., Ziahosseiny, S. M.(1970), The Contrastive analysis Hypothesis and spelling errors, Language Learning 20:183-189

- Oyama, S.(1976), A senstive period for the acquisition of nonnative phonological system, Journal of Psychological Research 5:261-283

- Patkowski, M.(1990), Age and accent in a second language, Applied Linguistics 11-1:73-89

- Piske, T., Mackay I., Flege J.(2001), Factors affecting degree of Foreign accent in an L2: A review . Journal of Phonetics 29 :191-215
- Robert S. Carlisle(1997), The Modification of Onsets in a Markedness Relationship: Testing the Interlanguage Structual Conformity Hypothesis, Language Learning 47-2:327-361
- Sato(1984), Phonological process in second language acquisition: Another look at interlanguage syllable structure, Language Learning 34 :43-57
- Stockwell, R., J. Bowen, and J. Martin(1965), 『The Grammatical Structures of English and Spanish. Chicago』: Chicago University Press.
- Suzanne C., Heather G., Joseph V. P.(1998), Phonological transfer and levela of representation: the perceptual acquisition of Thai voice and French speakers, Second Language Research 14- 4 :387-405
- Susan M. Gass, Larry Selinker(1999), 『Second Language Acquisition』(제2언어 습득론, 박의재, 이정원 역), 한신문화사
- Wang C.(1995), The acquisition of English word- final obstruents by Chinese speakers, Dissertation Abstracts International, the Humanities and a Social Sciences 56-10:
- Weinberger S.H.(1987), The influence of linguistic context on syllble simplification In G.Ioup & S. H. Weinberger(Eds), Interlanguage phonology: The acquisition osecond language

sound system. New York: Newbury House/ Harper& Row.

- Wode, H.(1983), Contrastive analysis and Language Learning, In Wode, H., editor, Papers on language acquisition, language learning and language teaching, Heidelberg: Groos

- Yoo H.(2004), A Longitudinal study of consonants cluster acquisition, Studies in phonetics, Phonology and Morphology 10-3 :481-503

- Yuh-Huey Lin(2001), Syllable Simplification Strategies: A Stylistic Perspective, Language Learning 51-4: 681-718

- 小城彰子(2007), 韓國語話者の發音に見られる促音の脱落について,日語日文學研究 61輯： 1 15

- 小城彰子(2010), 韓國語話者の撥音の生成, 日語日文學研究 27 輯:133-157

〈부록1〉 피험자 정보

	성별	나이	체류기간
JL1	남	20	3개월
JL2	남	26	6개월
JL3	여	28	5개월
JL4	여	23	2개월
JL5	여	20	3개월
JL6	여	21	3개월
JL7	여	25	2개월
JL8	여	20	3개월
JL9	여	28	5개월
JL10	남	29	6개월
JL11	남	25	2개월
JL12	남	21	5개월
JL13	남	30	6개월
JL14	여	30	2.5개월
JL15	여	23	2개월
JL16	여	22	2개월
JL17	여	22	2개월
JL18	여	30	2개월

	성별	나이	체류기간
JM1	여	22	1년4개월
JM2	여	29	1년
JM3	여	20	1년
JM4	여	30	1년6개월

	성별	나이	체류기간
JM5	여	26	1년
JM6	여	20	1년
JM7	여	20	1년
JM8	여	28	1년
JM9	여	26	1년
JM10	여	30	1년 6개월
JM11	여	29	1년
JM12	여	30	1년
JM13	여	30	1년1개월
JM14	남	28	1년
JM15	여	30	1년 1개월
JM16	여	27	1년
JM17	여	30	1년
JM18	여	21	1년

	성별	나이	체류기간
JH1	여	25	8년4개월
JH2	여	24	3년5개월
JH3	여	27	9년3개월
JH4	남	26	9년3개월
JH5	남	39	5년
JH6	여	26	3년
JH7	여	30	6년 3개월
JH8	여	22	3년
JH9	여	23	3년6개월

	성별	나이	체류기간
JH10	남	38	3년
JH11	남	37	4년
JH12	여	21	3년
JH13	여	22	3년
JH14	여	33	4년4개월
JH15	여	39	6년6개월
JH16	여	36	7년
JH17	여	33	5년 10개월
JH18	여	32	8년

	성별	나이	체류기간
CL1	남	27	3개월
CL2	남	23	2개월
CL3	남	23	6개월
CL4	여	25	5개월
CL5	여	20	5개월
CL6	남	20	6개월
CL7	여	28	6개월
CL8	남	21	3개월
CL9	여	22	6개월
CL10	남	22	2개월
CL11	남	20	2개월
CL12	남	22	3개월
CL13	남	26	2개월
CL14	여	23	6개월

	성별	나이	체류기간
CL15	여	22	2개월
CL16	여	30	3개월
CL17	여	27	2개월
CL18	남	23	5개월

	성별	나이	체류기간
CM1	남	21	1년8개월
CM2	여	24	1년2개월
CM3	남	22	1년
CM4	남	23	1년10개월
CM5	남	24	1년4개월
CM6	남	21	1년3개월
CM7	남	23	1년
CM8	여	24	1년2개월
CM9	여	20	1년5개월
CM10	여	26	1년6개월
CM11	남	20	1년9개월
CM12	남	20	1년1개월
CM13	여	25	1년
CM14	남	22	1년
CM15	여	21	1년3개월
CM16	여	20	1년4개월
CM17	여	20	1년
CM18	여	21	1년5개월

	성별	나이	체류기간
CH1	남	24	3년7개월
CH2	여	22	3년 10개월
CH3	여	27	3년10개월
CH4	여	28	4년10개월
CH5	남	25	4년9개월
CH6	남	26	5년
CH7	남	26	3년
CH8	여	24	3년
CH9	남	31	6년 2개월
CH10	남	29	9년3개월
CH11	여	25	3년
CH12	여	26	4년9개월
CH13	여	31	4년11개월
CH14	남	30	7년3개월
CH15	여	25	5년4개월
CH16	남	23	4년
CH17	여	29	6년6개월
CH18	여	27	4년2개월

〈부록2〉읽기 목록

〈지각 실험에서 한국인이 발화한 목록〉

1. 만나	2. 막다	3. 맏	4. 맘
5. 맘바	6. 맏자	7. 맙다	8. 맘마
9. 맏다	10. 만다	11. 맙사	12. 맏바
13. 맘사	14. 만자	15. 망바	16. 맏가
17. 망가	18. 맏라	19. 막자	20. 맙바
21. 맘가	22. 맏마	23. 맙자	24. 맏가
25. 맘다	26. 맘나	27. 망자	28. 맏사
29. 맏다	30. 망사	31. 만	32. 맏
33. 망나	34. 막사	35. 막바	36. 만가
37. 망다	38. 만사	39. 만마	40. 맙
41. 맏사	42. 맙가	43. 막가	44. 만바
45. 망마	46. 맏바	47. 맏자	48. 맘자
49. 막	50. 망		

〈산출실험에서 발화한 목록〉

1. 다시 따라하세요. 만나	2. 다시 따라하세요. 막다
3. 다시 따라하세요. 맏	4. 다시 따라하세요. 맘
5. 다시 따라하세요. 맘바	6. 다시 따라하세요. 맏자
7. 다시 따라하세요. 맙다	8. 다시 따라하세요. 맘마
9. 다시 따라하세요. 맏다	10. 다시 따라하세요. 만다

11. 다시 따라하세요. 맙사   12. 다시 따라하세요. 맏바

13. 다시 따라하세요. 맘사   14. 다시 따라하세요. 맏자

15. 다시 따라하세요. 망바

16. 다시 따라하세요. 맏가   17. 다시 따라하세요. 망가

18. 다시 따라하세요. 말라   19. 다시 따라하세요. 막자

20. 다시 따라하세요. 맙바

21. 다시 따라하세요. 맘가   22. 다시 따라하세요. 말마

23. 다시 따라하세요. 맙자   24. 다시 따라하세요. 말가

25. 다시 따라하세요. 맘다

26. 다시 따라하세요. 맘나   27. 다시 따라하세요. 망자

28. 다시 따라하세요. 말사   29. 다시 따라하세요. 맏다

30. 다시 따라하세요. 망사

31. 다시 따라하세요. 만   32. 다시 따라하세요. 말

33. 다시 따라하세요. 망나   34. 다시 따라하세요. 막사

35. 다시 따라하세요. 막바

36. 다시 따라하세요. 맏가   37. 다시 따라하세요. 망다

38. 다시 따라하세요. 맏사   39. 다시 따라하세요. 맏마

40. 다시 따라하세요. 맙

41. 다시 따라하세요. 만사

42. 다시 따라하세요. 맙가

43. 다시 따라하세요. 막가

44. 다시 따라하세요. 만바

45. 다시 따라하세요. 망마

46. 다시 따라하세요. 말바

47. 다시 따라하세요. 말자

48. 다시 따라하세요. 맘자

49. 다시 따라하세요. 막

50. 다시 따라하세요. 망

〈부록3〉 실험 결과

〈지각실험〉

id	coun-try	peri-od	ㄱ	ㄴ	ㄷ	ㄹ	ㅁ	ㅂ	ㅇ	전체
1	c	m	66,667	100	50	100	50	37.5	87.5	74
2	c	m	66,667	87.5	50	100	50	25	62.5	66
3	c	m	100	87.5	50	87.5	25	12.5	87.5	66
4	c	m	0	62.5	33.333	100	25	12.5	50	44
5	c	m	50	75	16,667	100	75	50	12.5	58
6	c	m	66,667	100	50	100	62.5	50	87.5	78
7	c	m	66,667	87.5	16,667	100	62.5	12.5	50	60
8	c	m	66,667	100	83.333	100	100	75	100	94
9	c	m	50	75	33.333	100	75	37.5	37.5	62
10	c	m	33.333	62.5	16,667	100	62.5	37.5	12.5	50
11	c	m	66,667	75	66,667	100	37.5	62.5	87.5	74
12	c	m	83.333	100	33.333	100	37.5	37.5	25	62
13	c	m	0	100	66,667	100	37.5	37.5	75	64
14	c	m	16,667	87.5	33.333	100	75	62.5	62.5	68
15	c	m	83.333	87.5	16,667	100	62.5	25	100	72
16	c	m	83.333	87.5	50	100	37.5	25	50	64
17	c	m	83.333	100	50	100	25	0	37.5	58
18	c	m	50	87.5	0	100	62.5	0	100	62
1	c	l	66,667	87.5	16,667	100	25	62.5	75	66
2	c	l	0	62.5	50	100	50	62.5	25	54
3	c	l	16,667	100	33.333	100	12.5	50	25	52
4	c	l	50	87.5	16,667	100	37.5	37.5	50	58

id	coun-try	peri-od	ㄱ	ㄴ	ㄷ	ㄹ	ㅁ	ㅂ	ㅇ	전체
5	c	l	33.333	87.5	50	100	62.5	62.5	62.5	70
6	c	l	33.333	100	100	100	37.5	25	25	62
7	c	l	33.333	75	50	100	37.5	50	12.5	54
8	c	l	83.333	87.5	83.333	100	62.5	0	87.5	74
9	c	l	100	62.5	16.667	100	87.5	25	75	70
10	c	l	50	75	16.667	100	50	12.5	50	54
11	c	l	16.667	50	16.667	100	62.5	37.5	50	52
12	c	l	50	100	0	100	25	12.5	25	48
13	c	l	33.333	100	33.333	87.5	12.5	25	12.5	46
14	c	l	83.333	100	33.333	100	87.5	75	100	88
15	c	l	33.333	100	33.333	100	87.5	62.5	37.5	70
16	c	l	83.333	87.5	50	100	75	75	100	86
17	c	l	33.333	75	50	100	62.5	50	75	68
18	c	l	33.333	100	66.667	100	62.5	62.5	12.5	66
1	c	h	100	87.5	50	100	0	75	100	76
2	c	h	100	100	33.333	100	100	75	100	92
3	c	h	100	100	66.667	100	100	75	100	96
4	c	h	100	87.5	0	100	0	25	75	58
5	c	h	100	87.5	50	87.5	75	75	75	82
6	c	h	100	87.5	50	100	87.5	75	100	90
7	c	h	66.667	75	33.333	75	50	37.5	87.5	64
8	c	h	83.333	100	66.667	100	87.5	75	100	92
9	c	h	66.667	87.5	83.333	100	100	50	87.5	86
10	c	h	83.333	87.5	0	100	100	75	62.5	78
11	c	h	100	87.5	50	100	75	50	100	84
12	c	h	83.333	100	50	100	100	75	87.5	90

id	coun-try	peri-od	ㄱ	ㄴ	ㄷ	ㄹ	ㅁ	ㅂ	ㅇ	전체
13	c	h	83.333	87.5	33.333	100	87.5	62.5	100	84
14	c	h	100	100	50	100	100	75	100	94
15	c	h	100	87.5	83.333	100	100	75	100	96
16	c	h	83.333	100	33.333	100	100	75	100	90
17	c	h	100	87.5	50	100	100	75	100	92
18	c	h	66.667	100	33.333	100	87.5	50	87.5	80
1	j	m	83.333	75	33.333	100	62.5	75	62.5	74
2	j	m	33.333	37.5	66.667	100	37.5	25	37.5	50
3	j	m	50	62.5	66.667	87.5	62.5	62.5	37.5	64
4	j	m	33.333	25	16.667	100	50	75	25	50
5	j	m	33.333	25	50	100	50	37.5	37.5	50
6	j	m	33.333	62.5	50	100	62.5	62.5	87.5	70
7	j	m	66.667	75	50	100	62.5	37.5	12.5	60
8	j	m	50	62.5	83.333	100	75	62.5	50	72
9	j	m	100	50	33.333	100	75	62.5	25	66
10	j	m	66.667	25	50	100	25	50	62.5	56
11	j	m	83.333	50	50	100	37.5	25	75	62
12	j	m	83.333	87.5	0	100	25	62.5	50	62
13	j	m	83.333	37.5	33.333	87.5	37.5	62.5	25	54
14	j	m	16.667	12.5	50	100	12.5	25	0	32
15	j	m	66.667	62.5	50	100	62.5	62.5	62.5	70
16	j	m	50	75	50	100	62.5	62.5	37.5	66
17	j	m	50	75	33.333	100	37.5	50	37.5	58
18	j	m	50	75	50	100	75	37.5	50	66
1	j	l	16.667	50	50	100	37.5	25	37.5	48
2	j	l	33.333	62.5	33.333	87.5	12.5	25	25	42

id	country	period	ㄱ	ㄴ	ㄷ	ㄹ	ㅁ	ㅂ	ㅇ	전체
3	j	l	33.333	62.5	50	100	62.5	50	62.5	64
4	j	l	33.333	37.5	66.667	100	0	37.5	25	44
5	j	l	50	37.5	66.667	87.5	50	25	12.5	48
6	j	l	33.333	75	50	100	75	50	12.5	60
7	j	l	50	37.5	50	100	62.5	50	62.5	62
8	j	l	50	50	50	100	12.5	37.5	50	52
9	j	l	0	25	0	87.5	50	62.5	12.5	38
10	j	l	33.333	50	33.333	100	12.5	50	37.5	48
11	j	l	66.667	25	50	100	75	25	37.5	56
12	j	l	33.333	37.5	50	100	37.5	50	0	46
13	j	l	50	50	50	100	0	12.5	50	46
14	j	l	50	50	33.333	100	100	62.5	37.5	66
15	j	l	33.333	37.5	83.333	100	87.5	75	50	70
16	j	l	66.667	62.5	33.333	100	0	12.5	62.5	50
17	j	l	66.667	25	66.667	100	12.5	37.5	50	52
18	j	l	16.667	37.5	33.333	100	62.5	0	87.5	52
1	j	h	100	75	33.333	100	100	75	87.5	86
2	j	h	100	100	50	100	100	62.5	100	92
3	j	h	50	87.5	16.667	100	75	50	75	70
4	j	h	100	100	33.333	100	87.5	75	62.5	84
5	j	h	100	62.5	33.333	100	25	75	25	62
6	j	h	100	62.5	33.333	100	100	75	62.5	80
7	j	h	100	75	16.667	87.5	87.5	75	87.5	80
8	j	h	83.333	75	16.667	100	87.5	50	37.5	68
9	j	h	100	75	33.333	100	87.5	62.5	75	80
10	j	h	83.333	37.5	16.667	100	12.5	62.5	37.5	52

id	coun-try	peri-od	ㄱ	ㄴ	ㄷ	ㄹ	ㅁ	ㅂ	ㅇ	전체
11	j	h	50	87.5	33.333	100	87.5	75	50	74
12	j	h	100	87.5	83.333	100	75	62.5	87.5	88
13	j	h	100	87.5	50	100	100	75	100	92
14	j	h	83.333	37.5	50	100	75	75	75	74
15	j	h	33.333	75	50	100	37.5	50	50	60
16	j	h	100	75	50	100	87.5	75	75	84
17	j	h	83.333	50	50	100	37.5	62.5	62.5	66
18	j	h	100	100	66.667	100	100	75	87.5	94

〈산출실험〉

coun-try	peri-od	ID	ㄱ	ㄴ	ㄷ	ㄹ	ㅁ	ㅂ	ㅇ	전체
c	m	1	62.5	84.375	83.333	87.5	46.875	43.75	75	75.5
c	m	2	16.667	54.167	27.778	75	41.667	41.6667	50	49.3333
c	m	3	75	59.375	83.333	93.75	50	43.75	37.5	67
c	m	4	33.333	56.25	12.5	78.125	9.375	37.5	46.875	45.5
c	m	5	66.667	62.5	12.5	93.75	9.375	21.875	50	49.5
c	m	6	95.833	81.25	8.333	78.125	12.5	34.375	66.6667	60.1667
c	m	7	75	68.75	25	87.5	31.25	37.5	50	59
c	m	8	88.889	66.667	50	100	54.167	39.5833	16.6667	62.3333
c	m	9	83.333	58.333	0	95.833	66.667	16.6667	45.8333	59.3333
c	m	10	37.5	40.625	12.5	34.375	46.875	9.375	34.375	34.5
c	m	11	83.333	81.25	25	78.125	53.125	12.5	34.375	57.5
c	m	12	87.5	64.583	16.667	71.875	75	50	53.125	66.3333
c	m	13	25	62.5	62.5	84.375	18.75	34.375	78.125	56.5
c	m	14	100	75	77.778	100	91.667	37.5	87.5	86

coun -try	peri -od	ID	ㄱ	ㄴ	ㄷ	ㄹ	ㅁ	ㅂ	ㅇ	전체
c	m	15	37.5	62.5	20.833	87.5	43.75	25	56.25	54.5
c	m	16	91.667	68.75	37.5	100	71.875	59.375	78.125	79
c	m	17	91.667	46.875	41.667	90.625	59.375	31.25	40.625	61
c	m	18	58.333	40.625	37.5	93.75	34.375	28.125	53.125	54
c	l	1	8.333	68.75	37.5	96.875	65.625	53.125	71.875	66.5
c	l	2	72.222	0	22.222	70.833	50	8.3333	0	33.3333
c	l	3	33.333	75	33.333	87.5	87.5	9.375	12.5	52.5
c	l	4	91.667	96.875	29.167	96.875	90.625	25	59.375	75
c	l	5	25	62.5	75	75	71.875	12.5	31.25	54
c	l	6	66.667	65.625	41.667	84.375	62.5	40.625	43.75	63.5
c	l	7	75	75	0	100	43.75	37.5	50	61.5
c	l	8	66.667	70.833	77.778	91.667	41.667	29.1667	29.1667	59.3333
c	l	9	83.333	45.833	55.556	95.833	4.167	8.3333	50	50.6667
c	l	10	12.5	68.75	16.667	12.5	81.25	28.125	0	37
c	l	11	0	68.75	4.167	87.5	25	0	31.25	35
c	l	12	54.167	56.25	50	93.75	34.375	0	31.25	49
c	l	13	0	43.75	66.667	90.625	18.75	21.875	37.5	43.5
c	l	14	83.333	91.667	0	95.833	62.5	54.1667	16.6667	62.6667
c	l	15	95.833	78.125	8.333	90.625	59.375	40.625	15.625	60.5
c	l	16	83.333	46.875	16.667	96.875	12.5	53.125	65.625	60
c	l	17	29.167	87.5	45.833	90.625	43.75	31.25	34.375	56
c	l	18	8.333	62.5	83.333	90.625	46.875	59.375	81.25	67
c	h	1	100	87.5	83.333	100	81.25	46.875	84.375	87.5
c	h	2	61.111	50	27.778	75	70.833	25	8.3333	49
c	h	3	91.667	56.25	29.167	93.75	78.125	28.125	59.375	68.5
c	h	4	100	96.875	0	100	100	71.875	62.5	85

coun-try	peri-od	ID	ㄱ	ㄴ	ㄷ	ㄹ	ㅁ	ㅂ	ㅇ	전체
c	h	5	41,667	62,5	75	90,625	93,75	59,375	25	68
c	h	6	79,167	68,75	45,833	93,75	75	53,125	71,875	75,5
c	h	7	66,667	90,625	12,5	100	59,375	53,125	68,75	73
c	h	8	88,889	66,667	44,444	95,833	50	41,6667	70,8333	70
c	h	9	72,222	87,5	55,556	95,833	79,167	66,6667	70,8333	82,6667
c	h	10	87,5	90,625	20,833	87,5	75	18,75	9,375	61,5
c	h	11	100	84,375	0	81,25	87,5	37,5	59,375	72
c	h	12	75	84,375	16,667	96,875	87,5	56,25	71,875	78
c	h	13	62,5	84,375	37,5	100	81,25	37,5	62,5	74,5
c	h	14	88,889	50	83,333	100	70,833	58,3333	79,1667	80,6667
c	h	15	100	71,875	83,333	96,875	28,125	40,625	56,25	71
c	h	16	95,833	100	16,667	90,625	87,5	71,875	46,875	81
c	h	17	83,333	81,25	41,667	93,75	78,125	25	62,5	73,5
c	h	18	83,333	81,25	16,667	100	84,375	25	50	70
j	m	1	45,833	71,875	62,5	100	34,375	31,25	18,75	56
j	m	2	50	37,5	11,111	70,833	54,167	16,6667	12,5	38,6667
j	m	3	100	43,75	4,167	87,5	78,125	21,875	50	61,5
j	m	4	66,667	31,25	33,333	100	46,875	46,875	21,875	54,5
j	m	5	70,833	40,625	45,833	93,75	84,375	59,375	3,125	62
j	m	6	41,667	59,375	29,167	96,875	34,375	50	59,375	60
j	m	7	83,333	37,5	37,5	100	78,125	59,375	62,5	72,5
j	m	8	38,889	58,333	66,667	100	20,833	16,6667	25	48,6667
j	m	9	94,444	91,667	38,889	100	100	54,1667	66,6667	84
j	m	10	50	46,875	62,5	56,25	65,625	25	0	48
j	m	11	66,667	75	25	93,75	65,625	43,75	56,25	68,5
j	m	12	54,167	56,25	62,5	90,625	59,375	50	18,75	61

coun-try	peri-od	ID	ㄱ	ㄴ	ㄷ	ㄹ	ㅁ	ㅂ	ㅇ	전체
j	m	13	16,667	68,75	37,5	100	78,125	34,375	62,5	65
j	m	14	77,778	54,167	44,444	100	91,667	37,5	50	70,6667
j	m	15	91,667	71,875	75	100	81,25	28,125	37,5	73,5
j	m	16	95,833	81,25	54,167	96,875	84,375	34,375	53,125	77,5
j	m	17	54,167	40,625	58,333	84,375	53,125	31,25	25	53
j	m	18	62,5	78,125	58,333	93,75	75	37,5	28,125	66,5
j	l	1	50	31,25	33,333	87,5	75	53,125	21,875	55
j	l	2	77,778	33,333	38,889	62,5	70,833	33,3333	20,8333	52
j	l	3	91,667	62,5	66,667	96,875	84,375	40,625	43,75	73,5
j	l	4	95,833	15,625	66,667	78,125	59,375	46,875	56,25	62
j	l	5	37,5	21,875	37,5	65,625	56,25	18,75	31,25	40
j	l	6	95,833	56,25	45,833	84,375	65,625	59,375	43,75	70,5
j	l	7	91,667	62,5	54,167	96,875	81,25	56,25	43,75	75
j	l	8	94,444	16,667	38,889	95,833	33,333	29,1667	62,5	57,3333
j	l	9	66,667	25	50	91,667	25	33,3333	0	42
j	l	10	58,333	71,875	66,667	93,75	93,75	15,625	53,125	71
j	l	11	50	21,875	62,5	90,625	40,625	25	34,375	49,5
j	l	12	22,222	40,625	50	96,875	40,625	37,5	12,5	46,6667
j	l	13	75	56,25	70,833	93,75	43,75	28,125	18,75	58,5
j	l	14	61,111	83,333	83,333	83,333	25	8,3333	12,5	53,3333
j	l	15	87,5	71,875	70,833	96,875	65,625	18,75	62,5	72,5
j	l	16	54,167	37,5	62,5	93,75	71,875	34,375	37,5	61,5
j	l	17	95,833	28,125	29,167	87,5	75	6,25	25	53
j	l	18	62,5	56,25	50	93,75	87,5	62,5	65,625	72,5
j	h	1	100	87,5	41,667	100	78,125	31,25	62,5	78
j	h	2	66,667	75	66,667	64,583	75	45,8333	66,6667	69,6667

coun-try	peri-od	ID	ㄱ	ㄴ	ㄷ	ㄹ	ㅁ	ㅂ	ㅇ	전체
j	h	3	87.5	62.5	25	87.5	84.375	28.125	62.5	69.5
j	h	4	83.333	65.625	16.667	88.542	50	25	43.75	59.6667
j	h	5	62.5	59.375	50	71.875	78.125	34.375	37.5	61.5
j	h	6	75	50	58.333	93.75	87.5	62.5	59.375	75.5
j	h	7	87.5	81.25	25	100	90.625	71.875	50	80
j	h	8	61.111	75	50	83.333	70.833	37.5	25	62.6667
j	h	9	61.111	83.333	66.667	95.833	45.833	29.1667	29.1667	62.6667
j	h	10	41.667	34.375	41.667	84.375	28.125	18.75	3.125	40.5
j	h	11	75	68.75	58.333	87.5	81.25	31.25	12.5	63
j	h	12	62.5	68.75	58.333	87.5	54.167	34.375	21.875	58.1667
j	h	13	70.833	53.125	70.833	96.875	71.875	31.25	78.125	72.5
j	h	14	44.444	83.333	100	100	83.333	66.6667	58.3333	82
j	h	15	83.333	56.25	33.333	78.125	71.875	43.75	28.125	62
j	h	16	70.833	31.25	37.5	90.625	71.875	56.25	43.75	62
j	h	17	70.833	68.75	58.333	90.625	71.875	25	9.375	60.5
j	h	18	91.667	75	70.833	90.625	96.875	68.75	78.125	87.5

〈정확성 평가 결과〉

coun-try	peri-od	ID	ㄱ	ㄴ	ㄷ	ㄹ	ㅁ	ㅂ	ㅇ	전체
c	M	1	42.5	82.5	56.6667	58.75	30.625	31.25	61.25	52.4
c	M	2	12.2222	44.444	16.6667	47.5	28.3333	29.1667	37.5	32.2667
c	M	3	59.1667	60.833	71.6667	73.125	41.25	33.125	37.5	53
c	M	4	25	50.833	7.5	49.375	5	26.25	34.375	30.1
c	M	5	38.3333	55.833	5.8333	65.625	4.375	11.875	28.125	29.8
c	M	6	60.8333	61.667	5.8333	50	6.25	17.5	50	36.6

coun-try	peri-od	ID	ㄱ	ㄴ	ㄷ	ㄹ	ㅁ	ㅂ	ㅇ	전체
c	M	7	40	49.167	15	49.375	16.25	23.125	31.875	32.3
c	M	8	64.4444	53.333	30	71.6667	36.6667	25.8333	9.1667	41.7333
c	M	9	51.1111	47.778	0	57.5	42.5	10	39.1667	36.9333
c	M	10	23.3333	35	8.3333	22.5	33.75	5.625	16.875	21.9
c	M	11	60.8333	76.667	17.5	53.75	31.875	8.125	26.25	39
c	M	12	55.8333	59.167	10	44.375	48.75	31.25	40.625	42.4
c	M	13	19.1667	60.833	49.1667	55	13.125	18.125	56.25	38.3
c	M	14	84.4444	80	61.1111	79.1667	72.5	25.8333	73.3333	67.3333
c	M	15	26.6667	53.333	13.3333	53.125	23.75	15	33.75	32.5
c	M	16	60.8333	50.833	24.1667	70.625	42.5	36.875	50.625	49.1
c	M	17	75	40	31.6667	65	43.125	18.75	28.75	43.8
c	M	18	36.6667	28.333	19.1667	55	17.5	14.375	35	30.3
c	L	1	3.3333	47.5	17.5	60.625	45.625	28.125	48.75	38.6
c	L	2	50	0	11.1111	46.6667	30	4.1667	0	20.9333
c	L	3	21.6667	73.333	25	64.375	67.5	7.5	8.125	38.8
c	L	4	70	89.167	19.1667	62.5	59.375	16.875	36.25	50.4
c	L	5	15.8333	50	46.6667	41.25	48.75	6.25	21.875	32.2
c	L	6	48.3333	59.167	25	50	36.25	21.25	21.25	37.8
c	L	7	50.8333	57.5	0	67.5	23.125	21.875	40	38.2
c	L	8	37.7778	58.889	48.8889	69.1667	25.8333	20	25.8333	39.2
c	L	9	55.5556	45.556	38.8889	60.8333	2.5	5	34.1667	32.5333
c	L	10	8.3333	50.833	10.8333	8.125	51.25	17.5	7.5	22.9
c	L	11	0	46.667	1.6667	43.125	10.625	0	10.625	16.3
c	L	12	37.5	44.167	34.1667	63.75	21.25	0	15.625	31.2
c	L	13	0	42.5	50.8333	55	8.75	13.125	31.25	28.1
c	L	14	56.6667	88.889	0	65	38.3333	34.1667	10.8333	41.7333

coun-try	peri-od	ID	ㄱ	ㄴ	ㄷ	ㄹ	ㅁ	ㅂ	ㅇ	전체
c	L	15	63.3333	54.167	5.8333	56.25	33.125	17.5	8.75	34
c	L	16	62.5	35.833	10.8333	58.125	6.25	31.875	35.625	35.3
c	L	17	20.8333	74.167	34.1667	60.625	30.625	18.125	18.75	36.9
c	L	18	5	50.833	52.5	55.625	28.75	30.625	56.875	40.1
c	H	1	67.5	66.667	50	71.875	54.375	23.125	59.375	56.4
c	H	2	46.6667	50	10	58.3333	54.1667	18.3333	4.1667	35.0667
c	H	3	80	55.833	25.8333	85	61.875	22.5	58.125	57.1
c	H	4	87.5	101.667	0	73.75	78.125	58.125	58.75	67.2
c	H	5	27.5	56.667	53.3333	70.625	73.125	42.5	21.25	49.5
c	H	6	60	65.833	26.6667	78.125	53.75	38.75	61.25	56
c	H	7	52.5	80.833	8.3333	80.625	43.125	36.875	56.25	52.9
c	H	8	80	71.111	27.7778	78.3333	37.5	35.8333	67.5	56.5333
c	H	9	53.3333	94.444	43.3333	80	57.5	46.6667	64.1667	63.7333
c	H	10	55.8333	80.833	12.5	67.5	53.125	12.5	13.75	42.4
c	H	11	74.1667	85	0	56.25	59.375	23.75	49.375	50.7
c	H	12	57.5	77.5	14.1667	78.125	59.375	36.875	54.375	55.6
c	H	13	46.6667	82.5	25	73.75	54.375	20	49.375	51.5
c	H	14	72.2222	44.444	66.6667	88.3333	55	45.8333	60	62.4
c	H	15	85	67.5	54.1667	64.375	16.25	23.75	43.125	48.4
c	H	16	70	89.167	10.8333	56.25	53.75	43.75	33.125	51.5
c	H	17	72.5	80.833	29.1667	83.75	61.875	14.375	57.5	58.4
c	H	18	62.5	82.5	6.6667	68.75	57.5	13.75	43.125	48.7
j	M	1	32.5	66.667	46.6667	82.5	23.125	20	10	40.7
j	M	2	43.3333	28.889	5.5556	51.6667	39.1667	10	9.1667	27.4667
j	M	3	80.8333	40	1.6667	77.5	64.375	15.625	48.75	49.5
j	M	4	50.8333	26.667	22.5	62.5	28.75	29.375	15	35.2

coun -try	peri -od	ID	ㄱ	ㄴ	ㄷ	ㄹ	ㅁ	ㅂ	ㅇ	전체
j	M	5	55	34.167	25	73.125	60.625	35.625	5.625	42.7
j	M	6	28.3333	45	15	62.5	23.75	32.5	41.25	37.7
j	M	7	65	30	23.3333	78.75	53.75	36.25	62.5	52.8
j	M	8	25.5556	54.444	41.1111	75.8333	17.5	10	17.5	34.6667
j	M	9	71.6667	81.111	26.6667	77.5	79.1667	36.6667	48.3333	60.8667
j	M	10	37.5	41.667	40.8333	38.75	50	20	4.375	33.9
j	M	11	50	60.833	18.3333	70.625	45	26.25	47.5	47.2
j	M	12	38.3333	50	43.3333	73.125	48.75	34.7917	21.25	45.2667
j	M	13	12.5	74.167	28.3333	85	61.25	21.875	58.75	51.3
j	M	14	64.4444	45.556	34.4444	75	72.5	27.5	40	53.4667
j	M	15	68.3333	60	49.1667	63.75	42.5	14.375	21.875	45.5
j	M	16	65.8333	70.833	36.6667	71.25	48.125	18.75	33.125	49.1
j	M	17	44.1667	38.333	45	61.25	33.75	19.375	21.875	38.8
j	M	18	38.3333	64.167	39.1667	67.5	42.5	21.25	15.625	41.4
j	L	1	30.8333	30.833	20.8333	53.75	46.25	30	10.625	33.9
j	L	2	70	30	25.5556	42.5	51.6667	20	20	37.3333
j	L	3	70	61.667	50	83.125	62.5	30	41.875	57.1
j	L	4	65	15.833	48.3333	43.125	40	32.5	41.25	40.7
j	L	5	25	16.667	20.8333	31.25	33.125	10.625	21.875	22.3
j	L	6	71.6667	54.167	29.1667	63.125	43.75	41.875	38.75	50.1
j	L	7	65.8333	47.5	35.8333	72.5	55.625	33.75	38.125	50.8
j	L	8	61.1111	11.111	23.3333	68.3333	15.8333	15	43.3333	35.3333
j	L	9	45.5556	15.556	33.3333	57.5	16.6667	16.6667	0	25.8667
j	L	10	42.5	60	42.5	73.125	65	11.25	37.5	48.3
j	L	11	32.5	18.333	37.5	64.375	30	15.625	30	33.2
j	L	12	14.1667	33.333	32.5	61.875	25.625	23.125	6.25	29.3

coun-try	peri-od	ID	ㄱ	ㄴ	ㄷ	ㄹ	ㅁ	ㅂ	ㅇ	전체
j	L	13	51.6667	46.667	48.3333	56.25	26.875	13.75	21.25	37.5
j	L	14	41.1111	60	60	50	16.6667	4.1667	9.1667	33.2
j	L	15	60.8333	51.667	50.8333	65	36.25	10.625	42.9167	45.0667
j	L	16	33.3333	29.167	37.5	56.25	41.875	16.25	27.5	35.5
j	L	17	70.8333	20	12.5	60.625	51.875	2.5	15	34.4
j	L	18	42.5	42.5	27.5	62.5	52.5	38.75	41.25	45.2
j	H	1	75	85	29.1667	83.125	54.375	16.875	50.625	56.7
j	H	2	62.2222	74.444	50	51.6667	58.3333	35	59.1667	55.0667
j	H	3	75	65.833	21.6667	79.375	69.375	21.875	59.375	58
j	H	4	70	66.667	11.6667	71.25	34.375	19.375	41.875	45.9
j	H	5	41.6667	58.333	31.6667	52.5	53.75	25	26.875	42.9
j	H	6	55	43.333	41.6667	67.5	61.25	41.875	46.875	52.4
j	H	7	75	86.667	21.6667	90	75	56.25	54.375	67.7
j	H	8	52.2222	65.556	36.6667	73.3333	47.5	22.5	22.5	46.5333
j	H	9	38.8889	66.667	48.8889	67.5	29.1667	15.8333	15.8333	40.2667
j	H	10	32.5	28.333	28.3333	64.375	20.625	13.75	8.125	29.1
j	H	11	58.3333	64.167	38.3333	61.875	55	20	13.75	44.2
j	H	12	43.3333	56.667	35.8333	67.5	38.75	18.75	13.75	39.1
j	H	13	45	42.5	41.6667	70	45	12.5	48.75	44.8
j	H	14	33.3333	83.333	76.6667	84.1667	63.3333	48.3333	50.8333	62.9333
j	H	15	60.8333	39.167	22.5	46.875	42.5	23.125	22.5	37.2
j	H	16	43.3333	20.833	17.5	51.25	40.625	30	24.375	33.6
j	H	17	60.8333	58.333	40.8333	68.75	51.875	16.875	11.25	44.4
j	H	18	74.1667	70.833	54.1667	71.875	77.5	52.5	69.375	67.9

찾 / 아 / 보 / 기 /

저자 | 정미지

전북대학교 일어일문학과 졸업
이화여자대학교 한국어교육 석사
이화여자대학교 국어국문학과(국어학) 박사
이화여자대학교 언어교육원, 성균관대학교 성균어학원 한국어 강사
이화여대, 안양대, 경희대 강사
현 서울시립대학교 국제교육원 한국어학당 책임강사

초급단계 한국어 수업의 매개언어 선택에 대한 연구
한국어 학습자의 음성 변별 능력과 음운 습득 능력의 상관성에 관한 연구
한국어 음절 종성 지각에 모국어가 미치는 영향에 대한 연구
한국어 학습자의 연음 규칙 적용에 관한 연구
유의관계에 있는 감정형용사의 변별 양상에 대한 연구
일반목적 한국어 고급 교육과정의 교수요목과 등급 기술에 대한 재고
이민자를 위한 한국어와 한국문화 중급1, 2(공저)

한국어 학습자의 종성 습득 연구

-일본어와 중국어를 모국어로 하는 학습자를 중심으로-

초판 인쇄 | 2017년 3월 24일
초판 발행 | 2017년 3월 24일

저   자 정미지

책임편집 윤수경

발 행 처 도서출판 지식과교양
등록번호 제 2010-19호
주   소 서울시 도봉구 쌍문1동 423-43 백상 102호
전   화 (02) 900-4520 (대표) / 편집부 (02) 996-0041
팩   스 (02) 996-0043
전자우편 kncbook@hanmail.net

ISBN 978-89-6764-072-9 93700   **정가** 26,000원